潮汕文库·研究系列

潮人旧书

黄树雄 著

暨南大学出版社
JINAN UNIVERSITY PRESS

中国·广州

图书在版编目（CIP）数据

潮人旧书/黄树雄著 . —广州：暨南大学出版社，2016. 8
（潮汕文库 . 研究系列）
ISBN 978 - 7 - 5668 - 1592 - 7

Ⅰ . ①潮…　Ⅱ . ①黄…　Ⅲ . ①图书目录—潮州市　②图书目录—汕头市
Ⅳ . ①Z812. 265. 3

中国版本图书馆 CIP 数据核字（2015）第 191823 号

潮人旧书
CHAOREN JIUSHU
黄树雄　著

出 版 人：徐义雄
项目统筹：黄圣英
责任编辑：冯　琳　戴程志
责任校对：周优绚
责任印制：汤慧君　王雅琪

出版发行：暨南大学出版社（510630）
电　　话：总编室（8620）85221601
　　　　　营销部（8620）85225284　85228291　85228292（邮购）
传　　真：(8620) 85221583（办公室）　85223774（营销部）
网　　址：http://www. jnupress. com　http://press. jnu. edu. cn
排　　版：广州市天河星辰文化发展部照排中心
印　　刷：深圳市新联美术印刷有限公司
开　　本：787mm×1092mm　1/16
印　　张：13. 75
字　　数：280 千
版　　次：2016 年 8 月第 1 版
印　　次：2016 年 8 月第 1 次
定　　价：36. 00 元

（暨大版图书如有印装质量问题，请与出版社总编室联系调换）

总　序

潮汕文化历千年久远，底蕴渊深，泱泱广袤，又伴随着潮人的迁播而兼收并蓄，独树一帜，是中华文明中的重要一脉。

秦汉之前，潮汕囿于海角一隅，与中原殆少来往；自韩愈治潮，兴学重教，风气日开，人文渐著。宋朝文教兴盛，前七贤垂范乡邦；明朝人才辈出，后八贤称显于时。明清以来，粤东地区借毗邻大海的地理优势，与域外商贸频仍，以陶朱端木之业，成中西交汇之势，造就多元开放的文化格局。饶宗颐等学界巨匠引领风骚，李嘉诚等商海翘楚造福民生，俊采星驰，郁郁称盛。

而今国家稳步发展，蓬勃兴盛，潮汕地区凭借深厚的历史积淀，务实进取，努力发展传统文化及其产业，如潮剧、潮乐、潮菜、工夫茶、陶瓷、木雕、刺绣等，保持并革新精巧特色，在世界各地广泛传播，备受青睐。更有海外潮人遍布全球，为经济文化交流引桥导路，探索共赢模式，拓宽发展空间。

为促进潮汕文化的传承与创新，进一步推动潮汕文化"走出去"，在广东省委宣传部的大力支持下，海内外学者编写《潮汕文库》大型丛书。本丛书包括文献系列和研究系列，涉及历史、文学、方言、民俗、曲艺、建筑、工艺美术等多方面，囊括影印、笺注、点校、碑铭、图文集、口述史等多种形式，始终秉承整理、抢救传统文化的原则，尊重潮汕地区的家学渊源和治学传统。以一腔丹心，在历史沿袭中为文化存证，修旧如旧，求新而不媚俗于新；以一笔质朴，在字斟句酌中为品质立言，就事论事，求全而不迷失于全；以一纸恳切，在纷扰喧嚣中为细节加冕，群策群力，求深而不盲目于深。惟愿以此丛书，提升潮汕文化品位，凝聚海内外潮人，齐心发展，助力腾飞。

在成书过程中，广东省委宣传部高度重视，协调汕头、潮州、揭阳、汕尾市委宣传部，委托潮汕历史文化研究中心、韩山师范学院、暨南大学出版社组织编写与出版。海内外潮学研究专家倾注笔墨，潮汕历史文献收藏机构及热心人士鼎力襄助，更蒙粤东籍一批著名艺术家慷慨捐赠宝贵书画作品助力出版，在此一并致谢！

《潮汕文库》大型丛书编委会

2016 年 7 月

潮人旧书

小　引

　　潮汕的文献目录，清代以前，因为有《潮州艺文志》皇皇巨著在，我辈大概只能做些补苴罅漏的工作了；而民国以降，则后人兴许还有可措手处。笔者近年泛览乡邦文献，注意到不少民国时期潮汕人物的著作，至今尚少见学人提及，或者虽有提及而语焉不详，因而着意搜集，略作考述和题要，希望能抛砖引玉，引起更多人的重视。

　　本书以"潮人旧书"为题，所谓"潮人"，并非现在网络语言的"新潮人物"之谓，而是"潮汕人物"之简称。所言"潮汕"，暂限于现今的潮汕三市（汕头、潮州、揭阳）范围之内，这样可以避免不必要的争议。民国，则是指学界通用的1912年至1949年这一段历史时期。潮汕历史上有两个时期很值得书写，一是明代的嘉（靖）万（历）时期，一是民国时期。笔者接触"潮学"之初选择的是嘉万时期，后来发现民国时期更有魅力，就转为研究民国时期。

　　民国是一个新旧交替的时期。本书所谈的书籍，以新文化运动影响下的学术和文学为主，传统的四部书籍，反而谈得不多，所以本书不是完整的民国潮汕文献书目。笔者只是选择一些自己认为有价值的著作，或是以人带书，或是以书带人，穷搜旁索，钩沉去蔽，以期让尘封的旧书重入世人的视野，并借以呈现乡邦人文之蕴藉；进而言之，也是想让世人了解民国时期潮人为国家文化所作之贡献。

目 录

总 序 ………………………………………………… 1

小 引 ………………………………………………… 1

蒋介石作序的《子产评传》 …………………………… 1

张永福和《南洋与创立民国》 ………………………… 6

张竞生推荐自著《美的人生观》 ……………………… 10

《旅欧杂志》上张竞生的文章 ………………………… 14

《烂熳派丛书》 ………………………………………… 18

吴贯因编《国难文学》：以哀痛之音培养国民的品性 ……… 22

《史之梯》：不空洞的"史学概论" …………………… 25

郑相衡："毛选的重要英译多出自他的手笔" ………… 28

《人类的行为》：又是"半部书"名著 ………………… 34

新闻巨子黄天鹏 ……………………………………… 38

中西文化之间的影响是双向的

　　——郑寿麟：《中西文化之关系》 ………………… 44

徐淑希揭露日本侵略罪行的著作 …………………… 47

旧书的新意

　　——陈绍贤的《中日问题之研究》 ……………… 51

1

苏乾英：海上丝绸之路研究的先行者 …………………………… 55

何定生“骂”胡适的书 …………………………………………… 58

《诗的听入》 ………………………………………………………… 65

黄际遇编撰的教科书 ………………………………………………… 68

第一部《潮州文学史》 ……………………………………………… 73

哲学如何复活

——林柷敔的一本旧著 ……………………………………………… 76

杜国庠在北京大学讲什么课 ………………………………………… 80

《一束古典的情书》 ………………………………………………… 84

寻找罗吟圃 …………………………………………………………… 87

《纤手》 ……………………………………………………………… 91

《淞沪血战回忆录》 ………………………………………………… 94

冯铿之兄冯瘦菊的三本书 …………………………………………… 97

曾圣提与《在甘地先生左右》 ……………………………………… 102

《斜坡》 ……………………………………………………………… 107

《潮州七贤故事集》 ………………………………………………… 110

《耒iero集》与鬌篥社 …………………………………………………… 116

穿行于“雅俗”之间

——讲新诗写旧诗的丘玉麟 ………………………………………… 120

《印度情诗》 ………………………………………………………… 125

方纪生：“孙悟空”的才情 ………………………………………… 129

彩虹社才是潮汕第一个新文学团体

　　——《彩虹》和《彩虹丛书》 …………………… 137

许心影的自传文章《我的创作经验》 …………………… 145

《脱了牢狱的新囚》 …………………… 148

《海滨月刊》上许心影的诗词 …………………… 150

一言难尽杨邨人 …………………… 153

洪灵菲："革命＋爱情"文学代表作家 …………………… 160

戴平万：20世纪30年代"新兴文艺的花蕊" …………………… 168

明星作家陈波儿 …………………… 175

翁辉东之诗文 …………………… 178

《西泠鞭影集》 …………………… 183

词坛名宿陈运彰 …………………… 186

女诗人张荃 …………………… 191

翁一鹤与《庑下集》 …………………… 195

《龙溪精舍丛书》 …………………… 198

潮阳郭氏"双百鹿斋"所刻书 …………………… 201

后　记 …………………… 204

蒋介石作序的《子产评传》

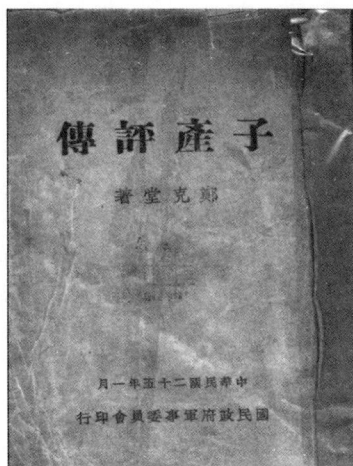

民国二十五年（1936）国民政府军事委员会印本《子产评传》

《子产评传》，郑克堂著，民国二十五年（1936）南京国民政府军事委员会初版印行。

关于郑克堂，能查到的资料很少。《潮汕文献书目》① 收录有郑克堂所辑的《东里公文存》，为其先祖郑之侨（1707—1784）之文集，汕头市图书馆有藏本。但对于郑克堂其人，《潮汕百科全书》以及1997年版的《潮阳县志》都没有介绍。幸好香港出版的郑克堂先生诗集《云海楼诗钞》②，于封底有一简短的介绍：

　　郑克堂先生（1880—1967），广东潮阳人氏，幼承家学，二十五岁考县府试，得泮水之乐。二十八岁于韩山师范毕业。越明年，任教于和平范氏学堂。三十三岁民国改元，辞教投身社会，于1930年赴南京入

---

① 广东省中山图书馆、汕头图书馆学会编：《潮汕文献书目》，广州：广东人民出版社，1994年。本书所提《潮汕文献书目》，均指此书此版。

② 郑克堂：《云海楼诗钞》，香港：成报出版社，2005年。

中央党部任总干事，1946年任中国国民党军委会秘书。作《子产评传》，捭阖纵横，力倡法制；设帐讲学，培养军事人才，其博学多闻深受蒋中正先生赏识。

《子产评传》共七章，分别为"发端""子产的少年时代""子产的从政时代""子产的当国时代""子产的遗闻轶事""古今评林""结论"，前有蒋中正（蒋介石）序及作者叙例各一篇，后有附录，收《史记·列传·循吏·子产》等子产的传记六篇。

《子产评传》叙述春秋时期政治家子产（？—前522）生活的时代背景、治国的经过、政绩、学术与思想，以及古今学者对其的评价，还有遗闻轶事，基本上都是节录《左传》等典籍有关的原文，然后加以串解，体例未有创新，观点也未见多少创见。其引人注目之处，在于卷首有一蒋介石所作之序。序文不长，录之如下：

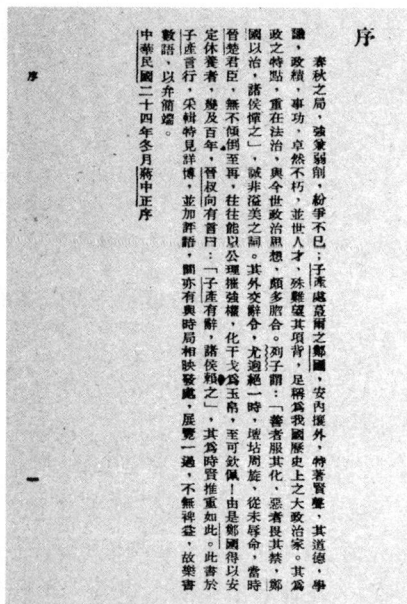

蒋介石为《子产评传》所作之序

　　春秋之局，强兼弱削，纷争不已。子产处蕞尔之郑国，安内攘外，特著贤声，其道德、学识、政绩、事功，卓然不朽，并世人才，殊难望其项背，足称为我国历史上之大政治家。其为政之特点，重在法治，与今世政治思想，颇多吻合。《列子》谓："善者服其化，恶者畏其禁，郑国以治，诸侯惮之。"诚非溢美之词。其外交辞令，尤迥绝一时，坛坫周旋，从未辱命，当时晋楚君臣，无不倾倒至再，往往能以公理摧强权，化干戈为玉帛，至可钦佩！由是郑国得以安定休养者，几及百年。晋叔向有言曰："子产有辞，诸侯赖之。"其为时贤推重如此。此书于子产言行，采辑特见详博，并加评语，间亦有与时局相映发处，展览一过，不无禅益，故乐书数语，以弁简端。

　　中华民国二十四年冬月蒋中正序

序文先是简要概括了子产在历史上的功绩，特别强调其"法治"以及外交上的过人之处。然后就是对于《子产评传》一书的表扬，赞其"采辑特见详博"

"不无裨益"，淡淡数语，却是持平之论。

为什么蒋介石会亲自为这样一本书作序？我想这应该与毛思诚（1873—1940）有关。

《子产评传》的《叙例》中有一句话值得注意，郑克堂说本书在编写过程中"幸遇毛公勉庐先生，予以指导，给以材料"。这里提到的"毛公勉庐"就是毛思诚。毛思诚字彩宇，号勉庐，浙江奉化岩头村人。岩头村是蒋介石发妻毛福梅的家乡。1902年，已与毛福梅结婚的蒋介石，就在妻族的岩头村跟随毛思诚学习《左传》和《纲鉴易知录》等。那段时间蒋介石学习非常认真，进步很快，后来也对这位恩师念念不忘。1925年，时任黄埔军校校长的蒋介石，特邀毛思诚去黄埔军校担任秘书兼校史编纂委员会委员。1926年，毛思诚被任命为潮阳县县长，但任职仅八个月就辞职了。其《离任感赋》有"我本一书生，从政非所长"[1]之言，说的似乎也是实情。

毛思诚得到蒋介石的特别信任。蒋介石早年的日记、毕业证书和文稿等一直由毛思诚保管，毛思诚也据以编写了《民国十五年以前之蒋介石先生》《蒋介石大事年表》等书，这些著作成为研究蒋介石早年生活和思想的重要资料。

毛思诚是一介书生，秀才出身，喜欢吟诗作对。在任潮阳县县长期间，他和当地文士郑克堂少不了诗酒唱酬。郑克堂的诗集《云海楼诗钞》中有一首《哭毛公勉庐》，作于1940年毛思诚去世之时，其序说："毛公宰我邑时，好吟咏，有诗必向予索和。"可见两人的交谊就是在这段时间建立起来的。因为毛思诚深得蒋介石信任，所以可能是由于他的推荐，郑克堂才得以进入国民党军事委员会这个要害部门担任秘书。

《子产评传》于民国三十年（1941）六月由商务印书馆（长沙）再版，增《再版自序》一篇，文颇可读：

> 昔邵阳魏源著《圣武记》，梓行后阅二载，觉有疏舛，乃复行删改，再版时慨然曰："学问之境无穷，未审将来心目又复奚似，灾梨之悔，岂有既哉！"旨哉斯言！学问思想，是与时俱进的。此书匆促付刊，迄已四年，虽未发见有何谬误，但再经克堂数年来之研讨，其间难免略有修改，使全篇精神和意理，较为连贯。子产的政治才能，与夫道德行谊，每为同时之孔子所啧啧称道，然而前事不忘，后事之师也。委座主持国柄，稽古好学，特谕编辑此书，用资考镜；睿虑远筹，无不为国人所钦仰。诚以中国处今日，其积弱殆甚于郑国；强邻环逼，何减于春秋之列侯。时代和疆域，虽各不同，而其强兼弱削，与夫远交近攻、钩心

---

[1] 引自汪校芳编注：《勉庐遗养——蒋介石最敬重的老师毛思诚》，香港：天马出版有限公司，2010年，第152页。

斗角的纷乱局面，前后如出一辙，是故谓春秋为全球之缩影，宜无不可。此书前由克堂奉谕编定，呈蒙鉴正，并弁特序，由军委会刊行，向非卖品。讵自刊行以后，屡承各大学及各国学专家探询购买者甚众，于是克堂乃在最近据情呈请委座翻印，以应时代之求。幸蒙俯允，克堂遂将修改稿本，付诸商务印书馆再版，以与国人共研讨之。尚冀大雅鸿达，匡其不逮，俾将来三版时得再订正。庶魏氏所谓"学问之境无穷"，不至于贻讥于灾梨则幸甚！

郑克堂序于香江旅次　　二十九　八　一

其后，1989 年台湾商务印书馆重印此书，2005 年香港成报出版社再次重印。

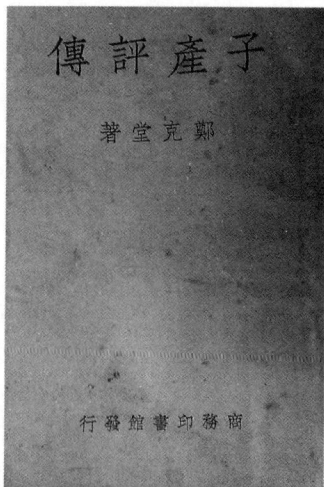

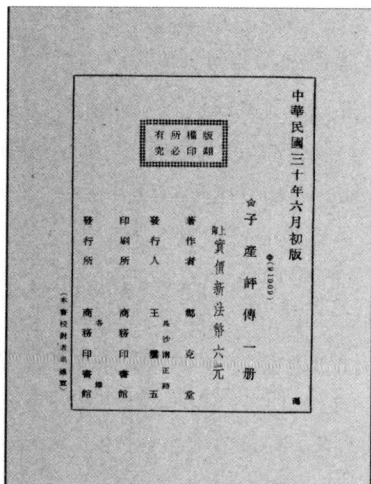

民国三十年（1941）商务印书馆版《子产评传》

除了《子产评传》，郑克堂还有《曾胡治兵语录要义》一书。《曾胡治兵语录》是近代著名的护国运动将领蔡锷所辑，共十二章。1924 年蒋介石将此书作为黄埔军校教材，并增辑"治心"一章，名为"增补曾胡治兵语录"。郑克堂此书是对蒋介石《增补曾胡治兵语录》一书的发挥。《增补曾胡治兵语录》原是1936 年蒋介石在中央警官学校的讲义，发表在《中央警官学校校刊》1936 年的创刊号和第 1 卷第 2 期上，2005 年由香港成报出版社正式出版。

郑克堂的诗集为《云海楼诗钞》，由香港成报出版社 2005 年出版。"云海楼"为其晚年在香港的寓所，取自苏轼的诗句"云海相望寄此身"，以自况平生"如浮云一片，湖海漂零"。据《凡例》称，其平生诗作，"因频年南北播迁，诸多散失"，所以只存四百余首，而《云海楼诗钞》则只是从遗稿中选辑一百多首。其原稿是否仍存于世间，则不得而知。而笔者浏览所及，也间有所见。如

《广东旅沪同乡会月刊》1934年第12期有诗四题七首，均未见于此《云海楼诗钞》。中有《寄怀翁大令子光》，翁子光即翁辉东，有《潮汕文概》《潮汕方言》等著作，也为著名的潮汕文人，录此诗以存家乡文献，也以见两人之交游：

> 丛编日日校雠忙，浩荡心期付墨庄。
> 敲得洪钟留韵远，抽来丝茧与天长。
> 疮痍满目邦杂间，风雨一楼俗欲匡。
> 我佩忧时仲长统，立身卓荦立言昌。

　　郑克堂诗、书、画均精。香港版的《云海楼诗钞》书前有其自序的手迹，又有其所作国画两幅，选自1956年6月1日至4日在香港中华总商会九龙礼堂举行的书画展。1988年第8期《国际潮讯》收有郑克堂先生的一幅书法。广东崇正拍卖有限公司2013年春季拍卖会"郑午楼湄南别墅藏画"专场，其中一幅清人陈鸿寿的书法立轴也有郑克堂的题款。可见，郑克堂在港台以至泰国的潮人书画界名气不小，遗憾的是我们现在对这个人物的关注还是很少。

张永福和《南洋与创立民国》

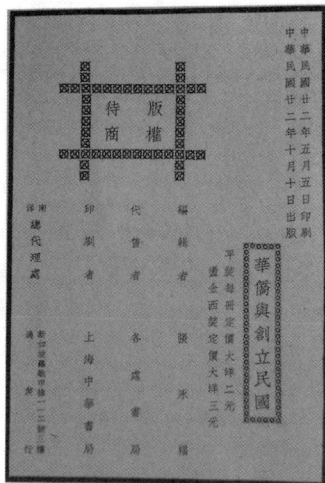

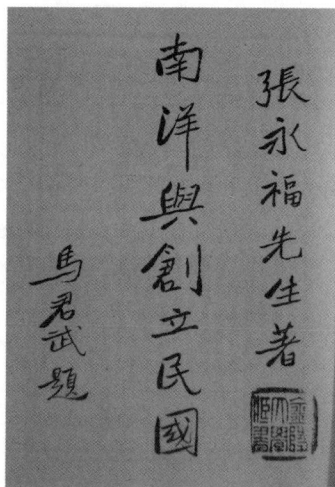

民国二十二年（1933）上海中华书局初版《南洋与创立民国》

　　张永福（1872—1959①），祖籍潮州饶平县樟溪。其父在新加坡经营绸缎布匹成功，所以家境宽裕。张永福早年就有反清思想。1903 年，当邹容、章炳麟因为《革命军》一书宣传革命而在上海被捕的时候，远在新加坡的张永福和另一个革命者陈楚楠（1884—1971），就以新加坡华侨组织"小桃源俱乐部"的名义，致电上海租界警察局，要求按照国际惯例，不要把邹、章两人引渡给清政府，帮助两人逃过杀头之劫。随后，张永福与陈楚楠捐资创办了《图南日报》，继续宣传反清思想。1905 年元旦，张永福别出心裁地设计出一种"月份牌"，印上各种反清口号，并按照国内的"缙绅录"，把这种"月份牌"发到很多官员和士绅手里。正是这个"月份牌"引起了孙中山的注意。孙中山汇了 20 美元购买，并且致信张永福，两人开始有了联系。

---

　　① 张永福的卒年，过去多说是 1957 年。刘常平通过采访张永福的女儿和比照张永福的墓碑照片，确认张永福逝世日期为 1959 年 4 月 5 日（农历二月廿八），见刘常平、李可：《风雨晚晴园——不应忘却的辛亥革命勋臣张永福》，北京：中国文史出版社，2011 年。

就在 1905 年这一年，孙中山从美国檀香山去日本，途经新加坡，约张永福面谈。本来，孙中山因为宣传革命，被英国殖民当局禁止进入新加坡。而张永福疏通关系，把孙中山请上岸，迎到自己家里款待。从此，张永福更加积极投身于孙中山领导的革命。他把自己为母亲准备的晚晴园腾出来，作为孙中山来往南洋的住所，晚晴园也因而成为孙中山领导的同盟会的机关驻地。现如今，晚晴园已成为新加坡的重要文化史迹。

为了支援孙中山领导的革命，张永福几乎散尽家产而不惜。特别是 1907 年丁未饶平黄冈起义，经费就由张永福等人提供。起义失败后，部分人员幸而逃脱，到了南洋，也主要是由张永福接济。可以说，张永福以及他影响的南洋华侨，为辛亥革命作出了巨大的贡献。孙中山的名言"华侨是革命之母"，就是对张永福等人有感而发的。

辛亥革命成功后，张永福并没有邀功请赏，而是继续从商。但他受到新加坡英国殖民当局的挤压，不得不回到国内。先出任中央银行汕头分行的行长，1926 年底到 1927 年 4 月期间曾任汕头市市长。张永福对蒋介石领导下的国民党政府腐败极为不满，经常公开批评，说是"一蟹不如一蟹"，所以经常赋闲。1932 年，他到南京，才被授予"侨务委员会委员"和"（国民党）党史编撰委员会顾问"的虚衔。

早在辛亥革命时期，张永福和汪精卫就关系密切。张永福特别佩服汪精卫的文才。"七七事变"之后，汪精卫于 1938 年底在越南河内通电，宣布投向日本，并且成立伪政府，成为第一汉奸。而张永福在这个时候，竟然耽于个人情义，而昧于民族大义，也通电支持汪精卫，踏出了人生最错误的一步。这一年张永福其实已经 66 岁，并无意追求汪精卫许诺的什么高官，他更多的是从个人感情上倾向汪精卫。

抗战胜利后，张永福被捕。由于老友居正、张继等国民党元老的援救，加上张永福在伪政府中也仍然只是"侨务委员"的虚职，并无作恶，所以被判刑一年半，后来提前释放。他也无颜回新加坡，就在香港寂寞地度过余生，于 1959 年去世。①

像赞

其人如佛亦如仙
豪气英风尚凛然
沧海归来诗笔健
尽收佳句入新篇
梦西居士敬题

张永福晚年相片与像赞
（载于《瓢园诗集》卷首）

① 张永福传记参阅李新等主编：《中华民国史·人物传》第八卷《张永福传》，北京：中华书局，2011 年，第 5086~5089 页；刘常平、李可：《风雨晚晴园——不应忘却的辛亥革命勋臣张永福》，北京：中国文史出版社，2011 年。

张永福早年追随孙中山，由于孙中山来往南洋就住在他的晚晴园，所以得以与孙中山有密切的接触，也保存了很多资料，包括孙中山等人的手稿、书信，甚至账单等。张永福后来把这些资料整理，编成《南洋与创立民国》一书，于民国二十二年（1933）由上海中华书局出版。

《南洋与创立民国》由马君武题签，汪精卫题诗代序，居正、陈树人、林森、冯自由四位国民党元老作序，又有张永福自序。自序曰：

> 余童年读孔氏书，见其文片段不续，时以为疑。迨后乃知孔氏亡后，其门弟子各以所得于夫子之言行，追述而汇集之，不必尽达其旨，而作连篇之记载也。比壮岁，以党事事孙先生八载，晨夕亲炙，窥其宫室，神其鸿渐，心其渊博，仪其言行，仁义道德均足令人信仰，凡曾与接近者无不引以为荣。
>
> 先生逝世不越年，万行同伦，万车同轨，记其事者，日传日史，至可繁富。第察其实际，则对先生之庸言细行，间未详及。余不敏，时欲有以补其阙，辄以不学而中止。兹南洋诸同志，日以南洋华侨对中国革命过去情况为询，且以余于民国前主持党事有年，苟无记实之书，未免有埋没同志功绩之惧。午夜扪心，自觉愧恧。近适羁迹京中，获读展堂兄所述《南洋与中国革命》一篇（见《新亚细亚》1931 年第 1 卷第 5 期及第 6 期），对当时之事，记载慕详，不揣冒昧，再为拾遗补阙，叙述琐屑，多至五万余言付梓。事既错综，文多断续，语病尤多，皆不自恤，盖求合孔氏门人追述先师言行之意而已，后来者当有为余指正者也。书成谨序。
>
> 光复后二十一年张永福作于首都华侨招待所，时年六十一岁。

张永福写作此书的目的，首先是要记述南洋华侨对于民国革命的功绩，以免湮灭。当时，国民党元老胡汉民（字展堂，1879—1936）写了一篇《南洋与中国革命》，记述了辛亥革命前孙中山在南洋从事革命活动的经过，但记述多有舛误，而这些事大多与张永福本人有关，张永福知之甚详。不仅如此，胡汉民对南洋华侨的贡献重视不足，张永福大为不满，所以决定写此一书，以补充和纠正胡汉民文章的不足和错误。

张永福在书中以影印的形式，公布了很多史料，《孙中山全集》第一卷[1]中，共收有孙中山致张永福、陈楚楠等人的信件 24 篇，都是根据《南洋与创立民国》辑录的。

---

① 孙中山著，中国社会科学院近代史研究所中华民国史研究室等编：《孙中山全集》（第一卷），北京：中华书局，1981 年。

张永福写此书更主要的目的，是要将孙中山在晚晴园的"庸言细行"（日常的言行）公之于众，以补充"正史"之不足。张永福将孙中山比作孔子，而自己作为学生，编撰这样一部书，是要比拟《论语》"盖求合孔氏门人追述先师言行之意而已"。这一部分，张永福名之为"孙先生起居注"。所谓"起居注"，原是指古代皇帝日常生活的记录。

此部分记录的是日常生活的小细节，读起来特别有趣。比如，孙中山喜欢吃水果，特别是香蕉和菠萝。《南洋与创立民国》影印有一封孙中山给张永福的信，就提到张永福送给孙中山一大筐的菠萝。孙中山特别不喜欢榴莲的味道，一闻到就几乎要呕吐。可是，当时跟孙中山在一起的陈粹芬（人称"四姑"），却非常喜欢榴莲，经常一次买上四五个，吃不完就堆在家里，孙中山经常让人拿到远远的地方扔掉。①

书中说孙中山爱好整洁，大热天也是西装革履，睡觉前则要洗个澡，洗澡时间甚长。但孙中山并不认为西方和日本才是最讲究卫生的民族，而是认为我国的水上民族——疍家族才是最讲求洁净的，认为疍家族"自衣服以至寝处，无不惟净惟洁，一尘不染，是其素性，为外国人所不能及"。②

《南洋与创立民国》对一些人物的记述也很有意思。书中说，戊戌变法失败后，康有为逃亡日本，由变法派转为保皇党，逢人便说光绪帝仁圣，说着说着就泪流满面。后来有人发现，康有为与人交谈时，只要一擦眼睛，就会马上落泪，原来他是用了一种"如意油"揉入眼睛来催泪。这种"如意油"，我想大概就是现在的万金油一样的东西吧。当时有一对联"胸中若无真情泪，袖里应藏如意油"，就是讽刺康有为及保皇党的虚伪。

---

① 张永福：《孙先生起居注》，载张永福：《南洋与创立民国》，上海：中华书局，1933 年，第 98～99 页。

② 张永福：《孙先生起居注》，载张永福：《南洋与创立民国》，上海：中华书局，1933 年，第 96～97 页。

张竞生推荐自著《美的人生观》

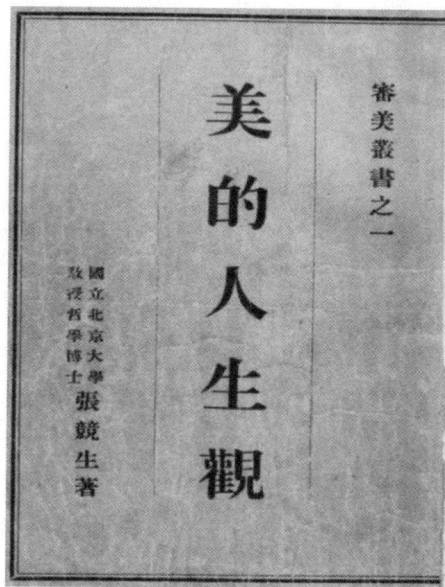

《审美丛书》之一《美的人生观》

　　说到张竞生（1888—1970）其人，很多人会想到《性史》，这部书让张竞生得到了一个"性学博士"的谑称。《性史》初版于 1926 年，在或明或暗地被禁了近 90 年之后，2014 年终于在大陆正式再版①。我们也终于可以看到这本禁书的真面目。但这本轰动一时的书，实在也没有什么好说的。如果要说能代表张竞生思想的，我觉得应该推他在北大的两本讲义——《美的人生观》和《美的社会组织法》，而"美的性育"只是其博大理论的一部分，《性史》又只是性风俗调查的结果。张竞生自己也非常看重《美的人生观》一书，他开列的"青年必读书十部"，就列出了自己的《美的人生观》，小注"夸口夸口，玩笑玩笑"②，其实可以看出他的得意之情。

---

① 张竞生：《性史》，北京：世界图书出版公司，2014 年。
② 张竞生：《青年必读书十部》，原载 1925 年 2 月 27 日《京报副刊》。

张 竞 生 先 生 选	
青 年 必 读 书 十 部	附　注
（1）建国方略（孙中山著）	
（2）红楼梦	
（3）桃花扇	
（4）美的人生观（张竞生著）	
（夸口夸口，玩笑玩笑！）	
以下六书为译本，能读原文更好：	
（5）科学大纲（英丹森著）	
（6）创化论（法柏格森著）	
（7）结婚的爱（斯妥布士著）	
（8）相对论浅说（爱斯坦著）	
（9）社会问题详解（共学社出版）	
（10）互助论（克鲁泡特金著）	

（原载一九二五年二月二十七日《京报副刊》）

张竞生推荐的"青年必读书十部"

　　张竞生早年追随孙中山参加革命。在民国成立之后，他被选派公费留学，在法国留学八年，于 1919 年获得法国里昂大学的哲学博士学位，博士论文为《卢梭教育理论之古代源头》。这篇博士论文在尘封多年之后，经过《文妖与先知——张竞生传》的作者张培忠先生的努力，才在法国里昂市立图书馆找到原本，并在国内翻译出版①。张竞生学成回国，先回家乡广东，出任金山中学校长，进行了一番大胆的改革，却引起保守派的抵制，被迫离去。1921 年 10 月，他应蔡元培之邀，担任北京大学哲学系教授，讲授"论理学"和"行为论"，即通常所说的逻辑学和伦理学。其"论理学"讲义《普通的逻辑》，北大图书馆有藏本；而影响更大的《美的人生观》和《美的社会组织法》，则是他在北大讲"行为论"时的讲义。

　　《美的人生观》初版于民国十四年（1925）五月，《美的社会组织法》则初版于民国十五年（1926）一月，都列为张竞生的《审美丛书》之一。按照张竞生的计划，《审美丛书》拟刊行六种书：

---

① 张竞生著，莫旭强译，张培忠校：《卢梭教育理论之古代源头》，广州：暨南大学出版社，2012 年。

我于"行为论"（旧称为伦理学——原注）上将刊行六种书：一为《行为论采用"状态主义"吗？》（状态主义，英名 behaviorism，人常译成"行为主义"者——原注），希望在这书上解释行为论与状态主义的异同在何处；第二书是《行为论的传统学说》，于此中说明传统学说之不足倚靠；其第三书《行为论与风俗学》，则在研究风俗学和行为论互相关系之各种理由。这三本书既属于批评与破坏之性质，自然不能以此为满足。我于是再进而为建设与实行上的研究，后列三书即是其媒介：(1)《从人类生命、历史及社会进化上看出美的实现之步骤》；(2)《美的社会组织法》；(3)《美的人生观》。①

但《审美丛书》最终只有《美的人生观》和《美的社会组织法》成书。这两本书本来只在北大作为讲义印行，有眼光的北新书局看到其市场价值，就拿去公开出版，销路果然大好，《美的人生观》两年之间就重印七次。

而更早发现张竞生著作价值的，则是《京报副刊》的编辑孙伏园（1894—1966）。他曾和张竞生策划"爱情定则大讨论"，又把这两本书的部分章节拿到《京报副刊》连载。《京报副刊》于1924年12月5日创刊，日出一号，至1926年4月24日《京报》被奉系军阀查封而停刊。该刊影响甚大，与先它创刊的《学灯》（上海《时事新报》副刊）、《觉悟》（上海《民国日报》副刊）、《晨报副镌》（北京《晨报》副刊）并称为当时的"四大副刊"。作品在报刊上连载，大大增强了张竞生的影响力。

《美的人生观》的出版，与当时的"科学与人生观"大讨论关系密切。20世纪初，学术界有一场关于人生观的大讨论，基本上有两派：一派以丁文江为代表，称为"科学派"，主张人生应该以科学的精神为依归；另一派则以哲学家张君劢为代表，主张人生应该提升到玄学和哲学的高度来考量，被称为"玄学派"。而张竞生讲人生观，则主张超越科学和玄学，而代之以"美学"，这显然也是受蔡元培"以美育代替宗教"思想的影响。张竞生认为：

> 美之一字，在此做广义解，凡历史进化、社会组织、人生观创造，皆以这个广义的美为目的，为根据，为依归。②

在张竞生看来，"美的人生观"不是虚幻的概念，而是有它实在的系统，他就其系统的横面分为八项，分别为美的衣食住、美的体育、美的职业、美的科

---

① 张竞生：《美的人生观·导言》，载张竞生：《美的人生观》，北京：北京大学出版社，2010年，第13页。

② 张竞生：《美的人生观·导言》，载张竞生：《美的人生观》，北京：北京大学出版社，2010年，第13页。

学、美的艺术、美的性育、美的娱乐和美的人生观；扩展到宇宙论，则把空间视为"美间"，时间视为"美流"，把各种作用力称为"美力"。而提倡美的人生观，其目的则是要使得国人都能够做到"性格刚毅、志愿宏大、智慧灵敏、心境愉快"。

《美的社会组织法》则是提倡一种张竞生所主张的"新女性中心论"。张竞生认为，一个社会应该是"情爱""美趣"和"富有牺牲精神"的社会，这些美德，在男性身上基本是没希望的，只能把希望寄托在女性上。张竞生主张通过"情人制"和"外婚制"来建立"情爱与美趣的社会"，树立国民"爱与美的信仰和崇拜"，最终建立"美治主义"的乌托邦。这个乌托邦的最高权力机构是"爱美院"，"爱美院"由全国各地经过平等竞赛后选出的"五后"（王后或者公主）和"八王"组成。"五后"为女性，包括美后、艺术后、慈善后、才能后、勤务后；"八王"为男性，包括美王、艺术王、学问王、慈善王、勤务王、技能王、冒险王、大力王。政府行政机构分为国势部、工程部、教育与艺术部、游艺部、纠仪部、交际部、实业与理财部、交通与游历部八个部。政府首脑及所辖八部均需对"爱美院"负责，"爱美院"有弹劾政府官员的权力，以此来保证"美的政府"职能的实行。

显然，这只能是乌托邦，所以《美的社会组织法》在社会上的影响远不如《美的人生观》，自然是在情理之内，意料之中了。

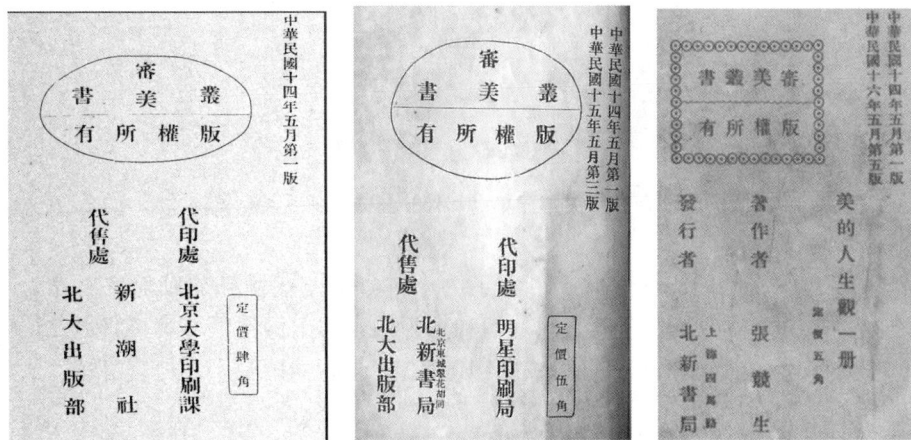

《美的人生观》第一、第三、第五版的版权页

[从《美的人生观》几版的版权页可以看出，其发行（代售处）最早是北大出版部和同样是属于北大的新潮社；后来北新书局取代新潮社加进来，到第五版已经是由北新书局独家发行了]

《旅欧杂志》上张竞生的文章

《旅欧杂志》民国五年（1916）第1卷第9期目录

　　1912年中华民国成立之后，设立了一个稽勋局，抚恤和奖励对辛亥革命有功之人。其中一项，就是全额资送有功和有为的青年出国留学，第一批共25人，张竞生被列为这批人之首，于1912年10月启程前往法国里昂大学留学，直至1920年始学成回国。

　　正是在1912年，蔡元培与李石曾、吴稚晖等人组织留学俭学会，推动国人赴法留学。1915年，时在法国的蔡元培又与李石曾发起勤工俭学会。1916年3月，蔡元培等与法国巴黎大学历史学教授欧乐等发起组织了华法教育会，蔡元培和欧乐分别担任中方和法方的会长。该会成立后，同年创办了《旅欧杂志》半月刊，"以交换旅欧同人之智识，及传布西方文化于国内为宗旨"（该刊《简章》第二条）。《旅欧杂志》共出版了27期。因为蔡元培等人回国，遂于1918年3月停刊。1928年9月曾改为双月刊出版，卷期另算，但只出了两期又再次停刊。

华法教育会和《旅欧杂志》在旅法知识分子中影响很大。当时正在法国留学的张竞生，也在《旅欧杂志》上发表了六篇文章，这是现在能见到的张竞生比较早的一组文章，其中三篇是哲学研究《空间研究法》及《空间研究法附篇》、《空间研究法附篇》（续）；[①] 两篇是纪事《女权发达》和《死后问题》；[②] 一篇则是《上蔡元培先生书并附呈教育部书》[③]。

《空间研究法》是张竞生研究哲学的心得。他认为，哲学上探讨空间和时间问题，唯物派和唯心派都有缺陷。他提出了四条学说：第一说，"世界仅有空间而无时间"；第二说，"时间不过空间运动时一形容词，非有实物也"；第三说，"吾人不能独认空间之存在，又当兼认时间者，因为便于计算语言做事等，非时间实际之存在也"；第四说，"哲学及科学研究法，仅事空间，无庸时间"。在提出这四条哲学理论之后，他又假设种种疑难，对这个问题反复深入讨论。这就是他对于空间和时间的认识。姑且不论其理论是否成立，无论如何，这是他研究哲学的一家之言。

《女权发达》是一则短述评。张竞生注意到当时欧美各国妇女进入政界、警界的现象，语气之中还是持肯定态度的。但又认为，虽然从胎儿发育到大脑的解剖都证明男女智力不存在差异，但妇女有月经的生理现象。所以，张竞生提出，妇女进入社会工作，最好要在 45 岁以后。因为妇女到了这个年龄经验丰富，而"其天然事已消灭，或就消灭"（意思是进入绝经期），而且这个年龄"私用感情少，家政有儿女代理"，所以比较合适，"如此为美"。从这里可以看出张竞生一生对于妇女矛盾、复杂思想的某些端倪。

《死后问题》本是巴黎大学教授侣东德在《哲学月报》上的一篇文章，大旨是说人死后精神即消亡，类似于我国东汉时期王充《论衡》的神灭论。他是从化学原理上证明这一理论。张竞生对此大加赞赏，指出国人相信灵魂之说，"其情可怜，而其愚也可悲"，劝诫国人不要再相信这类自欺欺人之说。

笔者更感兴趣的是张竞生的《上蔡元培先生书并附呈教育部书》，这篇文章其实包括两部分：一是他致蔡元培的信，一是他呈给当时教育部的建议书。

他在《上蔡元培先生书》中写道：

> 子民先生道鉴：敬启者，先生以哲学名家，长大学。大学之兴也有日矣。此灌输哲学于吾国之秋也。某不揣愚陋，辄草一稿，呈教育部，言其方略，今附上。内言所拟课程，其主要目的，则在沟通哲学及科学为一途，思想与实行同一向。又言苟哲学专校费巨，而大学专科师范学

---

① 分别刊于《旅欧杂志》1916 年第 1 卷第 3、7、8 期。

② 署名竞生，均刊于《旅欧杂志》1916 年第 1 卷第 7 期。

③ 刊于《旅欧杂志》1916 年第 1 卷第 9 期。

校及中学校师乏，未能一时举办，然在大学校内附设哲学专科，则为事不容缓。盖附设费省，仅重聘数教习，即足开坛。而学生毕业后，或再入哲学专校，或出为诸校之师，此举关系前途非浅，云云。未审尊见何似？若有万一可采，于先生所长之大学校，为之先倡（某前在此大学，未立此科，今以尚未设立为言），实为学术之光也。引领燕云，驰慕无似。肃此。敬候大安！

张竞生这封信没有具体日期，蔡元培是在 1916 年 12 月 26 日被任命为北京大学校长的，张竞生应该是在得知消息之后给蔡元培写这封信的。① 信中希望蔡元培在北大设立"哲学专科"，认为这是"事不容缓"的。但实际上，北大哲学系成立于 1912 年（当时称为哲学门），那一年张竞生远赴法国，所以不知道。其实他自己也不肯定，所以特别说明是他在北大（京师大学堂）读书时未有哲学专科，所以"以尚未设立为言"。笔者没找到蔡元培的回信，但后来蔡元培聘请张竞生为北大哲学系教授，或多或少跟这封信有关系。

此信之后是张竞生给教育部的呈文，建议设立哲学专校，以及在各级学校设立哲学专业和开展哲学课程等建议：

为请设哲学专校与哲学专科于各大学校内，及普通哲学于各大学预科师范学校，并普通哲学演讲于中学校事。

窃维思想为事实之母。哲学者，即求如何而能善于思想之道也。希腊盛时，斯学昌明，故其文物，灿然可观。罗马尚武，废置不讲。遂致欧洲中叶，沦于兼并之风，几等于蛮夷之列。降及近代，哲人复起。继古研新，以成今日之文化。由是观之，世事隆替，全关斯学之兴废，彰彰可证。吾国此道，伏羲而后，世有所明，但未能扩而大之耳。扩大之术，此生（张竞生）之所以欲披陈之也。

古今来中西以哲学名者数千人，其大名鼎鼎者亦有数百。曰唯心派者，曰唯物派者，其学说虽互有短长，但其理论精密莫外。自法哲孔德 A Comte 有哲学实证派之倡，遂合哲学与科学为一途，迨美儒忍思 James 有哲学实行派之说，竟使思想与实行同一鹄，哲学界于兹又增一异彩。诚能于诸派中，集其长而去其短，取唯心派之微妙，唯物派之实着，使哲学与科学同时并进，思想与实行双方用功，生（张竞生）所谓扩大之道，即在是矣。

若其进行方法，则设哲学专校，以养成博学之士，而预为师资。于

---

① 刊载此信的《旅欧杂志》第 1 卷第 9 期出版于民国五年（1926）12 月 15 日，早于蔡元培任北京大学校长之期，也许是张竞生提早得知蔡元培任北京大学校长的消息，才给他写了这封信。

大学校内立哲学专科，以养成宏通之才，备为世用。各大学预科及各师范学校，则设哲学普通科，每星期数课，以造就善于思想之人，使其后来无论习何科学，及任何职业，措施无不得宜。于中学校，则兼设普通哲学讲演，每星期二三次行之。以浚发少年之心思。苟哲学专校费巨，而大学预科师范学校及中学校师乏，未能一时举办。然在大学校内，附设哲学专科，则为事不容缓。盖附设费省，仅重聘数教习，即足开坛。而学生毕业后，或再入哲学专科，或出为诸校之师，此举关系前程非浅。

至生（张竞生）所拟课程，与欧美诸大学校哲学科，有不相同者。其主要目的，则在沟通哲学与科学为一途，思想与实行同一向。故分门为七：（一）论理学，（二）哲理之算学、机械学、天文学，（三）哲理之化学、物理学，（四）哲理之生物学、生理心理学，（五）哲学之地理历史学、社会学，（六）中西哲学史之关于人伦道德宗教及科学者，（七）哲学之美术学及体育学是也。哲学专校，其课程特别高深，并附设机械、天文、化学、物理、生理、心理诸学试验室。大学校内之哲学专科，其课程比哲学专校稍次。大学预科及普通师范学校，则为普通哲学之教授，中学校之课程，又比大学预科及师范学者为次。

此其概略也，聊以献其管见而已。若夫审详之道，想大部定必有良划嘉猷。总之，凡吾国人苟从中学校而上出身者，能均具有哲理之科学智识，则吾国之文化，从兹可方驾欧美而无愧矣。此念虽奢，但此希望不可无。且其事甚平易可行也。伏希钧座察核施行，以光学术，毋任彷徨待命之至。

这个呈文还是清代时期，臣民给朝廷和皇帝的条文的格式，言词也甚谦卑，与后来常见的张竞生的为人风格和文风颇不相似，很有意思。而张竞生呼吁普遍开设哲学课程，以及"沟通哲学与科学为一途，思想与实行同一向"的提法，都是值得重视的思想。

《烂熳派丛书》

《文妖与先知——张竞生传》的作者张培忠先生，对张竞生有一句很精到的评价：性学只是他十个手指头里面的一个小拇指①。确实，在学术方面，张竞生于提倡研究"性学"之外，还曾幻想建设一个"美的"社会乌托邦。他在文化理论上，则大力推崇西方浪漫主义思想，想以此来改良中国社会，为陈陈相因的中国文化注入活力。《烂熳派丛书》的译述，正是基于此目的而发轫。

一、《烂熳派丛书》的缘起

张竞生在 1926 年离开北京大学。离开的原因很复杂，一方面，当时奉系军阀张作霖入关，逮捕并杀害了李大钊等人，局势紧张；另一方面，北大校长蔡元培宣布离职，校务由蒋梦麟代理。蒋梦麟正是在张竞生离开北大三年后，动议逮捕正在杭州烟霞洞避暑的张竞生的（当时蒋梦麟任浙江教育厅厅长）。冰冻三尺非一日之寒，两人不和，自然是可以想见。在这种情景下，张竞生到了上海，任上海艺术大学教授。上海艺术大学的校长是潮阳人周勤豪，他的夫人是刘海粟的姐姐。刘海粟由于率先在美术课堂中公开使用人体模特，也是被人议论纷纷。张竞生、刘海粟和谱写"靡靡之音"《毛毛雨》的黎锦晖，在当时被保守者称为"三大文妖"。

在上海期间，张竞生出版了《性史》一书，创办"美的书店"，雇用女店员，引起轩然大波。1929 年夏天，张竞生到杭州避暑，被当局以宣传性学的罪名拘捕，虽然很快获释，但声名大损。在老友的帮助下，他再次到法国，组织了一个"旅欧译述社"，从事著作翻译。

旅法期间，张竞生在上海世界书局出版了一套《烂熳派丛书》（有时只称"烂熳丛书"）。这套丛书中，由张竞生编写和翻译的有七种：《烂熳派概论》《伟大怪恶的艺术》《卢骚忏悔录》（卢骚现在通译为卢梭）、《梦与放逐》（这是一本合集，"梦"为卢骚著《闲散老人之梦》，即卢梭的《一个孤独散步者的遐思》

---

① 张培忠：《代序：性学只是他十个手指头里面的一个小拇指》，载张竞生著，张培忠编：《浮生漫谈：张竞生随笔选》，北京：生活・读书・新知三联书店，2008 年，第 1 页。

的部分章节;"放逐"为雨果《放逐》一书的总序)、《印典娜》(法国女小说家乔治桑的作品)、《多惹情歌》(英国诗人拜伦的长诗,现在通译为《唐璜》)和《哥德自传》(哥德现在通译为歌德)。当时张竞生和世界书局签约,每月译述十万字,预支版税 200 元,张竞生用 100 元作为妻儿在上海的生活费,100 元则作为自己在巴黎的生活费。那个时代的文人,靠卖文还是可以维持生计的。

在《烂熳派丛书》这七种中,《伟大怪恶的艺术》和《烂熳派概论》是翻译加评述,所以更能反映张竞生的思想。

二、《伟大怪恶的艺术》

《伟大怪恶的艺术》,民国十八年(1929)由世界书局初版。本书是根据法国作家雨果的《〈克伦威尔〉序言》发挥而成的。《克伦威尔》是雨果(张竞生译雨果为"嚣俄",译克伦威尔为"格隆威")写的一部戏剧,其所写的克伦威尔,是十七世纪英国资产阶级革命时期的军政领袖,曾处死英国国王查理一世,建立共和国。但克伦威尔也是一个争议极大的人物,"恶多,善也多",他的性格充满多种矛盾。雨果正是抓住这一点,通过剧本来表现人性的复杂。为了更加旗帜鲜明地表述自己的观点,雨果特意写了一篇序,这就是《〈克伦威尔〉序言》,它被认为是法国,乃至欧洲和世界浪漫主义文学的宣言。

世界书局初版《伟大怪恶的艺术》

此书重点在于"怪恶"这个概念的提出。"怪恶,这个又怪又恶,怪得可笑而恶得可怕的艺术,乃烂熳派首领嚣俄于 1828 年所发现,乃烂熳派最新鲜的建议,乃新文学最重要的材料。"张竞生这样写道,并且以他惯有的语气说:"这个发现在新文学的重要,比哥伦布发现美洲更为超过。"

张竞生认为从前文学与艺术都只重在善良与悲哀的描写,这未能括尽人生的真相与自然的真理。因为人类不仅有善的、美的、高尚的一面,还有恶的、丑的、卑鄙的另一面。人就是这些复杂与矛盾性格的集合体。文学艺术缺少了"怪恶",就"免不了一种不完全与不切实的缺点"。张竞生以《水浒传》的武松、李逵等人物为例,认为这些人物因为"怪恶",所以是成功的艺术典型。其实,笔者看来,要说"伟大怪恶"的艺术典型,还得数《三国演义》的曹操。

《伟大怪恶的艺术》附有张竞生创作的"人情剧"《袁世凯》,《张竞生文集》(广州出版社)收录此书时删去了。

三、《烂熳派概论》

《烂熳派概论》，世界书局民国十九年（1930）初版。这本书论述欧洲浪漫主义文学的发展史，全书分三章和余论：第一章"烂熳派的意义"，第二章"历史"，第三章"烂熳派的行为及其思想影响"，余论"所望于我国的文艺界者"。

"烂熳"即"浪漫"。通常认为浪漫派与其他文学流派，特别是古典派的不同，在于浪漫派特别注重"幻想"与"情感"。张竞生则认为，这还说得不彻底。"烂熳派的幻想不是伏在案上搜头空思，他们乃向自然上直接承受其种种的启示，这是一种直感（Inspiration）。这是神游六合、超出人世间的一种'领悟'，一种'顿觉'。至于情感，烂熳派所喜欢的不是普通的情

世界书局初版《烂熳派概论》

感，这些平常的人情，实则为他们所唾弃。他们所要的，乃是热烈奇特的情操——热情。"

张竞生介绍浪漫主义文学的目的，是给国内文学作参照。他认为："现在我国的青年，也如十八九世纪的欧人一样烦闷极了……我们要救这个'时代病'，所以介绍这个最好的药品——烂熳主义，希望它给予青年多多的热力、刚毅、跌荡不羁，尽量发挥个性与自由，养成极热烈的情感，喜欢自然，而出死力与社会抵抗，在政治上争得种种自由，在社会求得种种解放与建设。"

在文艺上，张竞生提出八项纲领：尽量加入"怪恶的材料"；尽力制造新字句、新意义；多介绍外来的材料；多鉴赏自然，向自然摄取一切美与怪恶的材料；养成热烈浓厚的情感——恩怨分明；养成特别的行为——立身行事都要有特别处，虽细至衣服装饰也要有特别的标示；对于政治，当热心干预；当努力将我国象形死板的文字打倒，代为活动的谐声新字母。他认为，只有做到这八条，"然后始可说新文学运动得到功效，然后才可算烂熳派的大成功。至于'五四'的运动，只可说是一点新力的发动，离了新文学运动的成功尚远"。

四、余论

《烂熳派丛书》的其他各书，《卢骚忏悔录》《梦与放逐》《印典娜》《多惹情歌》和《哥德自传》，多是对原著进行取舍的翻译。

　　张竞生更多的是一个思想者，而非学者。所以，我们读他的书，即使是这种译述，甚至诸如《卢骚忏悔录》等纯翻译的著作，都要多留一点心眼。如果以学术的眼光来考究，很容易就会发现其书时有错误，如雨果的《〈克伦威尔〉序言》发表于 1827 年，张竞生却误记为 1828 年；他的翻译，也往往是以己意对原著进行取舍。《烂熳派丛书》与其说是介绍西方学术，毋宁说是张竞生借西人之口来表达自己的思想。

1929 年初版《印典娜》封面

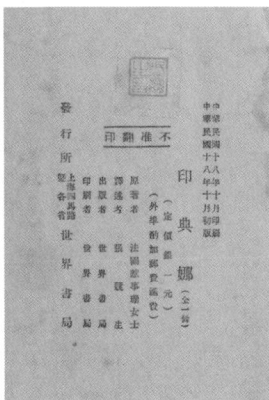

初版《印典娜》版权页（钤有张竞生印）

1929 年初版《梦与放逐》封面

1930 年初版《多惹情歌》封面

1930 年初版《哥德自传》封面

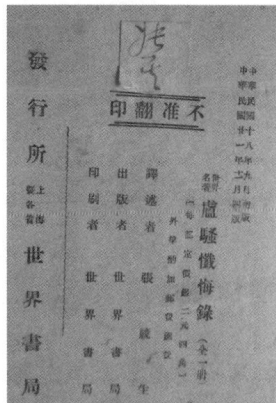

第 3 版《卢骚忏悔录》版权页（疑有张竞生的签名）

21

吴贯因编《国难文学》：
以哀痛之音培养国民的品性

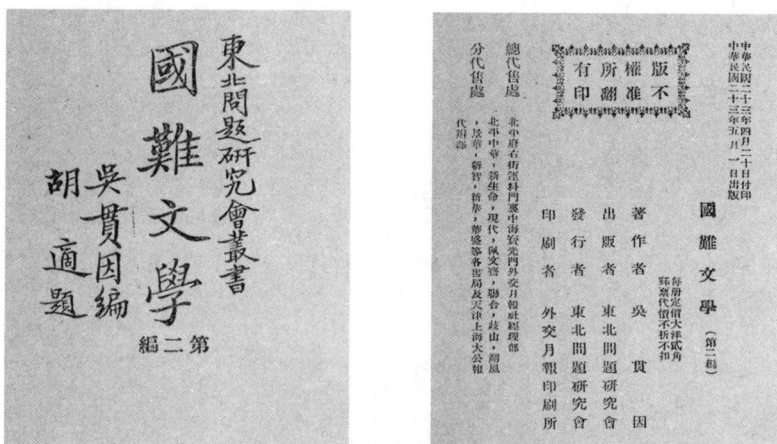

《国难文学》第二编封面及版权页

　　1931 年"九一八事变"之后，日本占领东北，进而企图全面侵华。中国领土沦陷，亡国之危迫在眉睫。当时任东北大学史地系主任的吴贯因先生，愤而编辑出版了《国难文学》一书，汇集历代国难当头之际的爱国诗文，借以激发全国人民的爱国之心和抗敌斗志。书生报国，只能以笔为剑，但其拳拳之心，特别是清醒的自省意识，使这本书至今读起来仍然不无裨益。

　　吴贯因（1880—1936），原名吴冠英，号柳隅，澄海人。早年在家乡教书，接受共和革命思想，1905 年曾与四位好友相约到厦门参加孙中山领导的同盟会。1907 年，吴贯因赴日本留学，就读于早稻田大学，结识了当时流亡日本的梁启超。1912 年民国成立之后，吴贯因刚好学成回国，遂协助梁启超在天津创办《庸言日报》和《庸言月刊》，倡导民主共和思想。1913 年，梁启超任北洋政府司法总长，吴贯因被推荐出任卫生司司长、币制厂厂长。1916 年，袁世凯复辟帝制，遭到全国人民的反对，孙中山发动"二次革命"，反对袁世凯称帝，吴贯因也追随梁启超南下两广倒袁。倒袁虽然胜利了，但随后而来的北洋军阀统治政局混乱，吴贯因深感失望，逐渐离开政治，潜心学术研究。他曾任内务部参事兼编译处处长，但主要精力在北京的华北大学、平民大学等高校任教。这段时间，他的两位得意弟子，被人称为"潮汕李杜"的李春涛和杜国庠，也刚好在北京，师徒相互问学，甚为相得。1927 年以后，吴贯因任东北大学教授。当时的东北大学由张学良兼任校长，聘请了很多名家前去任教，一时间人才济济，跻身国内名牌大学之列。"九一八事变"之后，东北沦陷，东北大学成为流亡大学，虽说是内迁北平，实际上形同解散。吴贯因闲居于北京，从事著述。1935 年，吴贯因再到天津创办《正风》半月刊，不幸于当年秋天患脑溢血，经过一段时间的医治，病情未有好转，终于在 1936 年 1 月 22 日（农历乙亥年十二月廿八）晚十时去世。

吴贯因先生早年从政，是梁启超领导的"进步党"的重要成员。进步党是以立宪派为主体的政党，吴贯因可说是其理论代表之一，曾主编《宪政新志》等刊物作为言论阵地。中年则从事历史研究，出版有《史之梯》《中国经济史眼》《民国史》《中国预算制度刍议》《中国之预算与财务行政及监督》等著述。吴贯因先生还是一位杰出的语言文字学家，著有《中国文字之起源及变迁》《中国语言问题》等。他任内务部参事兼编译处处长时，主持编译了一大批介绍西方各国政治制度、经济状况的著作。吴贯因还有大量的文章散见于报刊，这些遗篇佚文，笔者所见已经有两百多篇，数量不少，尚有待于编集出版。

吴贯因先生相片和手迹（《海滨月刊》1936 年第 9/10 期）

《国难文学》是吴贯因编辑的一部文学选集，由当时的"东北问题研究会"出版，第一编出版于 1932 年，收有诗词 100 多篇；第二编出版于 1934 年，收诗词歌赋等各类体裁文学作品 60 多篇。两编均由胡适题签，其立意非常明确，就是要激发全国人民的爱国之心，一致抗日。

《国难文学》第一编有王卓然（1893—1975）所作之序。王卓然当时是张学良的家庭教师，其实是张的顾问，后来成为民主党派九三学社的创始人。王卓然在序中说，他在与日本人交流时，发现日本人爱读文天祥的《正气歌》和岳飞的《满江红》这些慷慨激昂的中国爱国诗词，觉得很奇怪，后来才醒悟，正是这些中国诗激发了日本人的"爱国心"。"观日本军阀利用人民爱国狂，恃强凌弱，蔑视公理，诚堪痛恨。然其人民勇于公战，怯于私斗，视死如归，要不失为吾人之良师。值此空前国难，不知吾全国同胞能背诵《正气歌》者有几人？能具《正气歌》中之正气者更有几人？吾等要以日本人为师，勿只顾空口痛詈也。"他说，《国难文学》的编辑，是一份精神资粮，"足以培植国民爱国心理，医治要人好为空言不负责任大病"。

两年后，吴贯因又编《国难文学》第二编，第二编有吴贯因先生的自序，说得非常沉痛：

> 今距第一编刊行时，又一载矣。此一载中，热河沦陷，河北之东北部，又被禁止驻兵，燕云十六州，行将随东北俱尽，国势岌危，江河日下，欲求回复一年前之状态，且不可得。睹兹国运，能不惊心动魄乎？其最可骇者，国民之品性，竟随国难而愈趋愈下。奸人则利用国难，以媚敌求荣；军阀则利用国难，以攘夺地盘如察哈尔之新添无数杂牌军队，其明证也。民德堕落，至于此极，即强敌不来，求国不亡，亦岂可得？吾为此惧，私念欲挽回此势，莫亟于培养国民之品性，爰有《国难文学》第二编之编纂。冀以哀痛之音，促同胞之自省，国人之天良未泯灭者，得此奋兴剂，或能淬励品性，以求自拯并以拯国乎？

在《国难文学》中，吴贯因先生不但收集历代的爱国诗文，还特意收入了自己写的四首诗。吴贯因先生的诗不多，所以这几首诗很值得珍惜，录以下两首：

二十年九月十八夜看日军炮击北大营

宵深烽火掠楼头，沈水寒声呜咽流。
国破城头云尽黑，忧来塞外草先秋。
悲笳似奏金瓯缺，堕甑谁将覆水收。
一幅舆图变颜色，江山无主螳蛄啾。

辽吉同日沦陷

一百名城同日捐，金瓯已缺不团圆。
天崩九市来胡马，国破万山泣杜鹃。
见说春秋无义战，愁看草木染腥膻。
微闻沈水多新贵，羞与帝秦哭鲁连。

《史之梯》：不空洞的"史学概论"

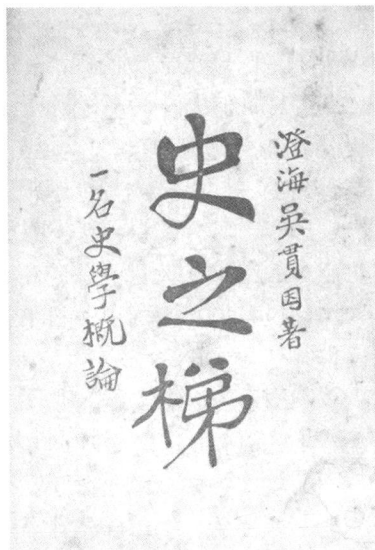

初版《史之梯》封面

吴贯因先生的《国难文学》，是他在"九一八事变"之后，有感于国势之积弱，甚至有亡国的危险，发愤编的一本书，欲以哀痛之音培养国民之品性，激发国人的爱国之心。在此之前几年，吴贯因是东北大学史学系的教授、系主任，过着平静的书斋生活。他在史学方面最有名的著作，是《史之梯》（一名"史学概论"）。

《史之梯》，民国十九年（1930）由上海联合书店出版。上海联合书店是近代著名的出版家张静庐创办的，仅存在一年，后来折价并入现代书局。但联合书店在一年的经营中却出了不少好书，如有名的郭沫若的《中国古代社会研究》最初就由联合书店出版。吴贯因在联合书店出版的书，除了这本《史之梯》，还有一本《中国经济史眼》（一名"中国经济史概论"），两书几乎是同时出版，但前者影响更大。

吴贯因早年追随梁启超从事改良运动。梁启超后来转入学术研究，成为杰出的史学大师，他的《中国历史研究法》不但在当时风行学界，而且近年随着"国学热"兴起，这本书还在不断重印。吴贯因的史学思想主要是受梁氏的影响，这本《史之梯》也可以明显看出梁氏《中国历史研究法》的影子。

作为一本"史学概论"，这样的书容易流于平庸，因为是"概论"性质的东西，所以只能讲一个大家最普遍的认识，作者的才情不容易得到发挥。在大学上课，这种课程往往学生也会逃课睡懒觉。但反过来说，如果能把这种课程讲得精彩，那就说明作者必有过人之处。《史之梯》不能说有多少创见，但持论平实，不失学者本色。特别是，作者在每个章节之后，都有一些具体的例子，以论证前边的"概论"。这些史例，却是很有意思的，使得我们现在读这本书，觉得还能读下去，而且还能不时得到启发。

吴贯因接受了梁启超倡导的"国民史学"的观点，这针对的是传统的"帝王史学"。按照梁启超的说法，过去的正史，只不过是帝王将相的家谱。吴贯因接受这一观点，大力提倡新史学，即"国民史学"。

我们为什么要读史？最著名的一句话，就是英国哲学家培根所说的"读史使人明智"。而吴贯因的"平民史学"观则认为，"若历史一门，乃欲以养成国民之人格，及启发其爱国之热心。故编史之大目的，应注意于国民全体之动作，不能仅注意于帝王或官吏之动作。质言之，则国史教科书，应使其为平民读本，不能只作为帝王读本或官吏读本"①。

《史之梯》全书正文 230 页，内容分六章，分别为："导言""史学与其它科学之关系""历史进化之历程""史家地位之变迁""史学与史料""读史与论史"。其第二章"史学与其它科学之关系"，分别概述了史学与统计学、考证学、年代学、天文学、语言文字学、考古学、生理学、社会学、医学等各个学科的关系，眼界非常宏阔，在简略的叙述中指示了史学研究的门径。这一章的史例不但有启发性，而且很有意思，使得这本"概论"读起来不流于空洞。

比如其中的"史学与生理学"一节就举了一个有趣的例子。过去历来根据《礼记》"（周）武王九十三而终"的记载，认为武王活了九十三岁。可是，根据历史的记载，周武王去世，其长子周成王继位，年仅十三岁，所以需要武王之弟周公摄政。这个故事见于多种史籍记载，基本没有疑问。周成王是周武王的长子，而且是正妻邑姜所生，按照古代常理，周武王与作为正妻的邑姜年龄一般相差不大。如果这样推算，周成王出生，其父母周武王和邑姜已经七八十岁了。这可能吗？从生理上就可以断定不可能。《礼记》所说的周武王活了九十三岁肯定记载有误。

又如，东汉光武帝时有"客星犯御座"的事件，如果不懂天文，就根本不能理解这句话说的是什么意思。同样的，如果不懂外文，就不知道《本草纲目》

---

① 吴贯因：《史之梯》，上海：上海联合书店，1930 年，第 208 页。

中记载的"淡巴菇"是什么东西，也不明白"倭奴"是什么意思。原来，"淡巴菇"就是烟草；而"倭奴"其实是日本土著居民部落的音译汉字，本来没有多少贬低的意思。"倭"也不是矮的意思，古代汉语中"奴"字也不全是贬称，"夷"才是贬称。这些字词的理解，都需要有语言文字学的知识。还有，史籍记载中上古时代的人物，如尧、舜、禹等，都只说到其母而不及其父，还有种种"野合产子"的传说，过去觉得不可思议，现代人有了社会学和民族学的知识，才知道这些只不过是原始社会的遗风，是可信的，也是很平常的事。

　　所以，虽然现在有人认为这本《史之梯》已经过时了，但判断一本书的价值，还要看它是否有启发性，而不在于其具体的结论。从这个角度看，这本《史之梯》仍然值得一读。

郑相衡：
"毛选的重要英译多出自他的手笔"

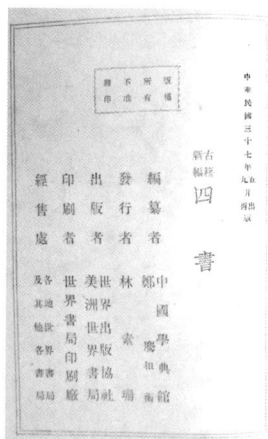

《古籍新编·四书》版权页

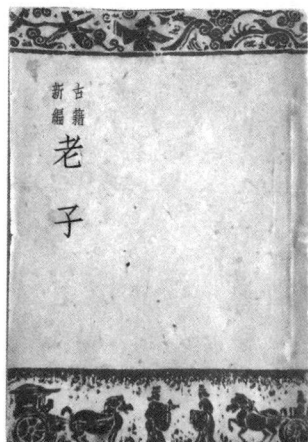

《古籍新编·老子》初版封面

手头一册《古籍新编·四书》，上海中国学典馆民国三十七年（1948）五月出版，编撰者为"郑麐相衡"。杨家骆先生（1912—1991）为此书作序，称为"潮阳郑相衡先生"，这几个字，让笔者开始了一番寻找郑相衡之旅。

一、《谁人识得郑相衡》的几点证补

检索网络和各种工具书，关于郑相衡的资料少得可怜。张伟先生的《谁人识得郑相衡》①，是笔者找到的唯一一篇比较完整的关于郑相衡的介绍，文中写道：

> 郑麐，字相衡，广东潮阳人。20世纪初留学欧美，先在哈佛学习

---

① 张伟：《谁人识得郑相衡》，载张伟：《满纸烟岚》，上海：上海教育出版社，2007年，第54～57页。

哲学，继就学牛津研究历史，归国后任教于清华大学。1926 年，清华政治系成立，甫创之时，系里仅四位教授，郑即其中之一，他也可以说是政治学这门学科在中国的开创者之一。后来他南下上海，弃学经商，在沪某银行出任经理，拥有一个人所美慕的好职位，并在市中心建有自己的华丽别墅。但他并未沉湎在奢华之中，因为他的志向并不在此。他业余以很大精力从事中国古籍的整理和英译工作，以后更干脆辞去银行经理一职，全力经营自己钟情的事业。从其公布的计划来看，他打算整理翻译的中国古籍达 102 种之多，包括十三经和诸子学说。

可是这样一位人物，在很长时间内可以说是被遗忘了，正如张文所感慨的："郑麐这个名字，今天已很少有人知晓了，在我手边能找到的文史辞典中，也没有一种列有他的条目；尤其令人诧异的是，作为一名成就斐然的学者和翻译家，在其相关领域的一些学术专著中，竟也鲜有提及他名字的。"所幸，这种状况近年略有改善①，笔者也搜集到一些资料，可以作为张文的补充和旁证。

《古籍新编·四书》署名为"郑麐相衡"，可知他本名郑麐，字相衡。"麐"是"麟"的异体字，可能是这个字太生僻，所以多用"郑相衡"之名。他可能是潮阳人，但查阅各种潮阳志书，都未见记载，所以笔者猜测可能是潮阳籍。早年在上海经商的潮阳人，其第二代都自称潮阳人，但与本土实际上联系不多。笔者找到一本民国十一年（1922）出版的《旅沪潮州学生会杂志》，其创刊号上有郑麐的名字，他出现在民国九年（1920）冬第一届会员的名单中，学校是圣约翰大学，住址是上海嵩山路仁和里地字四号，这个住址可以证明他极有可能是上海的第二代潮阳人。在暑假义务学校的捐款中，他捐了十元，是最多的，说明其家境应该非常好。在这个学生会中，郑麐是财政科主任，似乎他早年就显示出理财的天赋和兴趣，所以中年才有可能跻身银行界。

关于郑麐的学历，黄大受在《世界学典有关的编辑工作》② 中"郑麐与英译先秦古籍"一节中说："郑先生早年在哈佛大学研究哲学，在牛津大学研究历史。"这应该是张伟先生文章中郑麐学历的来源。

张先生又说郑麐归国后在清华大学教书，是清华大学政治系最早的四位教授之一。清华大学政治学系的官网在介绍其历史沿革时说："至 1926 年 4 月，清华正式改制为大学，在设立专修课程的 11 个科系中，政治系时有包括首任系主任余日宣以及钱端升、金岳霖、刘师舜等教授 4 人。"③ 未提及郑麐。而清华大学法学院的官网"法学清华一百年"一栏介绍余日宣时则说："1926 年秋清华大学

---

① 如温军超：《郑麐翻译思想研究》，载《英语教师》2014 年第 10 期。

② 黄大受：《世界学典有关的编辑工作》，载《世界月刊》1947 年第 2 卷第 6 期。

③ 清华大学政治系官网，http://www.dps.tsinghua.edu.cn/publish/ps/1931/index.html.

成立政治学系，余日宣为首任政治学系主任，教授有钱端升、刘师舜、郑麐等人。"① 两者说法不一，笔者不得不再查阅其他资料求证。

谢喆平的《现实与学术之间：清华政治学系 1926—1952》② 一文对清华大学政治学系的成立有详细的介绍，文中说："1926 年 4 月，清华教授会选举产生各系主任，余日宣成为政治学系第一任系主任。教员有钱端升（哈佛大学博士）、刘师舜（哥伦比亚大学博士）、金岳霖（哥伦比亚大学博士）和郑麐。"

孙宏云先生专门研究清华政治学系的沿革，他说 1926—1927 度，清华大学政治学系的教授为郑麐、刘师舜和钱端升三人，刘、郑同时兼西洋文学系的讲师。而此时政治学系的系主任是余日宣，他出国休假，所以没有列入授课，也没有列入名单。③

孙宏云所根据的是清华大学的档案资料，应该是可信的。笔者在 1925—1926 年度的《清华年报》中找到郑麐的名字，他被列为英文教师。还有一张宝贵的照片，是当时清华英文教师的合影，其中郑麐的英文名字后边注明是 B. A，即学士，就是说他只有本科学位。陈寅恪先生游学欧美名校十几年，却一直没有申请学位。郑麐游学哈佛、牛津，却满足于一个本科学位。这就是民国人物的范儿。

1925—1926 年度《清华学报》所载清华英语教员合影（右三为郑麐）

① 清华大学法学院官网，http：//www.tsinghua.edu.cn/publish/law/6878/2011/20110323110558278288358/20110323110558278288358_.html

② 谢喆平：《现实与学术之间：清华政治学系 1926—1952》，载《看历史》2011 年第 10 期。

③ 孙宏云：《中国政治学的展开：清华政治学系的早期发展 1926—1937》，北京：生活·读书·新知三联书店，2005 年，第 94～102 页。

而清华大学"1925年秋教员授课表"① 中，尚未出现郑麐的名字，因此可以推知他应该是在1926年进入清华任教的。结合孙宏云先生提供的材料，笔者推测郑麐在清华本来是在西洋文学系任教，1926年政治学系主任余日宣出国休假，他才调到政治学系任教。应该说，在政治学理论方面，他没有太大的建树。

郑麐什么时候离开清华大学，由于资料缺乏，目前尚无法确知。但在民国十八年（1929）《国立清华大学学程大纲附学科说明》的教师名单中，已经见不到他的名字，可推知至迟在1929年，他就离开了清华大学。

张伟先生的文章在叙述郑麐任教于清华大学政治学系之后，接着说他"南下上海，弃学经商"。而从现有的资料来看，郑麐离开清华之后，是到铁道部任职。查当时的《铁道公报》，可知郑麐曾在铁道部任秘书、法规委员会委员、铁道部参事等职务②，还著有一本英文著作《中国铁路历史概览》（*The Chinese Railways：A Historical Survey*，China United Press，1935）。

后来，郑麐辞去教职，弃文从商，成为上海一家银行的经理，张伟先生的文章未言明是哪一家银行。从郑麐后来写的《庆祝滇行十周年纪念》③一文来看，他应该是进入了当时的新华信托储蓄银行。新华信托储蓄银行由中国银行、交通银行两大银行合资创立，1914年10月在北京成立，名为"新华储蓄银行"。1931年总部迁到上海，更名为"新华信托储蓄银行"。抗战期间，新华信托储蓄银行在昆明开设分行，郑麐被聘为经理。

似乎是在进入银行之后，郑麐就改称郑相衡。而在清华和铁道部任职时期，他都称为郑麐（英文Cheng Lin）。

张文说到，郑麐"在（上海）市中心建有自己的华丽别墅"，这座别墅坐落在巨泼来斯路（今安福路），由当时著名的华盖建筑事务所设计，中西结合，是上海有名的建筑，当时的《中国建筑》杂志有专门的介绍④。

二、郑相衡的"古籍新编"

郑相衡辞去银行职务，专心从事古籍英译的著述，应该是在抗战胜利之后。当时名流李石曾（1881—1973）主导世界书局，倡导编撰一套《世界学典》，由著名出版人杨家骆主持，拉郑相衡加入，郑杨两人一拍即合，于是就有了世界书局版的《古籍新编》丛书。

郑相衡的《古籍新编》计划庞大，多达102种，后来只出版了《四书》《老

① 收入清华大学校史研究室编：《清华大学史料选编》（第1卷），北京：清华大学出版社，1991年，第338页。
② 分别见《铁道公报》1932年第262期、1933年第625期的《铁道部令》。
③ 郑麐：《庆祝滇行十周年纪念》，载《新语》1948年第13卷第19期。
④ 《郑相衡先生住宅三帧》（插图），载《中国建筑》1933年第1卷第2期。

子》《孙子兵法》和《燕丹子》四种，还有一种他和林素珊辑译的《处世箴言》，不属于《古籍新编》的系列，另外还有一部英文的《中国古籍校读新论》，加上同样是英文的《中国铁路历史概览》，这七部，大概就是郑相衡的全部著作了。

《处世箴言》封面

郑相衡晚景凄惨，著名学者王元化先生说：

> 郑麐是我的父执辈，曾在北方几个大学任教。解放后，被安置在（上海）市府参事室。他精通英语，造诣精深，曹未风翻译莎剧时常向他请教。毛选的重要英译多出自他的手笔。（"文革"中造反派说他把愚公译为 Stupid Old Man，将他剃了阴阳头，罚他天天挂牌扫马路。他就住在我家附近，他扫街时我还看到过。——作者原注）①

这段文字让人读后唏嘘不已，也留下珍贵的记录。这里提到"毛选的重要英译多出自他的手笔"，可以想象其英文的精通和权威是受到公认的。当年中共中央毛泽东选集英译委员会主任徐永，是清华大学外文系 1924 年毕业生，应该对郑麐不陌生。参加毛选英译的钱钟书，则是 1929 年考入清华大学外文系的。

遗憾的是，现在关于郑相衡的资料笔者只能找到这些，连最基本的生卒年都没法确定②，期望有更多资料的发现。

郑相衡的《古籍新编》，计划是要把西汉以前流传的先秦古籍都加以整理，然后翻译成英文，以成为外国人学习中国经典的桥梁。为了便于查检和中英文对照，他把每一章分成各个条目，分别加以编号，书后还附有引得，使用起来非常方便。这些都是近代从西方传入的比较科学的编纂方法，显然跟他早年留学欧美所受的训练有关。

在翻译之前，他下了很大的功夫先把原文整理一番，重新进行编排，而不是照原书进行翻译。如《古籍新编·四书》，是"按四书之文义，以类相从；语意相近者，归为篇章"。就是说，把四书的原文分类编排，按照一个个的主题归类。比如《论语》，原来是 20 篇，似乎是随意的记录，没有什么主题和条理，《古籍

---

① 王元化：《莎剧解读·序》，载［德］歌德等著，张可、元化译：《莎剧解读》，上海：上海教育出版社，1998 年，第 23～24 页。

② 民国十一年（1922）出版的《旅沪潮州学生会杂志》说郑麐当时是圣约翰大学三年级学生，按照一般年龄推算，他大约生于 1900 年。

新编》则把《论语》分为"自述""习性""事迹""弟子""人物""评论""政治""德行""处世""君子"10 个主题，另加一个"阙疑"，总共是 11 篇。其完全打乱原书的次序，把相关的论述集中在一起，使读者对孔子的思想更容易了解和把握。这是一种科学的研究方法。

朱熹的《四书集注》，是按照《大学》《中庸》《论语》《孟子》的次序排列古籍的，而郑相衡的这部《古籍新编》，则根据相传的作者年代，重新以《论语》《大学》《中庸》《孟子》这个次序排列。其文本，则根据清朝学者的考证，择善而从，并非一味地按照通行本的文句。正因为如此，这一部本来只是基础资料性质的中文《古籍新编·四书》，本身已具有相当的学术价值，而其英文译本，不知道现在还有多少人在使用。

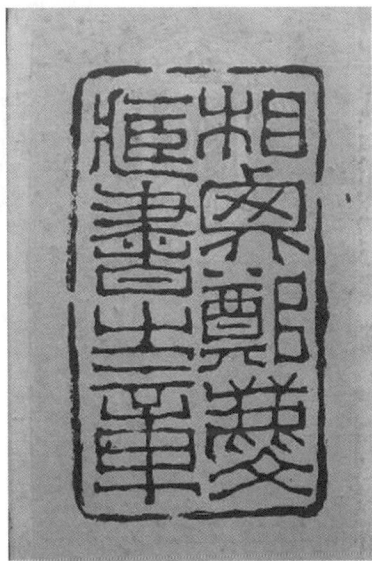

郑相衡的藏书票

郑相衡还是近代藏书票的最早使用者之一。其藏书票以竹、梅为图案，仍然是传统的意韵。还有一个藏书票，形式则纯是名字章，文为"相衡郑麐藏书之章"。郑相衡的藏书在其身后应该都散佚了。现在网上，还不时可以见到郑相衡的藏书，都是叫卖其藏书票，原书奉送，但要价都不菲。

《人类的行为》：又是"半部书"名著

Z. Y. KUO, PH.D. (California)
Dean of Psychology Department, Professor of Psychology
郭任遠先生，心理學系主任，心理學教授，
加省大學心理學博士

1923 年《复旦年刊》刊登的郭任远照片

在学术史上，有一种有意思的"半部书"现象，最有名的是胡适《中国哲学史大纲》和《白话文学史》，都只有上卷，所以胡适被人称为"半部书博士"。如果要再找一个"半部书博士"，我会想到郭任远（1898—1970）博士，他的《人类的行为》是中国现代心理学的开山名著，但同样只有上卷而没有下卷。

郭任远，潮阳铜盂人，出生在汕头，其父亲在上海经商。郭任远于 1916 年考入复旦大学。两年后，大学还未毕业，就去了美国留学，考入美国著名的加州大学伯克利分校，选择的专业是当时正在兴起的心理学。

在大学四年级，郭任远就有论文《取消心理学上的本能说》，发表在美国著名的《哲学杂志》上，震动美国心理学界。由于成绩优异，郭任远提前两年修完了博士课程。但当时（1923 年）郭任远急于回国，并没有真正得到博士学位，直到 1936 年，加州大学伯克利分校才补授他哲学博士学位。

回国之初，郭任远本拟到北京大学任教。当时的《北京大学日刊》曾刊登他致北大校长蔡元培的两封信，还连载了他的著作《心理学的目的方法和范围》①。但郭任远最终还是选择回到母校复旦大学任教。

在复旦，郭任远创办了心理学系，并在其族叔巨商郭子彬（1860—1932）的襄助下，建立了国内第一个心理学院。据说这个学院当时排名是世界第三，仅次于苏联的巴甫洛夫心理学院和美国普林斯顿心理学院。当时复旦的心理系人才济济，有八位博士同时在职，包括潮汕人蔡翘（1897—1990，新中国成立后曾任中国生理学会理事长），这些人后来都成为国内心理学研究的权威人物。在复旦期间，郭任远还曾任副校长，但不久就辞职专心从事研究。

1928年，国民政府在首都南京设立国立中央大学。郭任远被调到国立中央大学任教，同时在"中央研究院"成立了心理研究所。1933年，郭任远被任命为国立浙江大学校长。但郭任远其实还是一介书生，对于教员背后复杂的派系背景了解不透。1935年，北京爆发著名的"一二·九运动"，浙大学生集会声援，作为校长的郭任远，支持军警进校抓捕学生，因而激发了一场"驱郭事件"。尽管蒋介石对郭任远非常赏识，曾经三次亲临浙大"弹压"，但郭任远还是辞职了，由著名的科学家竺可桢继任浙大校长。

离开浙大之后，郭任远继续从事心理学研究，还发起成立了中国心理学会，1936—1940年去美国教书，1946年后定居香港，任香港大学董事，直到1970年在香港去世。

在中国的心理学史上，郭任远是一个绕不过去的人物。他也是受到世界公认的人物，美国心理学家史密斯（Noel W. Smith）在《当代心理学体系》②一书就用了很大的篇幅介绍郭任远的成就。

郭任远研究属于行为主义的心理学，所以注重实验，一切都要"拿出证据来"。他反对所谓的本能学说，不相信遗传理论。在复旦大学期间，他做了一个有名的"猫鼠同笼"实验，证明猫吃老鼠并不是本能。在浙江大学期间，他研究小鸡的胚胎发育过程，证明"小鸡啄米"的动作不是来自遗传，而是在胚胎发育期间练就的。这两个实验结果都在美国权威杂志发表，引起很大的轰动。

郭任远勤于著述，他的著作有十几种，除了下文将介绍的《人类的行为》（上卷），其在民国时期出版的著作，主要有下列几种：

1. 《社会科学概论》，上海：商务印书馆，民国十七年（1928）初版。

2. 《心理学论丛》，上海：开明书店，民国十七年（1928）初版。

3. 《行为主义心理学讲义》，上海：商务印书馆，民国十七年（1928）初版。

4. 《心理学ABC》，上海：ABC丛书社，民国十七年（1928）初版。

---

① 《北京大学日刊》1923年总第1200—1214期连载。

② ［美］史密斯（Noel W. Smith）著，郭本禹等译：《当代心理学体系》，西安：陕西师范大学出版社，2005年。

5.《行为学的基础》，上海：商务印书馆，民国十八年（1929）初版。

6.《心理学与遗传》，上海：商务印书馆，民国十八年（1929）初版。

7.《行为的基本原理》，上海：世界书局，民国二十四年（1935）初版。

8.《行为学的领域》，上海：世界书局，民国二十四年（1935）初版。

《人类的行为》（上卷）是郭任远在美国留学期间精心撰写的一部著作，也是其第一部学术著作。该书由商务印书馆出版，民国十二年（1923）第一版未见，笔者所见为民国十三年（1924）的第二版和民国十五年（1926）第三版，两者除了版权页和广告页之外，内容没什么差别。此书列为"复旦大学心理学丛书第一种"，正文 292 页。分为九章，分别为"心理学的史略及其最近的趋势""心理学的目的范围和方法"、"行为的生理"（分两章）、"刺激通论""行为通论""所谓'意识'的问题""行为的进化""动机"。

此书的第一章"心理学的史略及其最近的趋势"和第二章"心理学的目的范围和方法"曾发表在 1923 年的《北京大学日刊》上。

《人类的行为》有郭任远的自序，自序提纲挈要地阐述了"科学心理学"的思想，是心理学史的重要文献。

民国十三年（1924）第二版
《人类的行为》（上卷）封面

郭任远认为，心理学要成为科学的心理学，以区别于传统的附属于哲学的心理学，就必须用自然科学的眼光来研究，要在实验室中把人和动物同等对待，"心理学的方法不能与他种的自然科的方法有甚么分别，心理学的根本观念，也不能与他种的自然科学的根本观念有差异"。而"心理学既然是一个自然科学，那么，一切关于心理的问题，都应该在实验室里解决，不可单用笔舌来讨论了"，"心理学不是喜欢在'破字纸篮里讨生活'的人所能研究的，凡没有在心理实验室做过几年实验的功夫的人，都没有做文章谈论心理学的资格"。郭任远把罗素、柏格森的偏于哲学思维的心理学称为空想的心理学，认为弗洛伊德的心理分析，是用所谓的无意识来糊弄人们，搞得神神秘秘的，其实缺乏实验的基础。而就算是美国行为主义心理学的创始人华生（Watson John Broadus, 1878—1958，郭任远译为"蜗逊"），也存在很多缺点和不足。所以，郭任远豪情万丈地声称要建立一套新的科学的心理学，这个新的心理学要以科学实验为基础，目的在于研究和解释"人类的行为"。

本书出版后，立即引起强烈的反应。当时的教育家景昌极（1903—1982）在

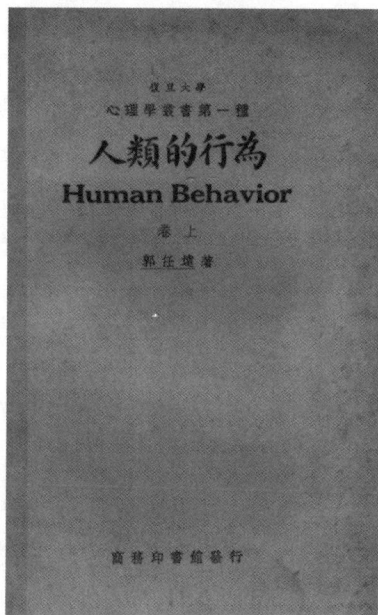

有名的《学衡》杂志上发表书评，高度赞扬此书："本书以美国行为派的创始者华德生（即华生）的学说为基础，而避去他的一切缺点，并增补他的遗漏，专从建设方面创立一个行为的心理（学），实为我国出版心理学书中的最具卓识最有魄力者。"①

按照郭任远的计划，《人类的行为》分为两卷，第一卷是通论性质，第二卷则是一些技术性的实验研究方法。景昌极的书评，也预告本书下卷"分论人类的行为，着重实验，大约民国十三年内可以出版"。但在第一卷出版之后，第二卷却一直没有出版，成为永远的"半部书"。

对这个"半部书"最早作出反应的，是作家高长虹。1926 年，他写了一篇《关于郭任远及其著作》，发表在上海《狂飙》周刊第 4 期（1926 年 10 月 31 日）。在这篇文章里，高长虹不无夸张地称赞郭任远的《人类的行为》一书，"是中国科学史上的第一部著作"，但也很惋惜此书下卷之没有出版，并劝郭任远放弃行政事务，甚至放弃优裕的生活，甘于艰苦和贫乏的学术研究，争取早日完成下卷，他说："《人类的行为》下卷的出版，对于中国，对于世界，都是一件极重要的事。做十年校长，便在上海也有若无（有等于无）。"高长虹还引申说："我认为从美国回来的留学生卓然有立的，只有一个郭任远君。然而《人类的行为》也一样是在美国做的，回国后也一样没有做出下卷来。我以为这是中国的环境太坏。我时常想，人不同中国的环境处在敌对的地位时，则什么都难于成功，因为我看见事实时常是这样。"

为什么有这种现象？高长虹归咎于"中国的环境太坏"，自然是有点简单化。但中国长期没有独立的学术研究的环境，学者成名后，多会转向行政，荣誉多了，学术研究却自然而然地停顿下来，这是一个通病，也是一个悲哀。

---

① 景昌极：《评郭任远〈人类的行为〉》，载《学衡》1924 年第 35 期。

新闻巨子黄天鹏

民国时期著名的《良友》杂志刊出的黄天鹏照片

  在中国现代新闻史上，黄天鹏曾是一个很响亮的名字。可惜，在 1949 年去台湾之后，他的名字在大陆就几乎消失了，直到近些年才被重新提起。他的家乡潮汕本地的学者陈贤武、黄羡章等先生都有文章介绍①，国内也已经有专业论文探讨其新闻思想②，而且已经出现了以黄天鹏为研究对象的博士论文③，但关于黄天鹏新闻思想的研究还远远不够，这个工作还很需要有人来做。

---

  ① 陈贤武：《著名新闻学者黄天鹏》，收陈泽、吴奎信主编：《潮汕文化选》第三集《逢看湖山便忆家》，汕头：潮汕历史文化研究中心、汕头特区晚报社，2001 年，第 50 ~ 52 页。黄羡章：《黄天鹏——我国现代新闻学的勇敢拓荒人和默默耕耘者》，载黄羡章：《潮汕民国人物评传》，广州：广东人民出版社，2008 年，第 181 ~ 188 页。台湾对黄天鹏的介绍较多，但大多难得一见。

  ② 如张振亭、陈玮：《专业化与大众化：黄天鹏新闻思想及实践初探》，载《南昌大学学报（人文社会科学版）》2012 年第 6 期；曹爱民《建设中国本位的新闻学：黄天鹏新闻学术思想的历史检视》，载《新闻春秋》2014 年第 3 期；李秀云：《黄天鹏对中国新闻学术研究的贡献》，载《新闻大学》2003 年第 3 期；李秀云《黄天鹏：中国新闻学术史观的第一阐释者》，载《新闻春秋》2014 年第 3 期；单波《黄天鹏和他的以新闻为本位的研究群体》，载戴元光等主编，单波著：《20 世纪中国新闻与传播学·应用新闻学卷》，上海：复旦大学出版社，2001 年，第 67 ~ 76 页。

  ③ 曹爱民：《民国时期新闻人黄天鹏研究》，南京师范大学博士学位论文，2014 年。

一、生平简述

黄天鹏（1905—1982）[①]，原名黄鹏，字天鹏，后来办《新闻学刊》时用了"黄天鹏"这个名字，此后一直采用此名。黄天鹏号天庐，曾以此号为笔名写随笔《天庐谈报》；他又自称逍遥阁主人，撰有《逍遥阁夜谈选》《逍遥阁随笔集》等。

黄天鹏是普宁马栅村人。其父亲黄毓才，参加过著名的广州黄花岗起义[②]，可能是这个关系，1920 年孙中山从上海赴广州，途经汕头时，经胡汉民和邹鲁的介绍，年仅 12 岁的黄天鹏就以学生代表的身份受到孙中山先生的接见。

黄天鹏毕业于北京平民大学。这个大学由曾任北洋政府总理的安徽人汪大燮（1859—1929）创办，是国内第一所开设新闻系的大学。黄天鹏早年就喜欢写文章，也曾在汕头的报馆学习，所以选择了新闻系。当时我国第一代新闻名家徐宝璜和邵飘萍等都在平民大学任教。徐宝璜的著作《新闻学》是国内第一本新闻学教材，对黄天鹏影响很大。在大学期间，黄天鹏就组织了北京新闻学会，出版了《新闻学刊》，这是国内第一本新闻专业学术刊物。

毕业后，黄天鹏到上海，进入著名的申报馆工作，很快升为要闻版主笔。1929 年适逢太平洋国际学会[③]在日本召开，黄天鹏以《申报》特派记者的身份到日本采访，同时在日本东京新闻研究所和早稻田大学新闻系考察和学习，并完成硕士课程和著作《中国新闻事业》一书。从日本回国后，黄天鹏进入上海的《时事新报》。《时事新报》是当时上海著名的报纸，原名"时事报"，创刊于1907 年，1911 年经过改组，改名为"时事新报"。黄天鹏学习日本报纸的做法，把《时事新报》的第一版改为综合要闻版，这一做法至今仍为大多数报纸所采用。同时，黄天鹏还主编该报副刊《青光》，《青光》和《时事新报》著名的副刊《学灯》，都是中国近代报刊史上有名的副刊。黄天鹏主编《青光》期间，经常为《青光》撰写卷头语或谈话式小文，这些文章后来选编为《逍遥阁随笔集》和《逍遥阁夜谈选》。这两部文选不是黄天鹏的新闻学代表作，但文笔清新平实，是笔者更偏爱的两本书。

1931 年 7 月，日本在东北制造"万宝山事件"。当时侨居在吉林长春附近万宝山的朝鲜人与当地中国农民发生矛盾并引起冲突，日军以保护朝鲜人为由，开

---

① 黄天鹏的生年有 1904 年、1905 年、1908 年、1909 年四种说法，当以 1905 年为是。曹爱民的博士论文对此有考证。笔者认为其中最有力的证据是黄天鹏自己在《逍遥阁夜谈选》中说他是属蛇的。一般人是不会记错自己的生肖的，1905 年正是蛇年。

② 参阅陈荆淮整理：《黄天鹏》，载陈维烟、陈荆淮主编：《潮汕名人与故居》（第一辑），汕头：汕头市政协学习和文史委员会，2006 年，第 307～309 页。

③ 关于太平洋国际学会，参阅本书《徐淑希揭露日本侵略罪行的著作》一文的相关介绍。

枪打伤多名中国人，举国震惊。黄天鹏以《时事新报》特派员身份，和另外两名记者赴东北采访，黄天鹏此行历时一个半月、行程一万五千里，把所见所闻所感写成系列文章，以通信或电报的形式发表在报刊上，揭露日本侵略中国的阴谋，这些报道后被辑成《东北经济调查及考察纪要》一书，由《时事新报》出版发行。两个月后，"九一八事变"发生，黄天鹏带有预见的新闻报道更加受到人们的重视，他由此成为全国知名的记者，随后成为《时事新报》的总编辑。

抗战爆发南京陷落之后，国民政府首都迁往重庆。1939 年 5 月，日本飞机对重庆进行大规模的轰炸，重庆物资极其短缺，各大报社社址及设备大都被毁。《中央日报》《时事新报》《大公报》等九家报纸，从 5 月 6 日起联合出了一个《重庆各报联合版》。5 月 7 日，中国共产党领导的重庆《新华日报》也加入《重庆各报联合版》。《重庆各报联合版》集合了不同派系、不同政见的报社，以一致对外、坚持抗战为旗帜，极大地鼓舞了后方的士气，被誉为"新闻长城"。黄天鹏被推为经理委员会主任委员，组织报纸在艰苦的环境中坚持出版。《重庆各报联合版》坚持了 99 天，8 月 12 日才结束，13 日各报复刊，分别出版。

在《重庆各报联合版》解散后，黄天鹏应陈诚之邀，离开《时事新报》，负责军报的工作，培训军报的新闻人才。1942 年，国民党成立出版事业管理委员会，黄天鹏出任委员兼执行秘书，负责筹办中央出版事业管理处。

抗战胜利后，黄天鹏担任国民党"中央印务局总管理处"处长，1947 年再当选为"中华民国国民大会"代表，积极投身宪政运动。

1949 年黄天鹏去了台湾，担任台湾政治大学、中国文化大学等院校的新闻学教授，继续从事新闻学的理论研究。1982 年在台湾病逝。

黄天鹏创造了中国新闻史上的几个第一：他编辑出版了中国第一本新闻学术刊物《新闻学刊》，一共出了八期。此后他又主编《新闻周刊》，后来又创办《报学月刊》。这几份杂志，是中国现代新闻学研究的重要刊物。黄天鹏在上海复旦大学新闻系任教的时候，创立了我国第一个大学新闻研究室，致力于新闻学的学术研究和人才培养。黄天鹏又勤于著述，被誉为"中国现代新闻学界最'多产'的学者"①。

二、新闻学的四部代表作

从 1925 年到 1934 年十年间，黄天鹏先后编著出版了 29 种新闻学著作，同时编辑了 6 种新闻学文集，被誉为"中国现代新闻学界最'多产'的学者"②。

①　方汉奇、李矗主编：《中国新闻学之最》，北京：新华出版社，2005 年，第 315 页。
②　曹爱民经过研究和考证后确认，黄天鹏存世、亡佚和有记载的新闻学著作计 62 种，其中出版了 29 种，现存 20 种。在黄天鹏有证可考出版的 29 种新闻学著作中，绝大部分是在 1930 年至 1934 年间出版的。

而对于这么多的著作，黄天鹏自己有一个说法：

> 入门的书（指《新闻学入门》）读完了，在我的著述中，还有几本可以一读，一是《新闻学概要》（中华书局出版——作者原注），这是新闻学的基础智识；一是《中国新闻事业》（现代书局出版——作者原注），这是记述新闻界的实际情况；一是《新闻文学概论》（光华书局出版——作者原注），这是讲述新闻写作的技能。其余的随意读罢了。①

从这段话看，虽然有那么多的著作，但黄天鹏自己得意的主要有四本：《新闻学入门》《新闻学概要》《中国新闻事业》《新闻文学概论》。这虽然是 1933 年的情况，但在 20 世纪 30 年代后，由于忙于行政和组织管理等事务，黄天鹏已经少有著作了，直到晚年才又有一本《天庐论丛》。所以说上述四书为黄天鹏的代表作，也无不可。

《中国新闻事业》是民国十七年（1928）黄天鹏到日本研修时的著作，相当于其硕士论文，原为日文，其中文版笔者仅仅见到民国十九年（1930）八月上海联合书店的版本（《民国丛书》影印本），未见到作者说的现代书局版。该书正文 316 页，篇幅较大，可以说是 20 世纪 30 年代以前中国的新闻史，很有价值。

《新闻文学概论》民国十九年（1930）九月由上海光华书局初版，分为九章，主要是讲新闻写作，包括广告文学的写作。

《新闻学入门》民国二十二年（1933）四月由上海光华书局初版，列入该社的"光华小文库"，全书正文只有 80 页，是很薄的一本小书，分为三篇，还有一篇附录。

《新闻学概要》列为《中华百科丛书》之一，正文 126 页，分为七章，分别为"绪论""新闻纸研究""新闻社的组织""新闻本质的分析""新闻采访与编辑""新闻记者论""新闻事业的概观"。黄天鹏在 1933 年的《新闻学入门》里就提到这本书，但此书通行的是民国二十三年（1934）二月上海中华书局版，更早的版本笔者未见。相对于《新闻学入门》来说，这本《新闻学概要》是很全面的新闻学教材。

《新闻学入门》民国二十五年（1936）上海大光书局再版

这些出版于 20 世纪 30 年代的新闻学著作，我们只能放在中国新闻学史的视

---

① 黄天鹏：《新闻学入门·自序》，上海：光华书局，1933 年，第 2 页。

角中来评价，而不能有过高的期望，也不能有过多的苛求。但是，大师之所以是大师，就在于他们往往能超越时代，给后人以教益和启迪。

黄天鹏认为，研究新闻，"第一要有浓厚的兴趣，第二要有坚决的信心，第三要有前进的勇气。因为有兴趣，才能滋滋有味；有信心才不致见易（异）思迁；有勇气才不致功亏一篑"（《新闻学入门》）。黄天鹏把兴趣放在第一位，看起来很平实，实是一个至真的道理。任何事情，没有自身的兴趣，而只是作为谋生手段，永远不会有成就。

黄天鹏提出一个问题："什么是新闻界迎头的大问题呢？"黄天鹏认为，在他那个时代，"黄金霸占了新闻界，垄断了新闻界"，"其结果不但断丧新闻界新的生机，新闻业也成了纯粹的企业。固然新闻业也是企业的一种，但新闻业还带有社会公共事业的性质，我们并不希望新闻业为一种绝对的公益事业，而放弃营业致危及本身的生存。但我们却诚恳地希望其不要只着眼营利，而牺牲其对社会公众的责任"，新闻纸不能只成为"一张'赚钱'的废纸"。（《新闻学入门》）黄天鹏在 20 世纪 30 年代忧虑的问题，似乎现在又重新出现了。

三、"为了她要玩玩"

黄天鹏著作多、影响大，受到年轻人的崇拜，自然引起一些人的敌视和妒忌。有人说他是想"包办新闻学"。对于为什么如此"高产"，黄天鹏自己有一个坦白的回应。

在黄天鹏的《天庐谈报》中，有一段文字作为序言，题目就叫作"也是序"，说：

> 这本书我只有六个字做序，这六个字就是——献给一个女人。
> 因为她喜欢谈谈新闻学上的问题，因为她喜欢听新闻界中的侠事，于是乎我开始写；又因为她欢喜玩玩，又因为我没有闲钱，于是乎把这本稿子卖了。所以最大的目的，说来实在惭愧，不过博这妮子的鼙笑罢了。然而结果呢，稿费玩光了，她也出阁了（阁者天庐逍遥阁也）。——等到这本书出版的时候，却变成了她结婚的贺礼。[1]

在《新闻学入门》的附录《我从事新闻学术运动的经过》中，黄天鹏说，他之所以写了那么多书，除了想给新闻界"做点改革的文字工作"之外，——

还有一个原因，就是《天庐谈报·也是序》里边的那个"消失了的女人"，

---

[1] 黄天鹏：《天庐谈报》，上海：光华书局，1930 年，第 1～2 页。

我并不想在孔庙里吃冷猪肉，所以决然的自白了。为了她要玩玩，我没有闲钱，才来卖稿子，这些作品便是为她留下来的成绩。包办新闻学的野心不单没有，就是你要给我一个"泰山"或"权威者"的头衔，也不及见那我爱恋着的素心人的微笑给我的欣悦。

以上两段文字，其实是戏谑的笔法，只是说明，黄天鹏的写作与他的夫人有莫大的关系。黄天鹏的夫人卢小珠女士，江苏人，大夏大学毕业，曾任台湾的中华工艺协会理事长、大同教育基金会主席等。黄、卢伉俪情深，甚为相得，把自己的住所名为"天庐逍遥阁"。当时很多名师多赠藏头、嵌字诗联，梁启超题"天地皆春色，乾坤一草庐"，于右任题以"映海骊珠小，搏天鹏翼高"，都是佳句。①

上海光华书局民国十九年（1930）版《天庐谈报》（署名"天庐主人"）

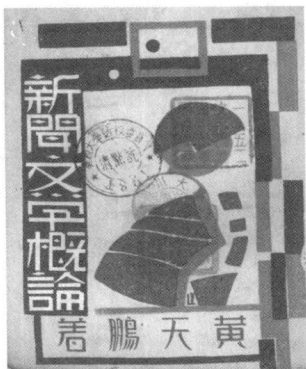

《新闻文学概论》上海光华书局民国十九年（1930）初版

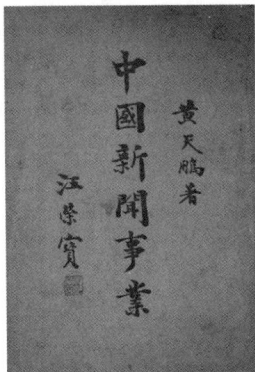

《中国新闻事业》封面

---

① 参阅阿山：《天庐逍遥阁联集》，载普宁县政协文史资料研究编委会编：《普宁文史》（第三辑），1989年，第97～99页。

中西文化之间的影响是双向的
——郑寿麟:《中西文化之关系》

《中西文化之关系》封面

郑寿麟（1900—1990），潮阳人，我国早期的德国研究专家。20 世纪 20 年代初期留学德国莱比锡大学。莱比锡大学成立于 1409 年，是欧洲最古老的大学之一，著名的哲学家尼采、诗人歌德、音乐家巴赫等都毕业于莱比锡大学。我国很多著名的学者，如民国时期北京大学最有名的两任校长蔡元培、傅斯年，"两脚踏遍中西文化"的林语堂，还有晚清的那位怪杰辜鸿铭，都曾就读于莱比锡大学。

1924 年，郑寿麟获得博士学位，博士论文题目为"古汉语中的俗语"。在外国大学做这样的博士论文，看起来有点取巧。但那个时代的学者，他们出去留学，是准备回来的，而不是准备一去不返长留西方。他们的信念是到欧美去学习科学的方法，来研究中国的问题，所以不少论文都是研究中国的。如林语堂于1923 年获得莱比锡大学博士学位，比郑寿麟早了一年，他的博士论文为《论古汉语之语音学》；后来成为新中国外交部部长的乔冠华，他在德国图宾根大学的博士论文为《庄子哲学的阐述》，都是研究中国的文化。

郑寿麟的博士论文没有正式出版，据德国学者介绍，"唯一能够找到的一份论文现存莱比锡大学图书馆。从修改的笔迹和黏贴上去的谚语译文可以使人想见，当时郑氏在这篇论文上付出了多大的努力"。郑寿麟的论文，是把《诗经》《尚书》《左传》《国语》《战国策》等典籍中的谚语进行精选汇编，并加以翻译和注释，"为我们提供了丰富的资料，从中还可以获得一些有趣的知识"[①]。

郑寿麟在德国出版过一本书——《中国女性素描》（*Chinesische Frauengestalten*），是翻译一些中国著名女性的传记。该书 1926 年在莱比锡出版。

回国之后，郑寿麟在北京大学文学院任教。回国之初，他和传教士陆亨理（H. Ruck）合作，从希腊文和希伯来文《圣经》原文翻译新约和诗篇，新约部分《国语新旧库译本新约全书》，于 1939 年在北京出版。

1929 年，郑寿麟出版《德国志略》（中华书局民国十八年初版），1930 年出版著名的《中西文化之关系》（中华书局民国十九年初版）。

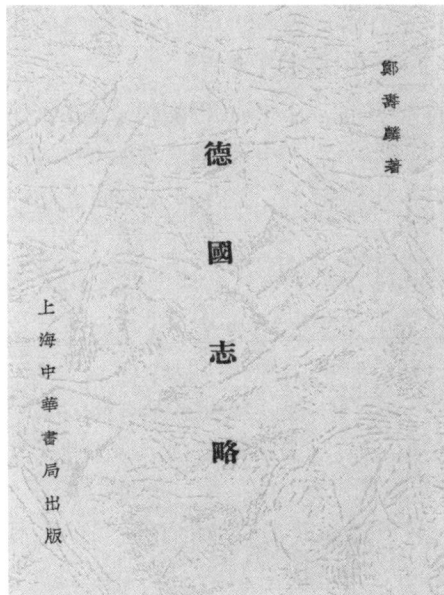

中华书局民国十八年（1929）
初版《德国志略》

1931 年，郑寿麟在北京创立"德国研究会"，受到学界的重视，德国公使也给予支持。1933 年，"中德学会"正式成立，名誉会长是当时德国驻华大使陶德曼和中国教育部部长王世杰。董事包括各界的文化名人，而实际主持工作的为常务干事，中国和德国各一人，郑寿麟和德国汉学家傅吾康（1912—2007）为常务干事。这个"中德学会"直到"二战"结束前夕才停止活动，为当时中国和德国的文化交流作了大量的贡献。北京大学从民国至今一直是德国研究的重镇，就得益于这个学会及其搜集的丰富藏书。

1938 年，郑寿麟南下上海任教于同济大学。同济大学当时被认为是"德国

---

① 见［德］托马斯·哈尼师著，刘梅译，廖天琪校：《汉学的疏误？1949 年以前中国留学生对汉学的贡献和推动》，载［德］马汉茂（Helmut Martin）等主编：《德国汉学：历史、发展、人物与视角》，郑州：大象出版社，2005 年，第 148 ~ 158 页。

味最浓的学校"。郑寿麟曾任同济大学哲学系主任、代校长等职，1948 年去台湾，1966 年退休后专任台湾中国文化大学教授，兼任该校德国文学研究所主任。1990 年，郑寿麟在台湾去世。

郑寿麟最有名的论著是《中西文化之关系》，此书于民国十九年（1930）由上海中华书局出版。

中西文化比较是 20 世纪初学术界讨论的一个热门话题，催生了梁漱溟的《东西文化及其哲学》等名著。英国著名哲学家罗素在 20 世纪 20 年代访华，其系列演讲中的一个重要主题也是中西文化比较。而郑寿麟的这本《中西文化之关系》，其主旨不是全面的文化比较，"本书不是一部完整而有系统的著作，不过是个人采集许多事实同一些名家研究的所得，以指示中西文化之有关系"（此书《导言》）。他强调中西文化之"有关系"。因为当时西方一些学者认为，中西文化是各自发展的，如果说有影响存在，也是西方对东方的影响，是单向的。这自然是一种自大的偏见。郑寿麟通过大量的史料，证明中国文化和西方文化的影响是双向的。郑寿麟指出："不知与浅知，不仅为各种学问的仇敌，甚至可以使世界的民族，生起极大的误会。而外界对于中国观察之错误，尤其繁多。如今只举一例，而引事实以指正之；同时亦表明中国同西方，在历史上常有互相依赖之处，并不可以己长骄人。"（此书第二章）此书最初是郑寿麟在国内和德国的几篇演讲稿结集而成的。对着外国学者讲这些话，其用意不言自明。

《中西文化之关系》从"原始文化之相符"讲起，从物质和精神两个方面探讨中西文化的关系，并讨论中国民族文化的由来，指出中国是独立发展的文化，可谓正本清源。其中，第三章"中国学在西洋的史略"至今仍被认为是研究中国"汉学"在西方的重要资料。

有意思的是，此书的第五章为"中西乐理的比较"，为什么谈中西文化要谈中西乐理呢？原来，近代以来，哲学界普遍认为，哲学应该分为三部分：第一是"知"，第二是"欲"，第三是"美"。这其实就是康德三大批判的内容，即纯粹理性、实用理性和审美判断力。乐理属于美学，研究乐理，是研究中西哲学的一个独特的窗口。书中还引述西方学者的研究，认为达·芬奇的名画《蒙娜丽莎》的背景，就是一幅中国山水画，作者还拿了清代画家王石谷（王翚，1632—1717）的山水画和《蒙娜丽莎》的背景作比较。诸如此类有趣的实例，在此书中还有不少，这也是几十年过去了此书还值得一读的原因。

徐淑希揭露日本侵略罪行的著作

政治學系主任徐淑希博士
S. Hsu, Ph. D.
Chairman, Department
of Political Science

1928 年《燕大年刊》刊登的徐淑希照片

徐淑希（1892—1982），原籍饶平（今属潮州市），出生于汕头。1910 年毕业于汕头英华学校，然后到香港大学读书。毕业后，赴美留学，进入美国著名的哥伦比亚大学。中国著名的外交家顾维钧，学者金岳霖、蒋廷黻、萧公权、罗隆基等人都曾在哥伦比亚大学学习。1925 年，徐淑希获哥伦比亚大学博士学位，博士论文《中国和她的政体》（*China and Her Political Entity*）获得高度好评，1926 年由牛津大学出版社出版。

1925 年，徐淑希受聘燕京大学主持政治学系。在燕京大学的十年，徐淑希历任政治学系主任和法学院院长，不但为燕京大学政治学系的建设作出了重大贡献[①]，还以中国东北问题专家的身份参加国际会议和调查，通过在各种场合阐述中国政府和人民的立场，揭露日本的侵略行径，维护中国的权益，特别是在太平

---

① 参阅徐元约：《徐淑希》，载侯仁之主编，燕京研究院编：《燕京大学人物志》（第 1 辑），北京：北京大学出版社，2001 年，第 221 ~ 222 页。

洋国际学会的京都会议和上海会议上表现极为突出。太平洋国际学会是当时一个世界性的非政府组织，"以研究太平洋各民族之状况，促进太平洋各国之邦交为宗旨"。在第三届会议（京都会议，1929 年 10 月 28 日—11 月 9 日）和第四届会议（上海会议，1931 年 10 月 21 日—11 月 2 日）期间，因为日本加紧侵略中国东北地区，中国东北被称为东亚的"巴尔干地区"，所以成为讨论的焦点论题。在这两次会议上，徐淑希与日本代表松冈洋右针锋相对，以翔实的资料、确凿的历史证据、严密的法理分析，阐述了中国对东北的主权，特别是从法理上指出日本与袁世凯签订的"二十一条"已经失去法律效力，要求日本停止继续侵略，保证中国在东北的主权完整。据当时的《大公报》报道，徐淑希讲毕，"场中鼓掌不绝，各国代表个人，向徐氏作满意之表示者，有数十起"。《大公报》也评论道："因徐氏——均举实例，颇得各国代表及外国新闻界之大鼓掌。"[1] 上海会议期间，正值"九一八事变"之后，徐淑希的演说指出日本使用武力严重违反国际法，从而博得各国代表的同情和支持。就连日方代表松本重治也认为徐教授的论点"更专注于批判以自卫权为由行使武力，抓住了列席会议各国代表的心理，获得了成功"[2]。

1935 年以后，由于华北局势紧张，徐淑希离开燕大。1936 年初，他应聘为南京国民政府外交部高级顾问，1942 年任国民政府外交部亚西司司长，1946 年任联合国第一次大会中国代表团顾问，1948 年任联合国大会过渡委员会中国副代表。1949 年去台湾后，曾任台湾"驻秘鲁大使"兼"驻玻利维亚大使"，并多次被任命为台湾出席联合国大会的"全权代表"。晚年在美国定居，1982 年 1 月 14 日在美国新泽西州逝世。

徐淑希的著作大都是英文著作，最早的应该是他的博士论文《中国和她的政体》。这部著作运用中国和西方的丰富资料，从历史的角度证明日本和沙俄对中国东北的觊觎是侵略行为，必须制止。论文材料充实、论据确凿、论证有力，受到当时英美学术界的重视。该著作由牛津大学出版社出版。

徐淑希在国内知名，主要原因是在参加太平

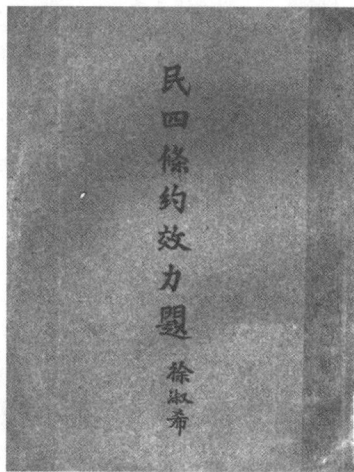

徐淑希《民四条约效力问题》

---

① 参阅王美平：《太平洋国际学会与东北问题——中、日学会的交锋》，载《近代史研究》2008 年第 2 期；［日］松本重治：《满洲问题上松冈和徐淑希的争斗》，载［日］松本重治著，曹振威、沈中琦等译：《上海时代》，上海：上海书店出版社，2010 年，第 14～16 页。

② ［日］松本重治：《卷末》，载［日］那须皓编：《上海太平洋会议》，东京：岩波书店，1932 年，第 235 页。

洋国际学会时的突出表现。他参加会议的论文和演讲，所见有 *The Treaties and Notes of 1915*（《民四条约效力问题》）、《东省问题》、*Essays on the Manchurian Problem*（《满洲问题论文集》）等。

《民四条约效力问题》，现在见到的有一个印本，没有任何出版信息，只有28页，最后附注称："本文原著载英文《中国政治学报》民国二十一年第一期，译稿载《外交月刊》创刊号"，很可能这是一个抽印本，只供内部交流使用。

《东省问题》，封面题为"东北问题"，朱庆澜（1874—1941）题签，列为"中国太平洋国际学会丛书"之一，民国二十一年（1932）八月出版，编辑和出版者都为中国太平洋国际学会。正文只有18页。此文从国际法理的角度讨论大连与旅顺问题、南满铁路问题、中国内地的日本侨民问题、日本的政治活动等，而一开始就简明扼要地提出了中国在东北问题上的十一项主张，是一个国际问题分析的典范文本。

徐淑希著作的第三类是抗战期间及之后对于日本侵略的揭露，包括 *The North China Problem*（《华北问题》）、*The War Conduct of the Japanese*（《日人战争行为要论》，上海，1938年）、《日人与上海》（1938年）、*Three Weeks of Cantons Bombing*（《三周的广州轰炸》）、《谁生厉阶》（*How the Far Eastern War Was Begun*），最重要的，是他编的揭露日军暴行的档案资料集《南京安全区档案》。

所谓"南京安全区"，是抗战期间南京陷落前后，外国人在南京设立的一个保护区，也称难民区。1937年11月中旬，日军迫近南京，南京城内的外籍人士为了居民的安全，决定援照法国神父在上海设立难民区收容难民的先例，成立一个国际救济机构，名为"南京安全区国际委员会"，也叫南京安全区。这个安全区以美国大使馆和教会学校金陵大学为基地开展工作，其主席是德国西门子洋行的拉贝。前些年《拉贝日记》的出版就震惊中外。南京安全区国际委员会从1937年12月16日到1938年2月19日就日军暴行向日本提交的报告，以及为保证难民安全发出的公开信，共有四百四十余件。1939年徐淑希把这些资料编为《南京安全区档案》（*Documents of the Naking Safty Zone*），不厌其烦地逐条收录当事人报告的日军暴行，是日军在南京暴行的铁证，后来被远东国际军事法庭采为证据。徐淑希为这些资料写了一个小序：

> 本卷收录的文件并非南京安全区拥有的所有文件，而只是国际事务委员会幸运保存的那部分。另外，其中一部分已经收入本编者编的《日本战争行为》一书，而更多的一部分内容，包括重要的那部分在田伯烈先生所著《战争意味着什么：日军侵华暴行》一书的附录中出现。但考虑到这些文件是历史研究和国际法研究的重要资料来源以及一些有公德心的男女高尚行为的重要证据，以独立的、尽可能完整的专集形式出版这些文件显然是有道理的。这些文件被分为两个部分，主要是为了

（阅读）方便。分界的时间定在：第三方的使馆官员返回南京，安全区国际委员会立即求助于他们的帮助来完成困难的任务。

对于那些没有看过前述两本书的人，或相反，对安全区以及国际委员会有所了解的人，在阅读全书前很快地看一下第 2 号和第 9 号文件可能会有所帮助。

徐淑希
1939 年 5 月 9 日

此书英文本已经不易得。到现在为止也没有完整的汉译本，只有一些资料节选，如《南京大屠杀史料集·英美文书·安全区文书·自治委员会文书》①《侵华日军南京大屠杀史料》② 等有一些节译。期待有完整译本的出版。

---

① 张连红、张生等编：《南京大屠杀史料集·英美文书·安全区文书·自治委员会文书》，南京：江苏人民出版社，2006 年。
② 南京大屠杀史料编辑委员会、南京图书馆编：《侵华日军南京大屠杀史料》，南京：江苏古籍出版社，1997 年。

旧书的新意
——陈绍贤的《中日问题之研究》

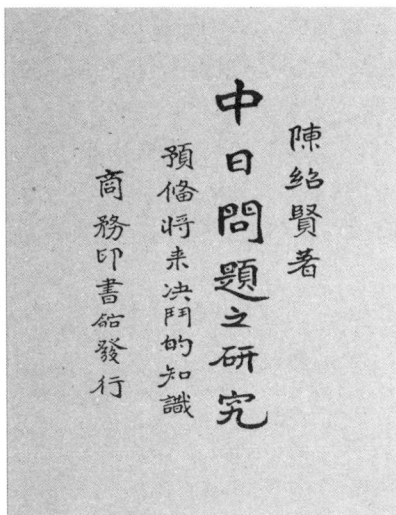

商务印书馆初版《中日问题之研究》书名页

陈绍贤

在民国时期，潮汕出现了几位精通国际政治的学者，如徐淑希、罗吟圃、郑寿麟等，还有一位精通中日问题的学者——陈绍贤，其代表作是《中日问题之研究》。读这本书，除了佩服作者强调的"与日本决斗"的勇气之外，更应欣赏他"知敌"的态度，这一点对于现在的国人尤其有启发。唯其如此，这本八十年前的旧书才不是故纸一堆。

陈绍贤（1907—1985），字造新，惠来人，他的生年，一说是1904年，一说是1907年。台湾的资料多说他生于1907年，应该可信。陈绍贤毕业于中山大学（1926年之前称为广东大学）高等师范英文部，在大学时就颇有才名，现存的1925年的《国立广东大学潮州学生会年刊》，有陈绍贤《今之潮州青年》一文，一口气列举了当时潮州青年的十一种通病，包括官绅欲、阔佬癖、名士毒、奴隶性、专务虚名、容易变态（指容易虎头蛇尾，遇到困难就意志消沉）、意志薄弱、无远大眼光、缺乏平民色彩、缺乏团体精神、忽略民众责任等。这篇极具批判性的文章在当时引起广泛关注。

1927 年毕业后，陈绍贤到广东省立四中（金山中学）任教，很快当上校长，当时只有二十多岁。但陈绍贤决心继续深造。1930 年，他到上海考取官费赴美留学，1931 年获华盛顿大学政治学学士学位，1932 年获哥伦比亚大学政治学硕士学位，学业完成之快也是少见。陈绍贤硕士毕业即被伦敦政治经济研究院聘为研究员。伦敦政治经济研究院是一家非常有名的研究机构，创立于 1895 年，与牛津大学、剑桥大学、帝国理工学院、伦敦大学并称为英国的 G5 精英大学，是一所在社会、政治和经济科学领域的顶尖学校。能够被聘为这个学院的研究员，是今后的学术道路一个极好的起点。

但陈绍贤很快就放弃国外的生活，选择回国服务。回国后，历任广州《国民新闻日报》总主笔，广州大学、同济大学教授，并当选为国民参政会参政员和制宪"国民大会"代表，也担任国民党中央候补监察委员等职务。

1949 年，陈绍贤去了台湾，担任"立法院"委员，但主要从事政治学研究，先后任东吴大学教授，台湾《问题与研究》月刊主编，《中华日报》《中央日报》特约主笔等，还继续被聘为伦敦政治经济研究院研究员、"国际关系研究所国际组"召集人。1985 年 5 月病逝于台北。

陈绍贤的著作有：《中日问题之研究》《日本在华北的铁路政策》（英文版）、《中国政治制度》《英美政党制度及其比较》《美国政制与外交政策》等，其中影响最大的当是《中日问题之研究》。

《中日问题之研究》于民国二十四年（1935）由上海商务印书馆印行，全书分为四部十三章。第一部"绪言"，包括第一章"中日问题的特征"，是从法律、政治、经济三方面考察中日问题。第二部"九一八前之中日问题"，包括第二章"条约效力问题"、第三章"东北铁路问题"、第四章"满铁区域及其行政权问题"、第五章"东北内地日人租地居住往来营业问题"、第六章"东北朝鲜人问题"、第七章"辽东租借地问题"、第八章"武力干涉问题"。第三部"九一八后之中日问题"，包括第九章"中日问题的形式突变"、第十章"中日事件与国际联盟"、第十一章"中日争端与国际公法"、第十二章"中日纠纷与国际政治"。第四部为总结性的"结论"，包括第十三章"对日问题的前途"。此书各章节都有细目，可以看出作者的严谨和细密。

陈绍贤对于中日问题的关注由来已久。1928 年，他就在《四中周刊》（即金山中学的校刊）发表《日本侵华之经过》的系列文章。到美国和英国之后，他继续以中日关系问题作为关注的重点，认为当时"中国关于中日问题的出版物很不少，惟多属纵的叙述，少属横的分析"。有鉴于此，陈绍贤写成这部著作，"本著侧重从横的方面，以解剖各个中日问题"。这部著作利用了外国图书馆的大量资料，也吸收了欧美学者的研究成果，我们看看此书的参考资料目录，就可知道作者用力之勤了。

《中日问题之研究》以"九一八事变"为界线，把中日关系分为两个时期。从国际法的角度探讨中日关系的几个重大问题，如中日条约效力问题、东北铁路问题、外国在东北租借地的问题等，都是非常专业的探讨，笔者更加关注作者那些普遍性的观点，他说：

> 大概的说，中国人之明白日本，不若日本人之明白中国。对于中日问题之了解，日本人亦较中国人为深刻，因为一则日本之谋我已久，他们于对华政策之实施，早有"知彼知己"的准备；再则他们的文化较为发达，教育较为安定，一般学者对于专门问题之研究，自然比较切实，对于中国状况和中日关系的探讨，自然比较进步。不一定他们的这些专攻都因受政府机关的鼓励，或资本集团的帮助。[①]

这是很清醒的认识。作者特别反对情绪化的反日，而且专门立了一节"爱国的情绪与救国的理性"，反对"五分钟热血"，强调要做到知己知彼，才谈得上真正的对抗。

本书的第十三章"对日问题的前途"可以视为全书的总结，探讨中国针对日本应该走哪一条路的问题。当时有人认为，中国对日有三条路：一是"东京道路"，即投向日本；二是"莫斯科道路"，即联合苏联对日；三是"日内瓦道路"，即通过当时的国际联盟（总部设在日内瓦）抑制日本。第一条路是亡国之路，而第二、三两条路，陈绍贤认为也不行，因为那都是手段，而不是目的，"目的应在自强。只有自强这条路我们应不停地走上去。只有走上这条路，才能复仇雪耻"。自强首先要全国上下团结，有共同的信念，更要进行建设，使国力强大起来，才谈得上与日本决战，不能犯清朝所谓的"以夷制夷"的错误。陈绍贤明确提出，中国对日本只有一条道路，那就是"加紧准备，对日决战"：

> 中国无论为收复东北失地，以洗涤"九一八"以来的奇耻，或为进而求民族的复兴，以解除一切不平等条约的压迫，都不能期于日本内部的变化，或国际的情势更迁，而应认定对日战争是绝对必经的阶段。[②]

这部著作出版于1935年，作者已经"认定对日战争是绝对必经的阶段"，所

① 陈绍贤：《中日问题之研究自序》，载陈绍贤：《中日问题之研究》，上海：商务印书馆，1935年，第1页。

② 陈绍贤：《当前的艰险与将来的存亡》，载陈绍贤：《中日问题之研究》，上海：商务印书馆，1935年，第343页。

以要加紧准备，这是一个爱国知识分子的呼声，所以此书的副标题为"预备将来决斗的知识"。两年后的"七七事变"之后，中国人民"地不分南北，人不分老幼"，投入全面的抗战，并以巨大的牺牲，最终换来了胜利。对此，陈绍贤可谓早有洞见。

今之潮州青年

今 之 潮 州 青 年

陳紹賢

（上）

幾十年長久的人生，那個時期是最重要？不少不老的青年期，正是人格完否，

幾十年長久的人生，那個時期是最重要？不少不老的青年期，正是人格完否，事業成敗的主要關鍵。社會環境轉移的力點，少在兒童和老輩，實在活潑的青年。他們舉動的良窳，直接間接上影響社會的興替很大。這樣看來，對於自身對於社會同樣關係緊切的青年期，可說是一個富有希望的時期，也可說是一個易生危險的時期。那末，青年問題確是不可漠視的。

潮州的青年問題，生斯長斯的我，耳目所及，懷積已多；久思提出而未果。到了現在，益覺言之不可稍緩了。但是在入本題之前，先要聲明幾點：

1，這篇之作，是本桑梓關係的赤誠，具積極改進的希望。短處的指摘，實存忠告的厚意；不是攻訐和譭謗。

2，篇中所指諸點，不是全稱概括；其中當有例外。惟為喚起覺悟，希冀補救起見，不能因少數例外而不言。請各原諒！

3，作者不敢自居完善，以為於所指諸點絕無關係；實也戰戰兢兢，求免錯誤。或自身也在詛咒之列呀！所以本篇之作，籍以警惕人我，顧其疵尤能！

《国立广东大学潮州学生会年刊》1925年第1期载陈绍贤文章

苏乾英：海上丝绸之路研究的先行者

苏乾英的名字，经常出现在黄宾虹先生的文章中。其实，苏先生是历史学者，专长在东南亚和日本史的研究，但他最擅长的东南亚研究，论文只见于《南洋研究》等杂志，至今未结集出版；编写于 1955 年的《日本史》，则是大学讲义，也没有正式公开出版。苏先生唯一一部正式出版的著作，是《中国近代外交史》，由南平国民出版社出版于 1944 年。

一

苏乾英（1910—1996），潮州市潮安县人，早年毕业于广东省立第二师范学校（现韩山师范学院），毕业后到新加坡和印度尼西亚工作，1929 年回国，考入上海的暨南大学（上海的暨南大学创办于 1906 年，1949 年停办；现在位于广州的暨南大学是 1958 年重建的），1933 年毕业后留校，在历史系任教，专门研究东南亚及华侨史，并讲授南洋概况、南洋商业史等课程。

暨南大学是以招收东南亚华侨子弟为主的大学，所以对东南亚的研究非常重视，学校曾有一本学术刊物《南洋研究》（双月刊，创刊于 1928 年，出至第 11 卷第 3 期，1944 年停刊），发行到东南亚和欧美各国，是国际上有影响的东南亚研究学术刊物，起初由著名学者郑振铎主编。上海沦陷之后，暨大内迁到福建，百般艰难，但在校长、著名历史学家何炳松先生的支持下，苏乾英继任为《南洋研究》的主编，坚持把刊物办下去。[①] 苏乾英在《南洋研究》等刊物上发表过十几篇学术论文，包括《汉籍南洋名著述要》《中国南海关系史料述要》《南海古地名集释》《古代中国与南洋诸国通商考》等，还翻译了不少日本学者的学术研究成果，一举奠定了他在学术界的地位。也可以说，苏乾英是海上丝绸之路研究的先行者。

抗战胜利后，苏乾英随暨南大学回迁上海，1949 年后他到复旦大学历史系任教，并曾在华东师范大学和上海外国语学院授课，主要讲授日本史。苏先生还

---

① 苏乾英：《回忆何校长二三事》，载刘寅生等编：《何炳松纪念文集》，上海：华东师范大学出版社，1990 年，第 453～454 页。

参加过点校本"二十四史"中《旧五代史》的工作，这是当时全国性的重大项目，抽调参加工作的都是全国有名的学者。在复旦大学，苏先生还曾与著名学者周予同教授合开中国历史文选课程。后来，苏乾英还参加了《汉语大词典》的编撰工作。1996 年，苏乾英在上海去世。

二

在随暨南大学内迁到福建建阳后，苏乾英从南洋研究转向日本史和外交史研究，《中国近代外交史》就是这一时期的著作。

《中国近代外交史》于民国三十三年（1944）在南平国民出版社出版。这个国民出版社之所以在福建南平（也称建阳），是因为当时暨南大学迁到了这里。全书正文只有 128 页，当然也是很简略的。书按时代顺序分为三篇，第一篇"清末的外交"，第二篇"北洋政府的外交"，第三篇"国民政府的外交"。和其他"近代外交史"一样，此书也是从鸦片战争之后签订的一系列不平等条约讲起，而最后一章"中国外交的新页"，详细介绍 1943 年中美和中英签订的《互惠新约》的内容。我们现在知道，近代以来的不平等条约，是以这个《互惠新约》的签订而正式废除的，自然是值得大书特书的一件大事。

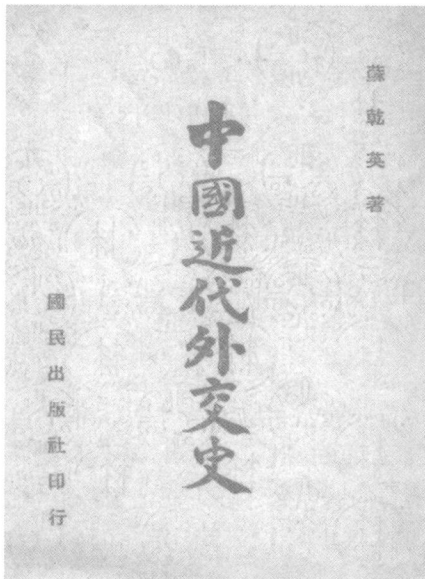

《中国近代外交史》封面

三

由于苏乾英以研究东南亚闻名，20 世纪 40 年代，饶宗颐先生主编《潮州志》的时候，邀请他负责《侨况志》的分册。《侨况志》的名目是根据潮汕华侨众多的实际而独创的。现在虽然未能看到成书，但据已出版的《潮州志·志末》记载，《侨况志》分为"侨迁""侨政""侨民""治侨""外侨"五部分，而根据当时汕头《大光报》、《方志周刊》的报道，苏乾英先生曾三次赴南洋调查，可见其对工作的认真，遗憾的是这部分内容现在下落不明。

四

史学研究是苏乾英的本行，但他似乎在国画界名气更大，因为他与黄宾虹关系特别密切。据苏乾英先生的《刘作筹小传》①记载，1933年秋，当时还是暨南大学文学院助教的苏乾英，与该校中国画研究会会长刘作筹（也是潮州人）等，一起到黄宾虹寓所，聘请他为暨南大学中国画研究会山水画导师，黄宾虹慨然应允。此后苏乾英与黄宾虹一直保持联系，交情笃厚，苏乾英也正式向黄宾虹拜师学画。那个时期，黄宾虹的画还不受世人看重，而苏乾英却对他特别欣赏，可以说是独具慧眼。后来苏乾英随暨南大学迁到福建，黄宾虹也移居北京，但两人一直保持联系。现在浙江省博物馆就保存有苏乾英致黄宾虹的书信150多封。公开出版的《宾虹书简》，有黄宾虹给苏乾英的书信两封，这两封书信对研究黄宾虹的美术思想有重要价值。其中一封说："画无中西之分，有笔有墨，纯任自然，由形似进于神似，即西法之印象抽象。"②这段话经常被研究者引用。

黄宾虹赠苏乾英的国画（有苏先生的题跋，取自上海泓盛拍卖有限公司2014年春拍预展资料）

除了黄宾虹，苏乾英与徐悲鸿等人也交往密切，而且收藏了丰富的书画作品。在近年的拍卖会上，苏乾英旧藏的黄宾虹国画以及其他书画频频露脸，不知道是在苏先生生前还是身后散出的。苏先生还特别留意与家乡有关的书画文物，潮州市博物馆收藏的明代郭子章（1543—1618，江西人，曾任潮州知府）的行草墨迹，还有明代官至礼部尚书的黄锦（1572—1654，饶平人）的墨迹，就都是苏先生捐赠的。

---

① 刘教芳主编：《暨南大学建校八十周年　新加坡校友会成立四十周年特刊》，新加坡暨南校友会，1988年，第78页。

② 黄宾虹：《宾虹书简》，上海：上海人民美术出版社，1988年，第56页。

何定生"骂"胡适的书

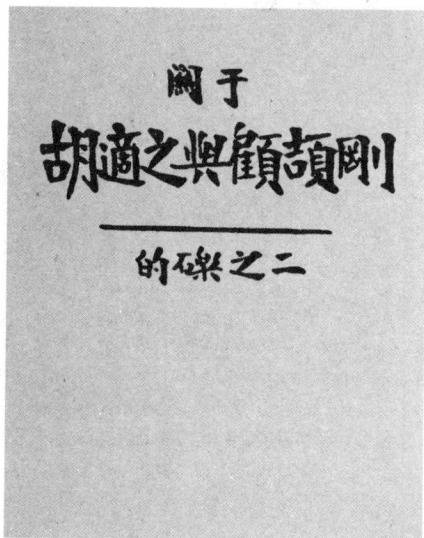

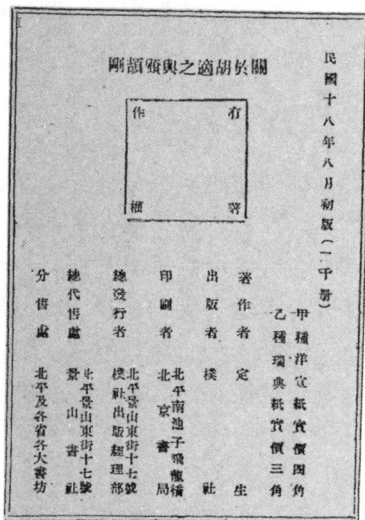

《关于胡适之与顾颉刚》封面及版权页

民国十八年（1929）八月，何定生编的《关于胡适之与顾颉刚》一书由北京的朴社出版。没想到，何定生的老师顾颉刚看到这本书后大为生气，以至于酿成了一场恩师逐爱徒的事件，几乎改变了何定生的人生道路。何定生为什么要把"骂"胡适的文章收集出版为这么一本书？顾颉刚为什么会这么惶恐和生气？为什么一个月后此书就改为"治学的方法与材料及其它"这么累赘的一个名字？这一切还得从头说起。

一、何定生与顾颉刚

何定生（1911—1970），揭阳榕城人，1926 年考入中山大学国文系。1927年，顾颉刚（1893—1980）来到中山大学史学系任教授兼系主任。当时顾颉刚已经出版了《古史辨》第一册，其大胆"疑古"的精神和研讨文章震动了整个学术界。何定生选修了顾颉刚先生的上古史、《尚书》研究、诗经等课，深为其所吸引，特别佩服其疑古的精神和治学的方法。顾颉刚先生口才不佳，不是很擅于讲课，但对学生循循善诱，诲人不倦。何定生给顾颉刚写了一封信请教《山海经》中的几个问题，顾颉刚很快就给他回信，并且给予热情鼓励。在顾颉刚的指导下，天资聪颖的何定生先后写出了《山海经成书之年代》[1]《汉以前的文法研究》[2] 和《〈尚书〉的文法及其年代》[3]，这些文章以及他和顾颉刚讨论学术问题的通信，都在《国立中山大学语言历史学研究所周刊》上发表。一时，何定生在中山大学声名鹊起。

何定生

何定生运用语法分析的方法，研究先秦典籍《尚书》中人称代词、虚词和成语等的用法，发现在不同时代，其用法上有细微差异。他对这些差异进行归纳，列出详细的表格，然后，反过来根据这种文法差异，来断定《尚书》中各篇文章的时代先后。这种方法看起来很科学，在当时让人耳目一新。顾颉刚对何定生大为赏识，并为他在中大争取到 200 元的奖学金，这在当时绝对是高额奖学金，自然会引致一些人的嫉妒。但顾颉刚爱徒心切，一向斯文的他竟然与反对此事的一名教授拍案对骂，何定生奖学金事件在中大传得沸沸扬扬。

1929 年，顾颉刚觉得中大事务太多，不适合他潜心学术的道路，因而辞职来到北京的燕京大学任教。而已是大学三年级学生的何定生，也毅然决定退学，追随顾颉刚先生到北京，但不是继续读书，而是作为顾先生的私人助手，生活则由顾颉刚资助。这可看出当时师徒两人的关系是何等密切。

但到了北京后，何定生编的一本《关于胡适之与顾颉刚》，却让恩师顾颉刚陷入尴尬境地，也最终导致师徒关系破裂。

二、《关于胡适之与顾颉刚》

"五四运动"前后，胡适在倡导新文化运动的同时，也倡导了一场"整理国故"运动。胡适认为，"整理国故"就是要分清"国粹"与"国渣"，就是要分清传统文化中的精华与糟粕，去芜取菁，这样才能再造新文明。正是受这种思想

---

① 刊于《国立中山大学语言历史学研究所周刊》第 2 集第 20 期。

② 刊于《国立中山大学语言历史学研究所周刊》第 3 集第 31 ~ 33 期。

③ 刊于《国立中山大学语言历史学研究所周刊》第 5 集第 49 ~ 51 期合刊。

的影响，曾在北大哲学系读书，并受教于胡适的顾颉刚，开始大胆疑古，并把讨论古籍和古史的文章汇编成《古史辨》出版，得到胡适的大力肯定和支持，胡适甚至宣称《古史辨》是"中国史学界的一部革命的书"。胡、顾的师生关系也几乎被视为学界的楷模。

但"整理国故"不久变为整理古书，有些青年因此而钻进故纸堆，这是胡适不愿意看到的。1928 年，胡适在《新月》杂志发表了《治学的方法与材料》一文。他认为清代以后，中国学者的研究，是"考据＋故纸堆"，西方则是"实验＋自然"；中国的是非科学的，西方的才是科学的，这是造成中国近代落后的一个重要原因。胡适告诫青年人，故纸堆是"废物"，研究故纸堆是"死路"，应该赶紧"换条路"，西方的路才是"活路"。

胡适的这篇文章本来是针对"整理国故"的流弊而发，但发力过猛，说得过于绝对，似乎把人文学科全盘否定了，这对于当时正热衷于学术研究的何定生等人来说，无疑是泼了一盆冷水。特别是胡适在文中批评《古史辨》，认为其"方法虽是科学的，材料却始终是文字的"。年轻气盛的何定生自然极为不快。

针对胡适的文章，当时广州《民国日报》的副刊《现代青年》的编辑何子恒率先撰文反驳，何定生也写了《愿胡适之先生勿忏悔》《又来"骂"胡适之先生》等文章，何定生在中大的同学陈槃等人也加入了这场讨论。

1929 年 8 月，已经跟随顾颉刚到北京的何定生，把这些文章收集编辑成书，由朴社出版，书名定为"关于胡适之与顾颉刚"。

《关于胡适之与顾颉刚》，民国十八年（1929）八月初版，印行一千册。作者署名"定生"，出版者为"朴社"。共收录文章十篇：

1. 题外论批评态度（定生）
2. 又来"骂"胡适之先生（定生）
3. 愿胡适之先生勿忏悔（定生）
4. 书呆子篇寄定生北平（陈槃）
5. 再写在槃的文后（定生）
6. 顾颉刚先生的怀疑精神（何之）
7. 为"怀疑精神"等等质何之（陈槃）
8. 我对于国学的见解（赵简子）
9. 说几句（何子恒）
10. "新""旧"材料与治学方法问题（定生）

《关于胡适之与顾颉刚》目次

三、顾颉刚为什么这么惶恐？

《关于胡适之与顾颉刚》是 1929 年 8 月在北京由朴社出版的。当时顾颉刚回苏州老家，不知道此事。回京后见到此书，大为惶恐，急急忙忙写信向胡适解释。而对何定生的不满也一并爆发，以至于师徒分道扬镳。

顾颉刚为什么会这么紧张呢？

乍一看，读者会觉得书中几篇文章的题目很刺眼，特别是"愿胡适之先生勿忏悔"和"又来'骂'胡适之先生"。但其实，这还不是主要原因。

何定生等人的文章，其实先已发表在广州《民国日报》的副刊《现代青年》上，但当时的广州远离文化中心北京、上海，因此并未引起太多关注。最惹人注目的那篇《又来"骂"胡适之先生》也曾发表在《一般》杂志上。① 《一般》杂志创办于上海，语言学家方光焘和学者夏丏尊先后任主编，丰子恺、叶圣陶、朱光潜等人是骨干。朱光潜著名的《给青年的十二封信》，最早就是在《一般》杂志上连载的。《一般》杂志的人员都是顾颉刚的好友。杂志敢发表何定生的这篇《又来"骂"胡适之先生》，肯定也不觉得有什么太过分的。那个年代的人物，都有不一般的气量，"骂人"的字眼经常出现，陈独秀就以骂人著名，何定生也反复申明这个"骂"只是一个噱头：

> 这（写这篇文章）真是太淘气一点。好在"骂"不是 curse（英文有"咀咒"的意思）之谓，而且我在上海见适之先生时，这"骂"字是他提出的。

所以，关键不在于这个"骂"。顾颉刚自己说，主要在于不该取这个书名。因为这个书名，就是把顾颉刚和胡适之并列，而且是处于对立的地位，而顾颉刚则从来是以胡适的学生自居的。顾颉刚特别强调：

> 有一件事情，使我很不安的，是何定生君编了一本《关于胡适之与顾颉刚》，趁我不在北平的时候，用话骗了朴社同人，印出来了。其中文字，有几篇是在广东做的，先生已见过。有几篇是新近作的，其中对于先生颇有吹索之论。这也不管。他不该题这书名，使得旁人疑我们二人有分裂的趋势，而又在朴社出版，使人疑我有意向先生宣战。②

---

① 何定生：《又来"骂"胡适之先生》，载《一般》1929 年第 8 卷第 4 期。

② 见顾颉刚：《顾颉刚致胡适信》（1929 年 10 月 3 日），载耿云志主编：《胡适遗稿及秘藏书信》（第 42 册），合肥：黄山书社，1994 年，第 401～404 页。

为什么顾颉刚对于"他不该题这书名，使得旁人疑我们二人有分裂的趋势"会这么介意呢？

这跟他那段时间的心态有关。顾颉刚因《古史辨》扬名之后，接着麻烦不断。先是跟鲁迅干上了。顾曾说鲁迅的《中国小说史略》有抄袭日本学者的成分，鲁迅自然极为不快，对顾极为厌恶，甚至不惜在小说中讽刺顾颉刚，如《铸剑》和《理水》中影射挖苦顾颉刚为"鸟头先生"、"红鼻子教授"，两人差点还打上官司。到了中山大学后，顾颉刚又因为何定生奖学金一事与同事拍桌子。更严重的是，他与好友傅斯年也闹翻了。两人自从在北京大学同学，就一直意气相投，一起办了《新潮》杂志，影响很大，并在学界崭露头角。傅斯年留德回国，任中山大学文学院院长，就立即把顾颉刚拉去。但当顾颉刚准备离开中大的时候，傅斯年认为他是在拆台，是忘恩负义，甚至说了一些负气伤感情的话，两人终于分道扬镳。遭逢这一连串的事件之后，现在又出现这本书，让他很有可能要失去胡适这样一位师友，他自然极为惶恐。

顾颉刚又说，此书"又在朴社出版，使人疑我有意向先生宣战"。为什么要特别点出"在朴社出版"呢？

朴社成立于 1923 年，由郑振铎发起，参加的人员包括叶圣陶、俞平伯、郑振铎、沈雁冰（茅盾）等，都是名流。1925 年，顾颉刚当选为朴社的总干事。在自己任总干事的书社出版这样一本书，旁人自然有看法，认为是在抬高自己。据说，傅斯年就说，想不到颉刚也会做这样的事。

朴社出版书籍，本来有内部审稿制度。当时负责审稿的，是后来成为著名哲学家的冯友兰和金岳霖先生。但何定生跟他们说，这本书顾颉刚已经看过了。不知道是由于忙还是不好说什么，两位审稿者都没提出意见，这本书就在朴社出版了。

但对于《关于胡适之与顾颉刚》的惶恐，似乎主要是顾颉刚本人，其他人倒不觉得是什么大不了的事。顾颉刚提出要停止此书的发售，朴社中人却认为"此书已花百余元的本钱，停止发行损失太大"，所以决定只换一个封面，封面书名原来拟为"治学的方法与材料的讨论"①，但后来正式印行时书名不知道为什么改为"治学的方法与材料及其它"，出版者也改为"北京书社"，以示与朴社无关。这本《治学的方法与材料及其它》（北京书局民国十八年九月初版），所收文章也是十篇，但去掉那篇《题外论批评态度》（定生），而加上胡适的《治学的方法与材料》一文。《关于胡适之与顾颉刚》发行很少，现在很罕见，笔者所见的只是国家图书馆的缩微胶卷。《治学的方法与材料及其它》则较易找到，很多研究者都是利用后一个版本，而不知道两书之间篇目有所不同。连台湾

---

① 见顾颉刚：《顾颉刚致胡适信》（1929 年 10 月 3 日），载耿云志主编：《胡适遗稿及秘藏书信》（第 42 册），合肥：黄山书社，1994 年，第 401～404 页。

学者杨晋龙教授编的《何定生教授年表初稿》，都不知道《关于胡适之与顾颉刚》（1929 年 8 月）曾经印行，而只提到《治学的方法与材料及其它》（1929 年 9 月）。

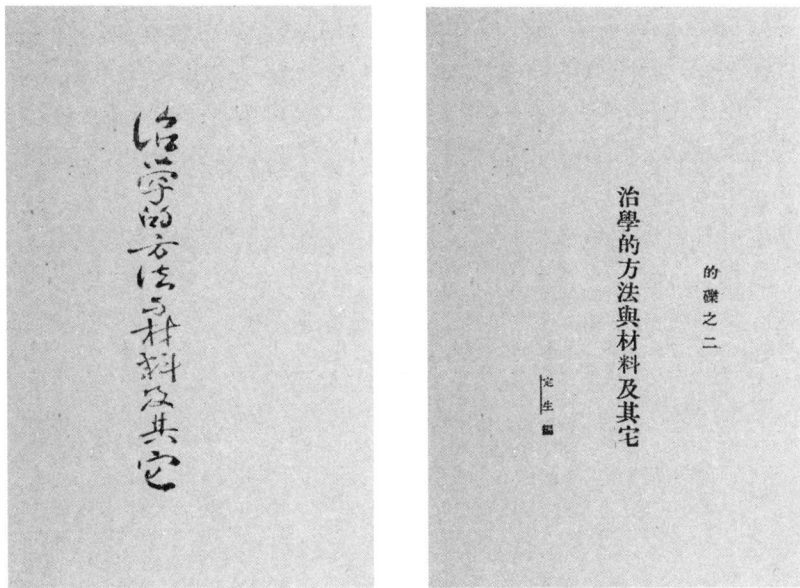

《治学的方法与材料及其它》封面和扉页

四、余波

事情发生后，顾颉刚对何定生极为不满。本来，何定生跟随顾颉刚到北京，是作为他的私人助手，顾颉刚现在决定把何定生逐出师门，他写信给何定生：

> 现在我觉得我们之间只有两条路可走：
> 1. 我给你盘费，请你回去。从今以后，你如何捧我或如何骂我，我都不管。
> 2. 你在北平，生计由你自己设法，不要来问我。我和你维持极简单的友谊，彼此不要相批评。①

这分明就是逐客令，师徒两人彻底决裂。

顾颉刚还给何定生的姐姐写了一封信，谈及何定生的生活。信中提到，何定

---

① 顾颉刚：《致何定生》三，载顾颉刚：《顾颉刚全集·顾颉刚书信集》卷二，北京：中华书局，2011 年，第 320 页。

生恋上一个杭州女子，非常狂热。但那个女子其实是一个交际花，压根没把何定生放在心上，何定生非常痛苦，茶饭不思，形体消瘦，让人很担心，更谈不上继续学业。这封信，就收在《顾颉刚全集》的书信中，可不是八卦。

何定生离开顾颉刚之后，其中山大学同学郑楚生（潮阳人）正好任国民党河北省"市党部主席"，何定生曾在他那里谋职。但他最终还是回到学术路上，而且与顾颉刚也没有彻底断绝往来。1938年至1941年，何定生重入燕京大学历史系和研究院历史部学习，1946年，任齐鲁大学讲师，再后来去台湾，曾任台湾林产管理局秘书，后来再回归学术，历任台湾大学中文系讲师、副教授、教授，1970年8月病故。

在学术上，何定生后来以研究《诗经》著名，特别是研究《诗经》与礼乐的关系，著作有《诗经今论》和《定生论学集》。台北大学中国文哲研究所曾出过《何定生教授纪念专辑》①，近年出版的王学典先生等著的《顾颉刚和他的弟子们》②，专章介绍了何定生。

---

① 《何定生教授纪念专辑》共七篇文章，刊于台北大学《中国文哲研究通讯》2010年第20卷第2期。

② 王学典、孙延杰：《顾颉刚和他的第子们》，济南：山东画报出版社，2000年，第109~153页。

《诗的听入》

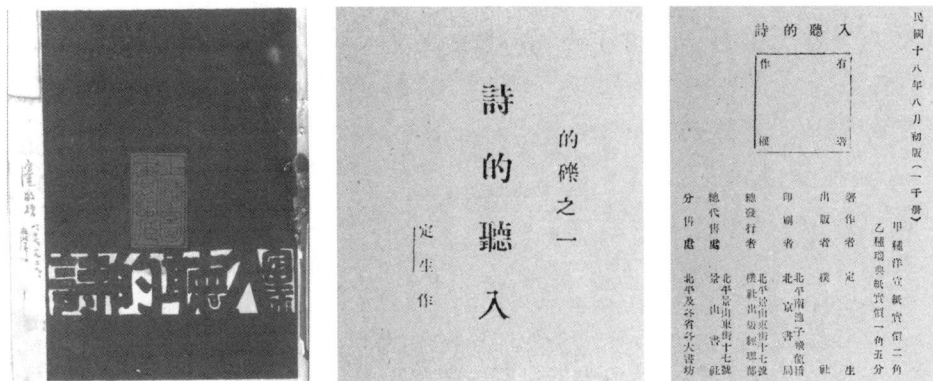

《诗的听入》封面、扉页及版权页

何定生在朴社出版的《关于胡适之与顾颉刚》（后改名"治学的方法与材料及其它"），扉页有"的砾之二"四字，而"的砾之一"，则为《诗的听入》。

《诗的听入》署名"定生"，全书正文只有 52 页，薄薄一册，民国十八年（1929）八月初版，与《关于胡适之与顾颉刚》同时出版。印数为 1 000 册。"听入"这个词现在不常用。书的主旨是探讨诗歌与听觉的关系。书分六部分："剩语"（相当于引论）、"想象和听觉""直接听诗""色听""触听""余论"。

作者首先强调"诗是体验得而不是理解得的"，读诗需要想象。西方语言由于是表音的，所以容易直接通过印记而表达声音；而中文文字是表义的，不容易通过汉字表达声音，但在中国文学中，还是通过韵律、象声词及一些特定的词来表示，有的诗歌，简直可以听到声。如柳宗元的诗句"欸乃一声"，如李白的"忽闻岸上踏歌声"非常直接地表现，却让人感觉似乎真的听到踏歌声。更特别的是"色听"和"触听"。"色听"是"融视觉于听觉里"，如李白的词《菩萨蛮》"平林漠漠烟如织，寒山一带伤心碧"，就可以"听出一种沉潜的悄静来"①。"触听"是将较多暗示意味的诗情融入听觉里②，如李后主的"帘外雨潺潺"，就

---

① 何定生：《色听》，载何定生：《诗的听入》，北京：朴社，1929 年，第 27 页。
② 何定生：《触听》，载何定生：《诗的听入》，北京：朴社，1929 年，第 34 页。

很好地表达出"春意阑珊"的心境，而"潺潺"则分明是从声音进行描写的。

何定生的这本小册子，选择了从诗与声的角度来研究诗歌，这在当时的中国文学研究中确实是很有创意的。

何定生本来是中山大学国文系的学生，在跟随顾颉刚转入学术研究之前，应该是喜欢写诗的青年人。笔者在《一般》杂志看过他的两首诗，皆署名"定生"，一首是《德芬的姑娘》①，是翻译的；另一首《母亲的泪》②，显然是原创的。

母亲的泪
——心的创痕之一

我又病了！
旧病又发的病了！
我的眼睛张开，
母亲坐在床沿发呆。

……
……

我看了母亲几眼，
母亲看了我几眼。

为让病人安静的缘故吧！
周遭冷清得可怕；
父亲许是刚走开，
姊姊又没有在。

看我醒来，开始著将我摩挲，
母亲是多么的怡色，下气！
我的额，我的胸，我的手，
她摩了又摩，温软，沉默！

她那能够沉默啊！
她的心里真有千言万语！
她愿望天地间会真有神祇，
她虔诚的祷告满遍处处。

---

① 定生（译）：《德芬的姑娘》，载《一般》1929 年第 9 卷第 2 期，第 235～238 页。
② 定生：《母亲的泪》，载《一般》1929 年第 8 卷第 2 期，第 311～312 页。

她不提防漏出自家的伤心，
她说："看看你的病好了不知，怎样还会……"
像在神前乞饶的心情，
扑簌地她窜着眼泪。

"怎么！我老实告诉你啊！
你别再这样做丑脸呀！"
像半空里一个霹雳，
铁一般的紫脸哟，父亲的态度多末的严厉！

她真的如像犯了罪了——
躲也躲不了的残剩泪痕，
她敏捷地——使人伤心的那偷闪的手势哟，
将它憋眼似的一搵。

谁的情绪都可以发抒，
谁都可以欢歌，谁都可以悲泣。
可是，母亲是不懂事的妇人哟，
她是不该这样太尽量地，尽量地！

母亲摩挲着我的心了，
父亲也不走，姊姊也来了；
冷清的算已不会冷清，
可是父亲哟，我的心到碎了！

《诗的听入》书后有一《的砾小丛书序》，是一首词，调寄"沁园春"，颇有意思：

自到姑苏，并家忘却，非食有鱼。过狭狭桥巷，深深院宅，柔条牵惹，尘榭曲纡。有意低徊，无端欲哭：所谓前生有债乎？龙蛇字，是疏狂故态，累然琼琚。

今予打叠长吁，则不系朔风方物殊。正新读元曲，横攻蟹字，让个头地，供我驰驱。不写情书，且编结集，南国诗人待笑余？窃自恕，若聪明俦匹，自审弗如。

当时，何定生的朋友赵介子从广州给他寄去了一首词，何定生用原韵作了和答。从艺术上看，这首词略显浅露，但写出了何定生当时的心境。何定生跟随顾颉刚北上，经过顾的家乡苏州，然后到了北京。他开始帮助顾颉刚编一部《元杂剧选》。词中也隐约透露了他的一段情事：当时他曾恋上一个杭州女子，自认为是"前生有债"，但结局是今生无缘，所以"不写情书，且编结集"。所谓"且编结集"，大概指的就是那本《关于胡适之与顾颉刚》。

黄际遇编撰的教科书

　　黄际遇（1885—1945），澄海人，字任初，号畴盦。黄先生是一代奇才，文理兼通，又精于书法。他曾留学日本和美国，执教于武昌高等师范学校（武汉大学前身）、河南大学、山东大学、中山大学等高校。

　　黄际遇先生去世后，其学生曾编有《黄任初先生文钞》，1949 年 11 月在广州印行，列为《国立中山大学丛书》之一。该书所收的，都是传统意义上的"文"，不收学术论文。笔者以为，现在可以重新编一本《黄际遇先生文集》，除了《黄任初先生文钞》所收的以外，再把先生的论文（包括那篇著名的《潮州八声误读表说》）、序言、书信、演讲词等收集起来。这些文字，散见于各种报刊，以笔者个人所见，已有三十几篇。如果再加上从日记中辑录部分完整的文章、书信、诗词，分量也是不小。

　　备受关注的《黄际遇日记》已经由潮汕历史文化研究中心组织影印出版，这可谓一件功德无量的好事。学界对这部日记期盼已久。从蔡元培、梁实秋以来，学人对这部日记都有高度评价。而在此之前，多数人是只闻其名，难窥全豹，其真本难见，即使是复印本，也只有汕头大学图书馆等寥寥数处有藏，一般读者研读不便。现在有了印本，庋藏架中，细细品读，定多可以获得良多教益。

　　际遇先生在撰写高深的数学论文之余，又热心于科学普及，亲自编写了多种中学的数学和物理教科书。这些教科书，究竟有多少种，先生的学生和亲属有不同说法，而笔者所见有完书可查的，则有下列四种。

一、《几何学教科书》

　　黄际遇先生的长子黄家器曾提到："清末在日本留学时，（黄际遇）曾自费出版《几何学》一书（翻译日文的）。"这本《几何学》，全名为"几何学教科书"，是英国数学家"威廉氏"原著，由日本学者翻译为日文，再由黄际遇先生翻译为中文，本书封面署"再译"二字所指在此。英国"威廉氏"的《几何学》原著，据说是当时世界上最权威的几何学课本。

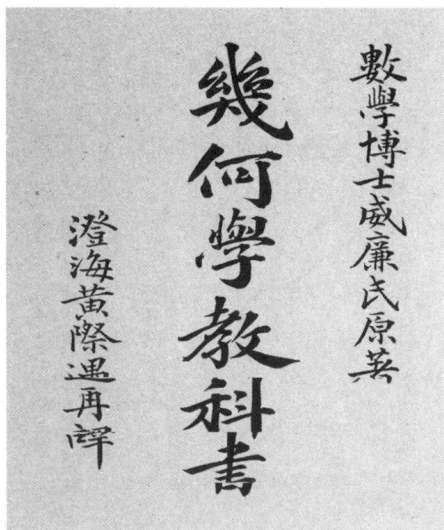

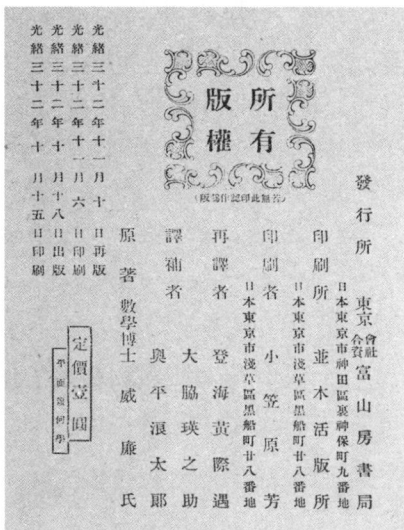

黄际遇再译《几何学教科书》封面及版权页

　　黄际遇的译本由日本东京富山房书局出版,光绪三十二年(1906)十月出版,十一月即再版,可见其受欢迎的程度。全书分为四编:第一编"直线图形",第二编"圆",第三编"比例、线之比例、相似形",第四编"面积及其比例",每编之后都有"杂题",全书正文315页,有何寿朋写的序。此序对研究黄际遇早年生平有参考价值,比较难得,录之如下:

　　　　光绪壬寅,余主潮州金山讲席。黄君任初曾以文字相质证。其为文汪洋恣肆,下笔数千言。实美材也。数日任初复来见,谈论纵横,磊落不群。时任初方弱冠,余劝其游学东瀛。旋负笈东行,肄业于宏文学院。潮士之游学海外者,以任初为权舆。甲辰,余应调随槎奉公使著。文牍之暇,与任初过从尤密。聆其言,则恳诚切挚,无嚣张之气也。觇其学,则深沉酝酿,无放恣之态也。余笑谓任初:"君今前后真判若两人。"顷任初已肄业东京高等师范学校。他日所造更深,必有出于余意想之外者。学成而归,为吾国前途之教育家。由是而加以经验,进而为吾国前途之政治家。俱深有望于任初。昨任初来以译书事相告,谓近译成《平面几何学》,将以饷祖国学界。又谓此书为一八六九年数学博士维廉氏原著,为日儒大肋、奥平两氏所译,为几何学教科书之善本,亦可为学者自修参考之用,乞以一言为序。余与任初交好有年,又惊其学识之变迁如是其速,特详考交际始末,以为潮士告。至此书之价值,则有目共赏,出版后学者自知之,固无俟余之赘言也已。

　　　　　　　　　　　　光绪三十二年孟冬之月。何寿朋拜撰

何寿朋（1866—1921），即何士果，大埔人，光绪二十四年（1898）进士，曾主讲金山书院，后来在汕头创办《岭东日报》。根据这篇序可知，光绪二十八年（1902），何寿朋在金山书院认识了黄际遇，那时黄际遇在学习古文，"其为文汪洋恣肆，下笔数千言"，其人"谈论纵横，磊落不群"，何寿朋劝他到日本留学，黄际遇遂"负笈东行，肄业于宏文学院"，再进入东京高等师范学校学习，"潮士之游学海外者，以任初为权舆"，就是说，黄际遇是潮汕留学海外的第一人。

二、《中华中学物理学教科书》

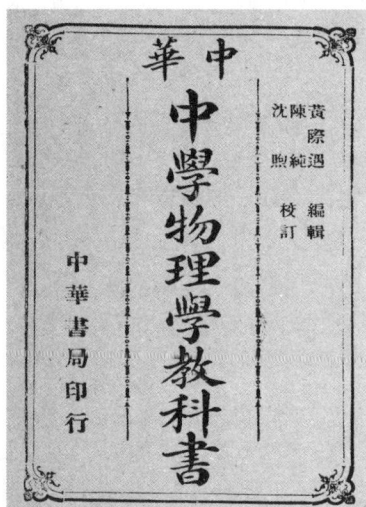

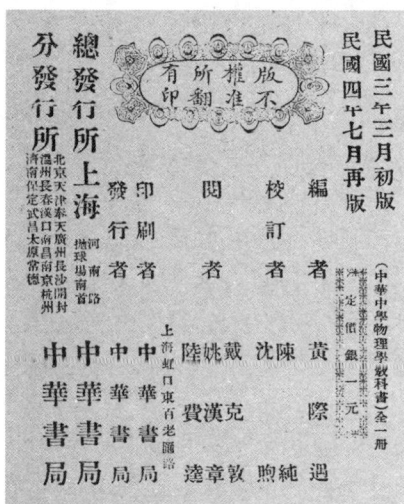

黄际遇编《中华中学物理学教科书》封面及版权页

《中华中学物理学教科书》由上海中华书局民国三年（1914）三月初版，民国四年（1915）七月再版，全书分七编：第一编"力学"，第二编"物性"，第三编"热学"，第四编"音学"，第五编"光学"，第六编"磁学"，第七编"电学"。这些顺序，是根据当时教育部所定的中学课程标准确定的，而内容则是参照日本人的物理教科书来编写的。从此书可知黄际遇先生不仅精通数学，而且精通物理学，他在武昌高等师范学校等学校任教期间，长期担任的是数学物理系主任，有时是数学天文系主任，编有《天文学讲义》，原书存佚尚无从知道，但其序言《天文学讲义弁言》，则刊于《国立武昌高等师范学校数理学会杂志》1918年第1期。

三、《中等算术教科书》

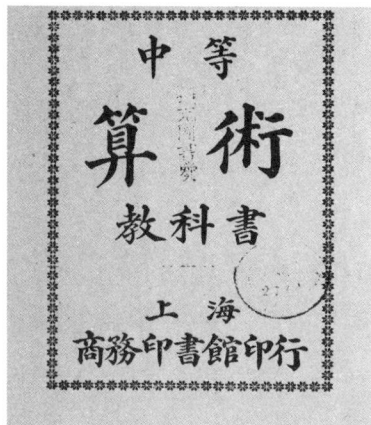

《中等算术教科书》封面及版权页

民国时期商务印书馆、中华书局两大出版社都争相编撰和出版中小学教科书，因为教科书销量大，利润厚。而为了竞争，出版社也尽力争取名家编写。黄际遇除了在中华书局出版物理学教科书之外，也在商务印书馆出版了四种数学教科书。

笔者见到的商务印书馆排印本《续初等代数学问题解义》，书后附有黄际遇编著的教科书四种目录，分别为：《（藤泽博士）续初等代数学教科书》《（藤泽博士）续初等代数学问题解义》《（衔接小学）中等算术教科书》《微积分学》。其最后一种《微积分学》注明"近一千页，近刊"，但笔者未见此书，不知最后出版了没有。四种之中的《（衔接小学）中等算术教科书》和《（藤泽博士）续初等代数学问题解义》则能找到。

《中等算术教科书》民国四年（1915）二月初版，民国十四年（1925）一月所印已经是第九版。此书为当时教育部审定之中等算术教科书，书后附印的教育部审查意见说"该书体例完备，证解亦尚明了"。全书分为六篇，第一篇《四则及诸等数》，第二篇《整数之性质》，第三篇《分数》，第四篇《比及比例》，第五篇《百分及利息》，第六篇《开方》，书前有作者序并有附录《全书补习杂题》《外国货币交换表》。

四、《续初等代数学问题解义》

际遇先生翻译有日本著名数学家藤泽博士（藤泽利喜太郎）的《续初等代

数学教科书》，以及配套的《续初等代数学问题解义》。《续初等代数学教科书》笔者未见，只见到《续初等代数学问题解义》。该书民国六年（1917）四月由武昌高等师范学校印行，书前有际遇先生写的序言。此书有排印本，而笔者的藏本则是精钞本，全部为小楷精工抄写，一丝不苟。但以书体而论，则不类于先生手笔，应该是请书手抄写的。其序言结尾之日期，抄本为"中华民国六年（1917）四月十六日"，排印本则为"中华民国六年（1917）四月十五日"，排印本版权页则标有"中华民国六年（1917）三月十五日印刷，中华民国六年四月初五日发行"。排印本版权页在"版权所有"上盖有"际遇"印章，并注明"图章为证"，以防盗版。这枚图章很珍贵。

誊抄本《续初等代数学问题解义》序言一页

第一部 《潮州文学史》

《潮州文学史》篇首

关于潮汕文学，近年出过两套"文学史"，一是郑明标先生等人编写的《近现代潮汕文学·国内篇》①，一是翁奕波先生主编的《现当代潮人文学史稿》②，两书都是从近代写到当代，至于古代的部分，至今只有杨树荣的《潮州文学史》。这本书的"潮州"，是文化意义上的"潮州"，涵盖今天的粤东四市（潮州、汕头、揭阳、汕尾）。

---

① 郑明标等编：《近现代潮汕文学·国内篇》，北京：中国戏剧出版社，2010 年。
② 翁奕波主编：《现当代潮人文学史稿》，北京：中国文史出版社，2012 年。

《潮州文学史》发表在《潮州留省学会年刊》创刊号［民国十三年（1924）三月十日出版发行］，距今已有 90 年，内容也只有 59 页，似乎也没出过单行本，所以严格说来，这不算一本书，而是一篇长文。但从饶宗颐先生编撰的《潮州志·艺文志》开始，到广东省中山图书馆和汕头图书馆学会联合编撰的《潮汕文献书目》，都把它视为一部书。这也无可非议，因为，这本书算得上潮汕文学史这个学科的开山之作，筚路蓝缕，草创艰难，内容单薄些也可以理解。

杨树荣（1897—1971），揭阳榕城人，字柏年，号抱一，青年时期在揭阳师从当地名师曾述经（著名诗人曾习经之兄），早有文名，在中学读书期间，就在当时有名的《学生杂志》上发表了《送陈埔甫毕业归家序》和《拟苏武与李陵书》等文章①，虽然是模仿古文之作，但也可以看出其学有根底。后考入广东高等师范学校（中山大学前身），与后来成为著名左翼作家的洪灵菲、戴平万等是同学。大学毕业后，杨树荣先后在揭阳一中等学校任教。1926 年任揭阳县教育局局长。1931 年调广东省教育厅，编写出版了《民国以来广东教育行政制度沿革史》，这是广东教育史的重要资料。20 世纪 40 年代，杨树荣再回揭阳，任揭阳一中校长。当时年轻的饶宗颐先生曾慕名到揭阳拜访杨树荣，一起研究地方文史。1943 年出版的《揭阳文献》，就收录有饶宗颐先生的《揭阳方志考》和杨树荣的《薛中离先生学说述要》两篇重要论文。抗战后期，揭阳一中遭日寇炸毁，杨树荣调任潮梅地区督学兼厅长秘书长。"文革"期间，杨树荣受迫害致死。

《潮州文学史》全书分六章，除了第一章"序例"之外，后五章分别为唐、宋、元、明、清的潮州文学。每章分两节，第一节是概说，第二节为该时期重要文学家的介绍，在介绍每个文学家之后，都选录一篇代表作，让读者领略其风格。

在"序例"中，杨树荣认为，潮州自唐以后人才辈出，奇怪的是，各个时代的诗文总集，"多者至一千卷，少者犹百数十卷，而吾州之大，乃无一人得与其间"。在他看来，这是我们潮汕人的"大耻"，所以，杨树荣花了数年功夫"遍求乡先哲之遗著以读之；见其所为鼓吹经籍之什，黼黻政化之文，与夫陶情殖性之诗若歌，大率真醇尔雅，斐然可观。虽未足以方驾乎八家之文、十八家之诗；而以视一切选录者，何相让之与有？吾于是又叹乡先哲之不见齿录于我国文学史者，非必其文学之不足争鸣于时，而州之人莫为之厉之过也，斯足痛矣"。

《潮州文学史》从唐代说起，因为唐代以前潮汕实在谈不上有什么文学。但是，杨树荣指出：潮汕文学，却不是韩愈之后才有的，"潮人之文，非至昌黎刺潮始启明"。这是一个重要见解。因为在一般人的认识中，潮汕地区在韩愈到来

---

① 《送陈埔甫毕业归家序》刊于《学生杂志》1915 年第 2 卷第 11 期，署名是"广东揭阳县立中学校一年生杨树荣"，《拟苏武与李陵书》刊于《学生杂志》1917 年第 4 卷第 3 期，署名是"广东揭阳县立中学校三年生杨树荣"。

之前处在蒙昧时代。其实，在韩愈之前已经有几位著名人物，如曾任宰相的常衮，早于韩愈40年到潮州，虽是被贬，却"兴学教士，潮俗为之丕变"，推动了潮汕文化和文学的发展。饶宗颐先生提倡"潮学"的时候，也特别强调这一点。其实，我们想一想，在韩愈之前的唐玄宗时代，全国建了十座开元寺，潮州占了一座。这不是偶然的。佛教在唐代是文化的重要内容，说明当时的潮州并非"文化沙漠"。文学也一样。韩愈来潮州后，与潮州进士赵德（赵德的科名存在争议，一说是进士，一说是秀才）非常投契。

《潮州文学史》发表后受到各方面的关注，也引起学界的讨论。杨树荣的朋友、当时在北京就读于朝阳大学的林光耀，写了一篇《读杨君树荣〈潮州文学史〉》①，肯定了杨树荣的《潮州文学史》的价值，但认为杨的《潮州文学史》太过重视传统的文学，是为几个"阔人"争地位，而林光耀认为，潮汕真正有特色的文学是平民文学，特别是歌谣、歌册等通俗文学。这显然是受到周作人文学思想的影响，但我们也不得不承认，林光耀所说的有几分道理。

上面提到，杨树荣还有《民国以来广东教育行政制度沿革史》一书。该书由广东省政府教育厅印行，列为"广东教育史稿之一"。该书分为四章：第一章"发端"，第二章"省教育行政制度"，第三章"地方教育行政制度"，第四章"结论"。当时广东省教育厅厅长金曾澄作序，称赞本书"条理明密，甚得体要，足为研究本省教育行政问题之助"。金曾澄最后又盛赞杨树荣："杨君其乐此不疲，而续有所贡献乎？余有厚望焉！"

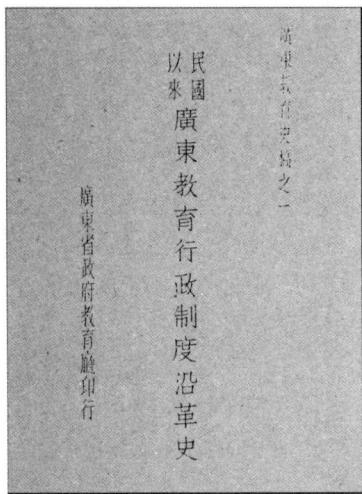

《民国以来广东教育行政制度沿革史》封面

---

① 刊于《留京潮州学会年刊》1926年第2期。

哲学如何复活

——林枳敔的一本旧著

看到林枳敔这个名字，第一感觉就是：怎么起了这么生僻的名字？"枳敔"怎么念？什么意思？这个问题连百岁老人周有光先生也有。周先生在《语文闲谈》中专门说到这两个字：

> 学生：（不认识"林枳敔"的名字）枳敔二字如何读？
> 老师：从前查过字典，大致念 zhu－yu，可能记错，你再查查字典吧。
> 学生：查过《新华字典》，查不到。
> 老师：（查《辞源》）查到了。念"祝语"，古乐器名。
> 学生：人名为什么要用生僻字？
> 老师：为了"古雅"。①

林枳敔的名字不但难懂，其生平资料也不多见，笔者只见过其弟林芷茵的一篇回忆录②。《中国现代文学词典》有一个词条，是笔者见到的最准确的介绍资料，抄录如下：

> 林枳敔（1915.12.29—1975.8.11）曾用名林怡昌，笔名夏婴、品品、望鼎等。广东潮阳人。生于上海。高中时受语文教员陈伯吹的影响，常向报刊投稿，曾在《东方杂志》发表论文《哲学的复活》。以后入暨南大学外文系学习，得到郑振铎、李健吾的指导，期间与吴岩、华铃等人合办《文艺》杂志、《生活与实践》丛刊，同时在《文汇报·世纪风》《大晚报》《申报·自由谈》等报刊发表抗日爱国的散文、杂文

---

① 周有光：《语文闲谈》（上），北京：生活·读书·新知三联书店，1995年，第209页。
② 林芷茵：《记林枳敔在"孤岛"期间的文学活动》，载《社会科学》1983年第1期。

等，在沦陷时期的上海文坛产生了一定的影响。1940 年毕业后，长期在上海从事教育工作。这时期写了《仙人掌的梦》《辣的信》等散文、小品，多散见于上海《万象》《新中华》等报刊。建国后任教于上海教育学院。其它作品还有：论著《苏联文学进程》（1939 年）、《比较文学概论》《语言学史》《印支语泛论》，译著《比较语言学》《恶之花》（专刊印）等。①

民国二十八年（1939）六月初版的《苏联文学的进程》

这个条目对林枳敬的生卒年精确到日，应该是经过查阅档案资料或者是与林枳敬的家人有联系查证过。但最后说到林枳敬的论著，却不是很准确。查阅各种目录和实书，林枳敬的作品中，著述的有《哲学的复活》和《苏联文学的进程》（1939 年开明书店出版，是一本介绍性的小册子），编译的有《语言学史》（根据四部西方学者的著作编译，1943 年世界书局出版），翻译的有《比较文字学概

① 《中国现代文学词典》，上海：上海辞书出版社，1990 年，第 92~93 页。

论》（翻译英国学者葛劳德著 *The Story of the Alphabet*，1940 年商务印书馆出版）。上文所提到的《比较文学概论》，应该是《比较文字学概论》的误记，《印支语泛论》其实只是一篇文章，而《哲学的复活》后来则扩充成一本完整的著作。《恶之花》是否印成书，笔者未见，但林枞敬确实是翻译过不少波德莱尔《恶之花》中的诗，发表在各种报刊，是国内比较早研究波德莱尔的学者之一。这里提到林枞敬的老师，也遗漏一个重要人物——方光焘（1898—1964）。他是我国第一代语言学家，精通多种外语。林枞敬研究语言学，并有《比较文字学概论》和《语言学史》，应该是受方光焘的影响和指导。

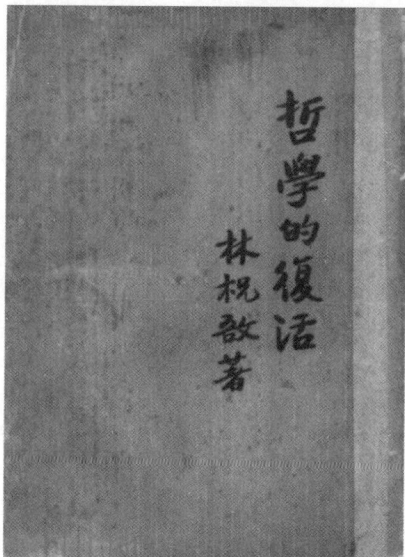

《哲学的复活》封面

《哲学的复活》可以说是林枞敬最有代表性的著作，该书于 1936 年 6 月由上海开明书店出版，全书分为十章，另有前言，共 140 页。

林枞敬在前言中称，此书的目的，是要用"极浅易的文笔来讨论哲学"，之所以要用"极浅易的文笔"，是因为太深奥的理论探讨没人会有耐心去读，更重要的是，哲学本来就"很活泼，含义也简单"，是被后来的哲学家搞复杂了，搞死板了。

从传统哲学的三个组成部分——宇宙论、认识论、人生观——来看，林枞敬认为，人生观才是哲学的本体，而宇宙论和认识论只是两件外衣。

"在人生价值中，科学达不到，机械赶不上。我们唯有哲学，唯有那抛弃了宇宙论与认识论的哲学，唯有那活生生的专门注意人生的哲学，方能使之有圆满的又亲切的解决。"

"哲学课题中本有人生论，后来被人忘却，注意于主观客观、理性感觉、神明物质等认识论与宇宙论：科学兴起了，哲学被人看轻，视之为毫无用处。假使我们重再研究人生，因人生是最切迫的东西，它将复活，返到苏格拉底的哲人时代，重被注意与尊敬。哲学不死，长存，因人生也是不死，长存。哲学将放弃宇宙论和认识论，让他的儿子科学去研究。紧握着人生论，这不是他的损失，是他的幸福，不是衰老，是再生。"

这其实涉及一个问题，就是人文精神与科学理性的冲突。英国科学家和小说家斯诺有一本名著——《两种文化》，就认为"整个西方社会知识分子的生活"被分成两种文化，即自然科学和人文科学，这种两分法对解决世界上的问题是一个重大的障碍。十九世纪以来一直是科学大获全胜，但也有很多人一直在抗争，在反思如何重建人文精神。这就需要"哲学的复活"，所谓"哲学的复活"，其

实是要重新确立人生观在哲学中的本体地位，要回到苏格拉底和孔子的那个时代，把哲学的重点重新放在思考人生问题上。

书中还引用古希腊哲学家塞纳佳（Seneca）的话肯定了哲学的价值：

> 哲学不是一种供大家承认而用以出风头的学理，它不是文字上的东西，却是行为上的东西。我们取用哲学，并不因为它可以帮助我们消遣时日，亦不因它可以减除闲暇中的苦闷。它使我们的心地就范，使我们生活变得有秩序。它指导我们的行动，告诉我们：何者应当做，何者不应当做。它执持舵机，于困穷危险中，指示我们的行程。要是没有它，没有人能毫无恐惧地生活着，更没有人能够安逸地生活着。①

林枞敬不是哲学家，但他这本讲哲学的通俗书籍，却比很多哲学书更有冲击力，就是因为它直面人生问题，而不是纠缠于琐碎的学理。正因为有了超脱出专业的独特见解，这本七八十年前的旧书才值得重新翻出来一读。

①　林枞敬：《哲学的复活》，上海：开明书店，1936 年，第 55 页。

哲学如何复活——林枞敬的一本旧著

杜国庠在北京大学讲什么课

杜国庠（1889—1961），广东澄海人，曾用杜守素、林伯修、吴念慈等笔名。他早年受知于同乡的留日学者吴贯因（1879—1936），并在吴的引导下留学日本，在日本早稻田大学和京都帝国大学政治经济科学习，受到日本马克思主义哲学研究者河上肇的影响，接受马克思主义，回国后执教于北京大学。1925 年母丧回籍，因北京局势混乱，遂留在家乡，曾任澄海中学和金山中学的校长。1928 年到了上海，参加左翼文化运动，积极参加"太阳社"和"我们社"的工作；参加发起组织中国共产党领导下的中国社会科学家联盟，并任联盟的党团书记。20 世纪 40 年代后主要研究中国思想史。中华人民共和国建立后，历任中国科学院哲学社会科学部学部委员和中国科学院广州分院院长等职务。1961 年去世。

杜国庠著作极多，他在上海期间翻译和出版了大量介绍马克思主义学说的著作，同时翻译了各国特别是日本左翼作家的文学作品；他研究先秦诸子也是成绩突出，有《先秦诸子批判》（后来修订本改名为"先秦诸子的若干研究"）、《先秦诸子思想》（后来改名为"先秦诸子思想概要"）和《便桥集》。杜国庠参加编写的《中国思想通史》也是国内思想史研究的名著。后来的《杜国庠文集》①，就是以这四本书和一些零散文章汇编而成的。

民国三十六年（1947）六月生
活书店版《先秦诸子思想》

民国三十七年（1948）八月作家
书屋版《先秦诸子批判》

---

① 杜国庠文集编辑小组编：《杜国庠文集》，北京：人民出版社，1962 年。

杜国庠1919年7月学成回国，经李大钊介绍，应聘到北京大学任教。他在北大讲什么课？过去一直笼统地说是讲授马克思主义政治经济学说，其实不很准确。准确地说，他在北大是讲授商法、行政法、市政论等课程。这在当时的《北京大学日刊》可以看到明确的布告。

　　民国十一年（1922）五月八日、九日《北京大学日刊》所刊《注册部布告》："法律系二年级周龙光先生所授之'行政法总论'，本星期一起由杜国庠先生代授。……法律、政治系三年级合班之行政法各论，亦由杜先生代授。"

　　民国十四年（1925）二月十四日《北京大学日刊》所刊《注册部布告》："杜国庠先生现因母丧请假回籍，其所担任之'政党论''工业政策及社会政策'及'商法'，均请路毓祉先生代授。"

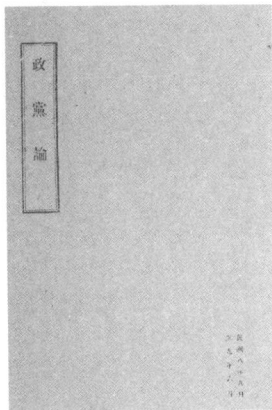 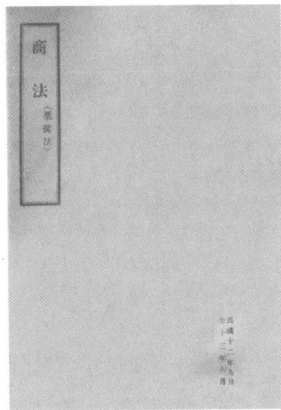

《政党论》封面　　　　　　《商法》封面

　　这是笔者找到的两条记载，可能不全，但还是能看出杜国庠在北大所讲课程的基本内容。北大图书馆也保存有杜国庠的几种讲义：

　　1.《政党论》，十四章，杜国庠述，民国八年（1919）北京大学铅印本，一册。

　　2.《票据法讲义》，五章，杜国庠讲述，民国十二年（1923）北京大学铅印本，一册。

　　3.《商行为讲义》，八章，杜国庠编，无具体日期，铅印本，一册。

　　4.《商法海船法讲义》，六章，民国十二年（1923）印本。

　　5.《工业政策及社会政策讲义》，十章，杜国庠编，无具体日期，铅印本，一册。

　　从以上可以看出，杜国庠在北大最早是讲授"政党论"，后来讲授"行政法"，

1925 年离开北京大学之前，他讲授的是"商法"和"工业政策及社会政策"。

杜国庠早年师从吴贯因先生，在北京期间，吴贯因正担任内务部编译处处长，主持翻译和编述了一大套介绍西方各国政治、法律、经济等的书籍。其中至少有两本是杜国庠编译的，一为《英国劳动组合法》，田子一民纂译，杜国庠重译，吴贯因校阅，民国九年（1920）内务部编译处印行①；另一本是《市政论》，杜国庠著，吴贯因校阅，民国十年（1921）七月印行，也是少人提及的杜国庠著作。

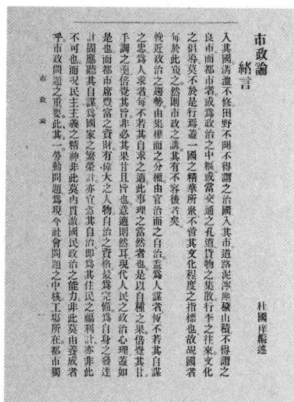

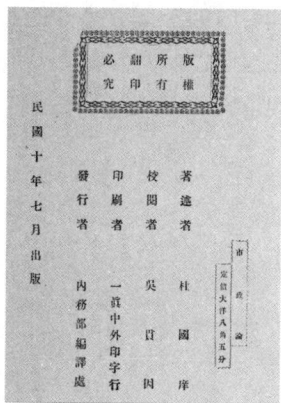

《市政论》绪言及版权页

《市政论》分五章，第一章"都市之发达"，第二章"都市之机关"，第三章"都市之职务"，第四章"都市之计划"，第五章"都市之财政"。书中罗列和分析了城市市政的各个问题，包括警察与消防、城市水道、下水道、煤气与电气、交通、住宅、卫生、闲暇与娱乐等等。《绪言》说：

> 入其国，沟洫不修，田野不辟，不得谓之治国。入其市，道路泥泞，尘秽山积，不得谓之良市。而都市者，或为政治之中枢，或当交通之孔道，货物之集散，行李之往来，文化之倡导，莫不于是行焉。盖一国之精华所聚，不啻其文化程度之指标也，故觇国者每于此窥之。然则市政之讲，其有不容后者矣。

杜国庠认为，市政的问题，是谋市民全体之福利，其中主要有三个方面：第一是卫生，第二是便利，第三是修饰即市容市貌的美化。将卫生问题列为市政问题之首，应该是鉴于中国人的不良卫生习惯，也是各国历史的教训。书中举一例，美国芝加哥市就曾发生大灾难，当时由于对市政设施缺乏认识，城市的生活

① 此书北京大学图书馆有藏。

废水注入大湖，而制作饮料的用水也取自大湖，最终导致 1898 年大疫病的流行，得病者 6 000 人，死亡 636 人，经济损失 372 万美元。对于市政问题这样专业的研究，笔者认为杜国庠是我国比较早的一人。

杜国庠在北京期间对于马克思主义的研究文章，以前多提及其与李春涛（1897—1927）等人组织的"孤军社"①，以及《社会主义与中国经济现状》② 等文章，这一类文章还有刊于 1919 年第 6 期至第 18 期《世界大势》杂志的长文《现代社会与经济》。而最重要的，应该是《由空想的社会主义到实行的社会主义》这篇长文，刊于《国立北京大学社会科学季刊》1924 年第 2 卷第 3 期，文末署"民国十三年四月二十四日于北京赭庐"。之前的一些纪念文章，提及杜国庠与李春涛在北京同住一个四合院，命名为"赭庐"，寓意对红色的向往，是研究和传播马克思主义的一个场所。这篇《由空想的社会主义到实行的社会主义》是笔者看到的一篇明确署有"赭庐"的文章。

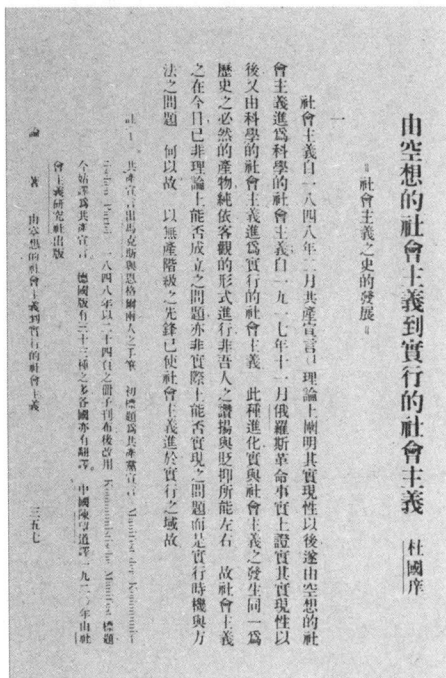

《由空想的社会主义到实行的社会主义》长文

---

① 参阅《杜国庠文集》的郭沫若序和黄羡章的《潮汕民国人物评传》（广州：广东人民出版社，2008 年）。

② 此文在《北京朝阳大学旬刊》1924 年各期连载，署名杜守素、李春涛。该刊还有其撰写的《个人主义（资本主义）与社会主义》一文。

《一束古典的情书》

第三版的《一束古典的情书》（1931 年 5 月发行，封面仍按照初版印着"1928"的字样）

　　《一束古典的情书》，作者林房雄，有着很中国化的名字，却是日本人。此人在晚年，是日本顽固的右翼分子，竭力为日本侵略战争辩护，但在早年是激进的左翼分子，被称为"日本的无产阶级革命作家"。此书的译者署名林伯修，就是杜国庠。

　　林房雄（1903—1975），本名后藤寿夫。肄业于日本东京帝国大学（今东京大学）。早年受左翼思想影响，从事无产阶级文学运动，发表过不少有关马克思主义理论的文章，也创作小说，著有《牢狱的五月祭》《青年》《妻子的青春》等。

　　1930 年林房雄被日本当局逮捕，经过洗脑，思想开始向右转化，并参加右翼团体，成为所谓的"超国家主义者"。1937 年日本全面侵华后，他自告奋勇作为从军作家，参加所谓的"笔部队"，到我国的东北、北京、南京等地，对沦陷区文坛进行渗透，推销日本的"大东亚文学"，甚至在中国作家内部挑拨离间。如周作人和他的四大弟子之一的沈启无最终翻脸，其背后就有林房雄在故意制造矛盾。1945年日本投降后，林房雄却顽固不化，1947年开始以"白井明"的笔名发表文章，美化日本侵略战争，1963年出版《大东亚战争肯定论》，成为日本右翼的言论代表，也因此为中国人民所唾弃。

《一束古典的情书》是杜国庠翻译的林房雄小说集，收有短篇小说七篇：《牢狱的五月祭》《一束古典的情书》《茧》《公园的秘密》①、《N监狱署的秘密日记》《没有画的画册》《爱的开脱》，最后一篇《爱的开脱》是郁达夫翻译的，在征得郁达夫的同意后一并收在书中。书前有林房雄的《原序》，书后有《译后》，林房雄的《原序》写道：

> 我相信着。——文学也是斗争，那是同古旧的时代，古旧的社会的斗争，是同相异的时代，相异的社会的斗争。
> 我相信着。——文学的真的脚色，存于其为社会的促进力。……它不能不紧密地与社会的全生活结合。不然的（话）文学是无用的。较正确的说，就是无用的阶级，寄生的阶级的文学。

这完全是左翼文学的语言，难怪当时在中国的左翼作家中，林房雄会有相当大的影响。书中的小说也是充满"革命情怀"。《牢狱的五月祭》讲的是日本监狱中绝食抗争的故事。《一束古典的情书》则是"革命与爱情"的翻版。这些故事，与中国当时的革命文学很吻合，所以钱杏邨（阿英）在评论中称林房雄为"无产阶级革命作家"。也正因为如此，才吸引了杜国庠先生去翻译此书。林房雄后来的转变，实在是这些人始料不及的。

《一束古典的情书》1928年7月初版，印了2 000册；1929年再版，印了1 000册。笔者收藏的一本是1931年5月的第三版，也是印了1 000册。这三个版本，封面大体相同，细看才能发现差别，这个差别在下边的两行字：初版本最下一行的"上海现代书局发行"，是红字，其上是出版年份"1928"；第二版的"上海现代书局发行"是黑字，上边是出版年份"1929"；第三版"上海现代书局发行"也是黑字，但其上边的出版年份，不知道为什么却同样写成"1928"。有版本爱好的朋友收藏时要注意鉴别。初版本现在很少见，如果在旧书市场上出现，价格不会很低。此书第三版，2007年在上海旧书市场的参考价已是700元。一本只有130多页的旧书，价格为什么这么高？我想原因就在于林房雄这个人，其后来的立场决定这本书不大可能再印，所以这些书注定是绝版。绝版书都是比

---

① 该篇目录为"公园的秘密"，内文题目作"公园的密会"。

较贵的。

1933 年 10 月，不知什么原因，此书更名为"林房雄集"，同样由现代书局印行，印了 2 000 册。所收的小说，除了以上的七篇，增加了一篇楼适夷先生翻译的《自由射手之歌》。

1939 年，此书又以"牢狱的五月祭"为书名，由风行印刷社再次印行。

另外，1933 年，开明书店也出了一本《林房雄集》，是由楼适夷翻译的，收小说六篇，分别为《百合子的幸运》《茧》《凯府大剧场暗杀案》《自由射手之歌》《S 半岛的舆论》《剪发的社会学》，与现代书局版有两篇重复。这些作品，都是从林房雄的小说集《牢狱的五月祭》中选译的。

牢獄的五月祭

日本林房雄作

林 伯 修 譯

一

靠晚一到來，獨身房就充滿着白光。從那三角形的水槽的蔭，苦的暗黑就湧將出來。牠把囚人的心針似的刺着。噓噓地撕着，好像現在就會斷的線似的，撕成細縷。真是百無聊奈。

《太阳月刊》上的《牢狱的五月祭》（这是《一束古典的情书》中的一篇）

寻找罗吟圃

羅　吟　圃
（廣　東）
政　治　學　士
ROLLAND LO
B. A. (Political Science)
Kwangtung

《持志年刊》上的罗吟圃

保利公司 2014 年春拍的"中国近现代书画"专场中，有一件于右任的草书五言联，和一件沈尹默的楷书"吟圃"，都是写赠一位叫罗吟圃的人物；拍卖行的简短说明，称罗吟圃为"国民政府要员"，此外再无任何介绍，也许是实在找不到更多的资料。罗吟圃官至国民政府中央信托局副局长，确也算得上"国民政府要员"。而他早年还出版过新诗集，作为翁照垣将军（广东惠来人）的秘书，帮他撰写了《淞沪血战回忆录》，记录"一·二八"淞沪抗战的经过，更是值得大书一笔。

许其武先生《十月先开岭上梅——冯铿传奇》中，提到过一个叫罗吟甫的人：

> 记得有位罗吟甫，颇有才情，在火焰社与岭梅（即冯铿，原名冯岭梅）谈诗论文互相唱和，十分投合，岭梅曾发表了一首抒情诗《你赠我白烛一支》……吟甫也便在报上仿作了一遍。……

> 后来，罗吟甫与孔祥熙的某千金闹过一场恋爱，一天忽接大红喜帖一份，原来是孔千金所赠！一气之下，跑到杭州西湖，寻花问柳，染了

性病。又游吟泽畔，出版诗集《纤手》。继更弃笔从戎，投向十九路军……①

这段叙述很有传奇色彩，甚至有点八卦，这段话是惹起笔者去寻找这位"罗吟甫"的最初缘由。

笔者首先发现，上文提到的"罗吟甫"，后来多写成"罗吟圃"。但不管是"罗吟甫"还是"罗吟圃"，在网络上搜索，几乎连一篇完整的介绍文章都找不到，1995年新编的《丰顺县志》也查无其人，笔者只能从一些资料碎片中，慢慢拼起他的生平。

罗吟圃是丰顺汤南镇隆烟村人。其父亲曾在家乡建一座"定昌公祠"，非常精美，在当地很有名。这说明其家境应该不错。丰顺现在属于梅州市，但过去长期属于揭阳，所以也有人说罗吟圃是揭阳人。他早年在汕头求学，有可能自小在汕头生活，所以也被认为是汕头人。

罗吟圃在中学时期就加入汕头的文学团体火焰社和彩虹社，是当时汕头新文学界的活跃分子，曾在《彩虹》周刊上发表一篇描写同性恋的小说，引起一场轩然大波。② 虽然罗吟圃得到一批同道的支持，但仍然心绪黯然，于是到上海求学。1925年春考入上海持志大学政治系，是该校第一届学生。持志大学创办于1924年12月，是一所私立大学，也是现在上海外国语大学的前身。1928年，罗吟圃大学毕业，当年持志大学有一则他的介绍：

> 罗君吟圃，年廿三，广东汕头人。仪容俊秀，性情豪爽，有诗人之风。以聪慧见重于侪辈。来校四载（1925年春—1928年夏），成绩斐然，历任四载级长，诚足多矣。君隶政治系，于中国政治问题均具极清晰之见解，而尤私淑于文艺。中西文学造就极深，喜俄罗斯文学之沉挚深刻，即此也足见其为人矣。君有志为著作家。其所作诗歌小说，皆独具风格，非凡品也。君于今夏授政治学士学位，闻毕业后将赴日本云。③

这里说到罗吟圃爱好文艺。大学期间，罗吟圃就在上海的《白露》和《莽原》杂志发表了一批新诗，后来结集为《纤手》出版。文中又说罗准备到日本留学，但究竟有没有成行，笔者还找不到证据。有的文章说他与周恩来同时留学法国，那应该是不准确的。周恩来赴法国勤工俭学是在1920年至1924年。那几年，罗吟圃还在汕头上中学。也有文章说罗吟圃留学德国，也没有证据，姑且存疑。

---

① 许其武：《十月先开岭上梅——冯铿传奇》，北京：中国文联出版社，2001年，第41页。
② 参见余眠雪：《关于彩虹社的过去到现在》，载彩虹社编：《彩虹》，上海：泰东图书局，民国十八年（1929）四月第2版，第144～154页。
③ 载《持志年刊》1928年第3期。

大学毕业后，罗吟圃不知因何机缘，投身十九路军。1932 年 1 月 28 日，日寇进犯上海，驻守宝山的十九路军坚决抗击，著名的"一·二八"淞沪抗战打响。此一仗让日军三易其帅，重挫了日本的气焰，大大增长了中国军民的志气。时任十九路军 156 旅政治部主任的罗吟圃，根据旅长翁照垣将军的日记和笔记，执笔写下了《淞沪血战回忆录》，记录了淞沪血战的过程，在当时影响很大，也是中国现代报告文学的名篇，其中披露的很多资料，至今仍然被研究抗战的学者所引用。

淞沪血战之后，罗吟圃随十九路军撤退。1933 年 11 月 20 日，李济深、陈铭枢、蒋光鼐、蔡廷锴等人以十九路军为主力，在福建福州发动"福建事变"，宣布成立"中华共和国人民革命政府"。1934 年 1 月 15 日，蒋介石军队攻陷福州。人民革命政府和十九路军总部分别迁往漳州和泉州。同年 1 月 21 日，泉州、漳州失守，"福建事变"失败。罗吟圃参加了"福建事变"，失败后去了香港。

1937 年抗战爆发后，上海很快被日军占领，原来设在上海的中央信托局总部迁往香港，由孔祥熙的儿子孔令侃主持。罗吟圃不知通过什么关系进入信托局，后来成为主任秘书。1939 年，孔令侃在香港私设电台，遭到香港警方的调查，罗吟圃代孔受过，被驱逐出香港，到了重庆。但罗吟圃一直在中央信托局，最终升任副局长，跻身权要人物。

在香港和重庆期间，罗吟圃还是新闻界的名人，是香港《星报》的主笔，以写国际社论闻名，与后来成为新中国外交部部长的乔冠华齐名，被誉为"一时瑜亮"（周瑜和诸葛亮）。在重庆期间，罗吟圃翻译了英国作家萧伯纳的《日内瓦》，以及《法兰西罪人》《美国的外交政策》等关于国际政治的著作。

罗吟圃翻译的《法兰西罪人》　　罗吟圃翻译的《日内瓦》

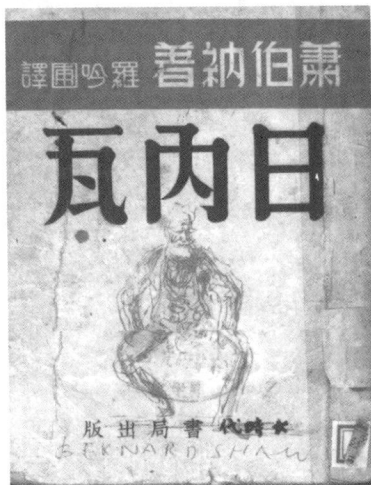

1949 年之后，罗吟圃没有去台湾，而是留在香港，直到 20 世纪 70 年代初，才移居美国，直到去世。在美国期间，他还翻译了一些书籍。三联书店出版的美国风光丛书之一《北国风光》，署名"南木"，就是罗吟圃。

关于罗吟圃的生卒年，1928 年的《持志年刊》说他"年廿三"，据此推算则应该出生于 1905 年；而 1947 年的《中央信托局同人录》说他的年龄为三十九，据此推算则应该生于 1908 年，两个说法有点差距，后一说似乎更准确。

2001 年上海文艺出版社重印的《塔里的女人》中，作者"无名氏"在《后记》中说：

> 去年 12 月，吟圃也物故了。据说上午还嘱咐女佣服侍他洗个热水澡，沐后，躺在睡椅里休息，过了些时候，女佣来看他，发现他已睡"过去"了。这倒是很幸福。从小睡到永睡，无病无痛，而且沐浴后，浑身一定感到很舒服。他享年九十一岁，算是长寿了。

小说《塔里的女人》曾轰动一时并被改编为电视剧，作者无名氏，原名卜乃夫，20 世纪 40 年代在重庆与罗吟圃相识。《塔里的女人》的主人公罗圣提，就是取罗吟圃和好友曾圣提（饶平人，本书有介绍）的姓名。罗吟圃去美国后，两人仍保持联系。这篇《后记》没有写作日期。但上海文艺出版社版的《塔里的女人》出版于 2001 年，文章写作日期应该稍早。假设写于 2000 年，则罗吟圃是在 1999 年 12 月去世的。文中说他"享年九十一岁"，应该是不会错的。据此推算则罗吟圃生于 1908 年，与《中央信托局同人录》的记载相符合。所以，将罗吟圃的生卒年定为 1908—1999 年，应该是"虽不中，也不远"的。

再回过头看看所谓罗吟圃与孔家千金的恋爱传闻，应该是无稽之谈。孔祥熙有两个女儿，大小姐孔令仪生于 1915 年，1943 年才结婚。孔二小姐孔令伟则生于 1919 年，终身未婚。可能是罗吟圃与孔令侃关系密切，所以有此传闻。另外，孔令仪的第一任丈夫陈纪恩，出身于贫穷人家，其父亲是一个舞场的乐队指挥。孔祥熙本来不同意两人婚事，孔小姐极力坚持。为了孔家的面子，孔祥熙提拔陈纪恩为中央银行业务局的副局长。这个职位与罗吟圃的中央信托局副局长有点类似，所以人们移花接木，编造出这段故事。罗吟圃的夫人叫陈蕴华，是金陵大学的毕业生，两人如何相恋则不得而知了。

《纤手》

民国十九年（1930）七月上海泰东图书局版《纤手》

　　《纤手》，新诗集，上海泰东图书局印行，为《白露丛书》之一。民国十七年（1928）七月初版，收诗 31 首①。笔者见到的是民国十九年（1930）版②，收诗 46 首，这些诗分别发表于汕头《岭东民国日报》以及上海的《白露》、《莽原》等杂志上。《白露》和《莽原》是两本有名的文学杂志。《白露》是泰东图书局旗下的月刊，《莽原》则是鲁迅在北京创办的。罗吟圃的一首《看晓月已是西沉》，就和鲁迅的《从百草园到三味书屋》发表在同一期的《莽原》上③。

　　泰东图书局创办于 1914 年，在现代出版史上很有名，以出版进步的社会理论和政治理论书籍闻名。泰东图书局与郭沫若、郁达夫等人为主干的创作社关系

---

① 据贾植芳、俞元桂主编：《中国现代文学总书目》，福州：福建教育出版社，1993 年，第 152 页。

② 此书封面写着 1930 年，扉页则写 1929 年。

③ 《莽原》1926 年第 1 卷第 19 期。

密切，郭沫若著名的诗集《女神》，其1921年初版就是由泰东图书局出版的。

此集基本上都是爱情诗。当时刊在《泰东月刊》的广告说："这一册小小的诗集，却充满了特殊的风格，作者以清丽的词句、缠绵的情意，叫喊出青年热狂的心情来，青年们哟，你们总可以在这本书里，得到无限的慰安吧！"[①] 书前印有 "To Miss Helen Liu" 的字样，但不知道这位 Miss Helen Liu 是何许人。

诗集之所以取名"纤手"，罗吟圃自己在《编后题记》中说："我从前有过一个凄美的梦。在梦中，我看见枯萎的蔷薇瓣，失色的月亮，苍白的小唇，僵冷的手指……这些，成为这一集的来源。"诗集中有一首《活着我无多奢求》[②]，就多次出现"纤手"的意象：

> 活着我无多奢求？
> 不羡荣华，不慕隐幽；
> 只愿那白白的纤手，
> 捧给我一杯青春的浓酒。
>
> 死了我情愿葬荒丘，
> 不用墓碑，就只黄土一坯；
> 只愿那白白的纤手，
> 将花朵撒满我墓头。

《纤手》中有一首诗很有意思，题目叫"赠我这莹莹的白烛一枝"，最初发表于1926年12月1日上海《白露》半月刊第3期，署名"吟圃"。罗吟圃在诗的后边有一个"附记"："此诗系由朋友岭梅君（即冯铿）《白烛诗》改作，自己很爱它，便把来发表在这里。"而之前提到的许其武先生的《十月先开岭上梅——冯铿传奇》中也提到这段文坛逸事，并引用了罗吟圃的"附记"，比较详尽地谈了改作的想法：

> 看见岭梅君的《你赠我白烛一支》，觉得凄婉极了！这首在意境和情绪上，是完全成功的。可是我觉得有些微不满意处，那就是音调上还未能将凄婉的情调充分表示。一首完全的好诗，是要在意境、情绪、音节三方面都优美而和谐的。因为那是一首不寻常的好诗，便引起我想把来重写一遍的兴趣，再把原诗细念了三两遍，我便一气写了上面那一首。大致和原诗相同，只是收尾稍异，回头看原诗时，自觉得在音调上

---

① 载《泰东月刊》1928年第12期。

② 罗吟甫：《活着我无多奢求》，载罗吟甫：《纤手》，上海：泰东图书局，1930年，第13页。

潮人旧书

好些了。但又觉得埋没原诗的一种真率的美，则又以为多事了。①

下面把两首诗抄上，读者自己判断两首诗的优劣和长短：

<table>
<tr><td>

你赠我白烛一支②

冯铿

汝赠我白烛一支，
我可晓得汝的意思！
夜夜独自泪垂，
今宵可有了泪侣。

晚上烛光一灿，
心里更加茫然念你——
念你到无可奈何时，
把脸儿贴着白烛。
烛泪滴到颊上和泪儿混流！
凝结了是你我的泪珠！

烛光在微风里摇摆，
我的心儿跟着转动，
你这是觉得心里怎样？

白烛今晚上只剩有寸许高
我眼里的泪却何时始阑？！
我的泪就像和它的泪一样温热，
滴到你心里时，
却永远不会和它一般冷息……

</td><td>

赠我这莹莹的白烛一枝③

罗吟圃

赠我这莹莹的白烛一枝，
我可领悟你的微意——
为怜我夜夜独自泪垂，
今夜可有了流泪的伴侣！

把烛儿在床头点起，
凄光里，泛起茫然的悲哀：
茫然地念着那憔悴的你，
没奈何，只将脸儿贴着白烛依偎！

眼泪和烛泪在颊上交流，
凝结着的是我们的幽怨。
眼看着白烛寸寸的消融，
心情正和烛影一样的飘散，凌乱！

白烛渐渐燃残，
我的眼泪何时始干？
可怜是烛儿燃完了时，
你又怎知道我依旧独自泪零？

</td></tr>
</table>

———————

① 许其武：《十月先开岭上梅——冯铿传奇》，北京：中国文联出版社，2001年，第41页。

② 文字据冯铿：《重新起来》，广州：花城出版社，第384-385页。本诗另有许美勋抄本，文字差异颇大，见该书《后记》所引。

③ 文字据《纤手》第5~6页。原诗曾发表在《白露》1926年第3期，文字略有差异。

《纤手》

《淞沪血战回忆录》

《申报月刊》刊登的《淞沪血战回忆录》

　　罗吟圃的诗集《纤手》很少见，提及的人不多，倒是他的另外一本书《淞沪血战回忆录》经常被人提及，这本书是由翁照垣口述、罗吟圃记录的。

　　《淞沪血战回忆录》记述的是 1932 年 1 月 28 日及其后一个多月时间，驻守上海的十九路军等中国官兵英勇抗击日寇的事迹。此书由翁照垣将军口述。因为是"回忆录"，所以书中采用第一人称，书中的"我"是翁照垣。

　　翁照垣（1892—1972），惠来县葵潭人。他早年投军，隶属陈炯明辖下陈铭枢部，以骁勇多谋深得陈炯明赏识，逐步晋升至营长，后到日本士官学校学习，又到法国学习航空，是中国航空建设的早期推动者之一。1932 年，任十九路军 78 师 156 旅旅长的翁照垣，率部打响了"一·二八"淞沪血战的第一枪，大大振奋了中国人的信心。十九路军撤退后，翁照垣参加了反对蒋介石的"福建事变"，失败后到了香港。抗战爆发后，翁照垣先后在张学良、李宗仁、程潜部下担任军事指挥官。抗日胜利后，他不满内战再起，解甲归田，曾在家乡惠来兴办实业，造福民众。1949 年以后去香港，1972 年在香港病逝。汕头大学的李韧之教授在比利时留学期间发现并收藏了翁照垣将军后人保存的《阵中日记》和回忆手稿。[①]

《淞沪血战回忆录》原在《申报月刊》第1卷3至6号分4期连载。《申报》是民国时期影响最大的报纸。《申报月刊》创办于1932年7月15日，是纪念《申报》创刊六十周年而创办的。《申报月刊》大概是想补充《申报》的不足，所以多为"深度报道"，还有一些深入的讨论。1933年《申报月刊》创刊周年的时候，曾推出一个"中国现代化问题特辑"。这是最早系统地探讨中国的"现代化问题"——探讨中国应该走什么路子，是社会主义还是资本主义——的特辑。罗吟圃参加了这场讨论。而他的结论是，中国应该走社会主义。[②]

《淞沪血战回忆录》连载后大受欢迎，随后在民国二十二年（1933）单独发行，列为"申报月刊社丛书第一种"。1937年10月再版，后来又多次重印，台湾出版的《近代中国史料丛刊》全文收录此书，上海图书馆也重印过《申报丛书》，这是目前比较容易找到的本子。而书中的部分章节，还收进"中国新文学大系"等各种现代文学作品集。

《淞沪血战回忆录》全书分七章，分别为："前言""战争的酝酿""一月二十八夜""停战和停战以后""吴淞一月（如何守、四日之战、七日之战、纪家桥之战、二十日之战）""三月一日""以后"。前有图片24幅，并附有多幅作战地图和3个图表，这在当时的书中并不多见，可见作者和编者的用心。

《淞沪血战回忆录》的插图

此书由罗吟圃记录，书前有罗的题记：

> 沪战月余中，翁旅长逐日有简单笔记。战事既终，各方来函询问战斗详情者，日必数十起，殊难一一细复。翁旅长因嘱鄙人根据其笔记，并参照当日阵中日记，草为斯篇。间有文字失检，或叙述未妥之处，概由鄙人负责。

罗吟圃的叙事简洁而条理，其评论更有鼓动力和说服力，特别是"前言"一章，是对这场战役乃至战争和中国民族命运的反思，应该有不少罗吟圃的文字加工，他写道：

战争虽则是耻辱，但屈辱于枪尖炮口之下而不敢反抗的更是耻辱！和平虽则是可贵的，但为正义而战争，比和平还要可贵万倍！

（这次战役）在事实上，我们是失败了，但这是我们早就料到了的！明知只有失败而仍不得不与强敌相周旋……因为这是我们对于人类对于国家义务上所必须尽力的。失败使我们惭愧，但决不使我们懊悔。在这失败里面，是光荣的牺牲，是纯洁的忠贞，是中国灵魂幼弱的试啼。

《淞沪血战回忆录》出版后备受各界高度赞扬。当时的《申报》在报纸上称："本书为十九路军旅长翁照垣氏就其战时笔记编集而成，字字是血和泪的结晶。读之令人爱国之心，敌忾之气，油然而生。又加以编述者罗吟圃先生之文字流畅，语句通俗，记载既事事翔实，评语又句句精辟，不但是供全国大众的阅读，抑且可作学校学生的教材。"《申报》的老板史量才特地为此书写了跋，高度评价了十九路军的英勇抗敌和本书的教育意义。

著名人士邹韬奋先生也特地写了一篇书评称赞此书，他说："淞沪抗日血战，为八十年来为民族解放而奋斗的最光荣之一战，记述的书虽有过好几本，但内容精警，文笔流畅，这书要算是首屈一指了。"①

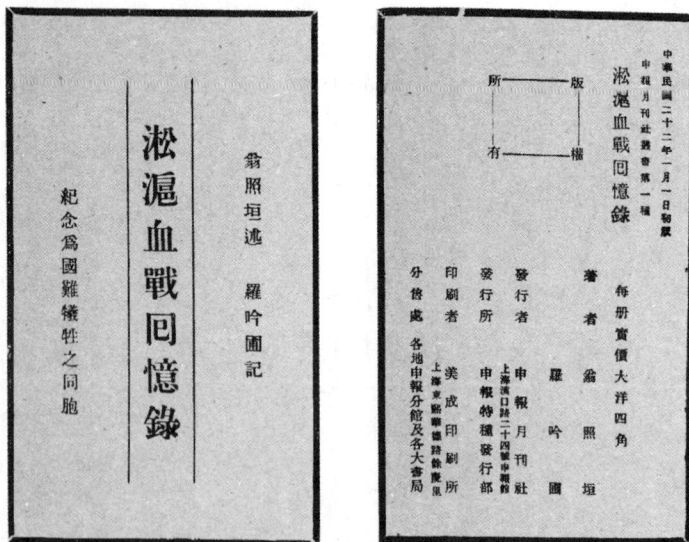

民国二十二年（1933）一月初版"申报月刊社丛书第一种"
《淞沪血战回忆录》的扉页、版权页

---

① 邹韬奋：《读〈淞沪血战回忆录〉》，载《生活周刊》1933年第8卷第4期。

冯铿之兄冯瘦菊的三本书

现代文学史上著名的"左联"五烈士之一、潮汕女作家冯铿，其家庭可谓是一个文艺之家。兄长冯印月、冯瘦菊，姐姐冯素秋①，都是当时潮汕文坛的活跃人物。冯瘦菊（又名冯白桦、冯江涛，生卒年不详）尤为特出。20 世纪 20 年代，冯瘦菊与许美勋（1902—1991，冯铿的同居恋人）等在汕头创办潮汕早期新文学社团火焰社，并创办了《大岭东报》的副刊《火焰》周刊，在全国新文学界小有名气。

冯瘦菊早年与郁达夫交往密切。1926 年，郁达夫从上海前往广州中山大学任教，船经汕头，就由许美勋和冯瘦菊等人接待上岸游览。后来在广州，郁达夫和冯瘦菊两人还有诗唱和，流传甚广，这件事经常被报章提及②。

冯瘦菊曾经有过一段近乎流浪的生活，后来到了上海。20 世纪三四十年代，冯瘦菊曾任上海现代书局总编，并为杭州《黄钟》半月刊等写稿。1934 年杭州出版的《每周评论》杂志第 127 期，有一则《冯白桦避暑孤山》的消息：

> 现任上海现代书局总编辑之冯江涛号白桦，日前来杭避暑，现住于里西湖孤山惠中旅馆。闻冯此次来杭，系因上海天气炎热，编务繁忙，故特向现代书局请假一月，来此旧游之地，浮瓜沉李（把瓜和李子放到水中解暑，古人用来形容暑天消夏的生活），以消永昼。冯所居系临水一小室，每天除钓鱼跑山外，辄以研究拿破仑自遣，所携关于拿破仑之书籍，闻有十余种之多云。

> 冯久不曾为《黄钟》半月刊执笔。此来应《黄钟》编者陈大慈约，特挥汗为《黄钟》作一长文，题为"统一德意志大英雄俾斯麦"，凡万余言，定在第四卷第八九期《黄钟》上发表。

这则报道虽短，却提供了几点宝贵的信息：

---

① 关于冯素秋，参见刘文菊：《现代潮籍女诗人冯素秋研究》，载《潮青学刊》（第一辑），北京：社会科学文献出版社，2013 年，第 434 ~ 439 页。

② 参见孙淑彦：《郁达夫和潮汕文人的交往》，载 2013 年 8 月 11 日《汕头日报》。

第一，冯瘦菊就是"冯江涛"。冯瘦菊又名"白桦"，"白桦"较常用。郁达夫与他的酬唱诗，题目就叫"和冯白桦重至五羊城原韵"。冯瘦菊另一名"江涛"，则少见，在许其武先生《十月先开岭上梅——冯铿传奇》中提到过。冯瘦菊晚年在香港出版一册《听潮楼词》，署名是"冯江涛"，但似乎少人注意，大概知道"冯江涛"就是冯瘦菊，也就是冯白桦的人不多吧。

第二，《黄钟》半月刊上署名"白桦"的文章，都是冯瘦菊的手笔。近现代笔名为"白桦"的文人不少。在此之前，笔者一直不敢肯定《黄钟》中的"白桦"是冯瘦菊，现在基本上得到确认。

第三，冯瘦菊曾任上海现代书局总编。现代书局是近现代出版史上一个著名的出版机构，创办于1927年，创办人是洪雪帆和张静庐。其旗下的《现代》杂志（施蛰存主编）和《现代小说》（叶凌风主编）在当时的文学界甚有名气。郭沫若、郁达夫等人在现代书局出版了不少书。潮汕作家洪灵菲的小说《流亡》和《归家》也都在这家出版社出版，应该与任总编的冯瘦菊不无关系。

冯瘦菊后来移居香港，晚年生活不详。

对于冯瘦菊的著作，提及的人很少。《潮汕文献书目》未收录他的著作。而实际上，冯瘦菊早年就有《新诗和新诗人》《十九世纪俄罗斯文学家的传略和著作思想》《世界的民族文学家》三书，在文学界有一定影响。20世纪60年代，他在香港还出版了一部《听潮楼词》（词集），其遗作《驰驱集》（诗集）①，则似乎未出版。此外，冯瘦菊还有诗歌、散文、评论等见于报刊，数量不少，可惜现在还没有人加以收集。

即使以冯瘦菊民国时期出版的三本书而论，也值得在潮汕文学史写上一笔。下面笔者就这三本书略加介绍。

《新诗和新诗人》

《新诗和新诗人》，上海大东书局民国十八年（1929）六月初版，1932年6月再版。书前有一《引言》：

> 这部《新诗和新诗人》，是我最近的著作之一。我在这次的浪漫的旅行中，做了许多关于诗歌研究的著作，这《新诗和新诗人》就是其中最长的一部。全书约七万言，分为上中下三卷，共十五章，上卷论诗，中卷论新诗，下卷论新诗人。

全书正文126页，分上中下三卷，各五章。上卷为"诗"，包括：第一章

① 吴其敏：《冯铿在潮汕》，载吴其敏：《园边叶》，香港：三联书店香港分店，1986年，第241页。

"总论"，第二章"中国诗和欧洲诗的分类"，第三章"诗的组织"，第四章"诗的意义和价值功能"，第五章"我之诗的定义"；中卷为"新诗"，包括：第六章"欧洲诗的历代的革新运动"，第七章"中国诗的历代的革新运动"，第八章"新诗产生的小史"，第九章"新诗产生的原因"，第十章"新诗的要素"；下卷为"新诗人"，包括：第十一章"诗人与新诗人"，第十二章"新诗人就是创造者"，第十三章"新诗人就是天才者"，第十四章"新诗人就是大情人"，第十五章"新诗人就是平民诗人"。

《引言》还说："我这部书是在旅行中的余暇着笔的，前后不过十天就完成了。"十天就写成一部七万字的诗论，而且是在旅途中完成的，没有多少参考资料，也不能像现在一样可以"Copy"或上网查询，可见作者的博闻强记和下笔之神速。

此书出版于1929年，但《引言》署"一九二二，七，一，序于汕头"，写成在出版之前的七年。我们知道，现代文学史公认的第一部新诗集——胡适的《尝试集》，是1920年出版的。《新诗和新诗人》的写成仅在两年后，算得上比较早的一部重要的诗论。

此书的封面也极富设计感，值得玩赏。书名红色，顶端绿色，下段中间图案也都彩印。直到20世纪80年代，书刊"套色"仍然是一件精细技术活。此书封面彩印，可见大东书局对此书设计和印刷的用心。大东书局的印刷厂当时相当有名。抗战期间，大东书局设在江西的印刷厂曾协助政府印制钞票及邮票；上海解放后，大东印刷厂也曾一度承印人民币和中国人民邮政的邮票。这说明大东书局印刷的技术在当时非常先进。

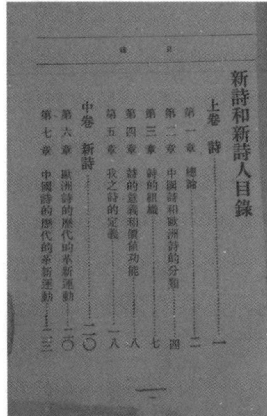

《新诗和新诗人》初版封面、扉页及目录

《十九世纪俄罗斯文学家的传略和著作思想》

冯瘦菊编著的《十九世纪俄罗斯文学家的传略和著作思想》，书名颇长，民国十八年（1929）四月上海大东书局初版，与《新诗和新诗人》差不多同时而略早。全书正文 136 页，分为五章：第一章"绪论"，第二章"黎明期的代表作家的传略和著作思想"，第三章"全盛期的代表作家的传略和著作思想"，第四章"俄国文华殿的双柱"，第五章"反动期的代表作家的传略和著作思想"。当时杂志上的一则广告称："本书用明畅的译笔介绍几个俄国的文学家如普希金、顾谷儿、海珊、杜介纳夫、陀思妥耶夫斯基、托尔斯泰等十三人，各个有极详细的描写。"① 这里提到的几个俄国作家，与现在通用的译名不一样，"顾谷儿"就是果戈里，"海珊"是赫尔岑，"杜介纳夫"是屠格涅夫。书中重点是托尔斯泰和陀思妥耶夫斯基，作者称之为"俄国文华殿的双柱"。题目用了"文华殿"，颇有意思。在近代，推崇托尔斯泰的人很多，而能欣赏到陀思妥耶夫斯基，确是作者的卓识。

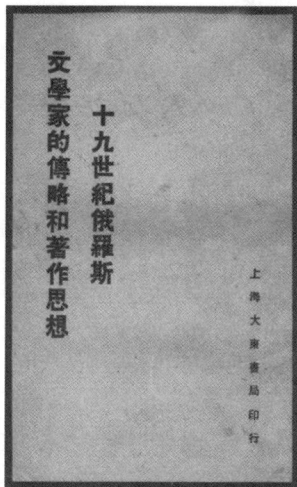

《十九世纪俄罗斯文学家
的传略和著作思想》封面

《世界的民族文学家》

《世界的民族文学家》，署名冯白桦，上海现代书局民国二十一年（1932）五月初版，25 开，全书正文 190 页，不分章节，实际上是 13 篇文章。这些文章，大都在当时杭州出版的《黄钟》杂志上发表过，其中，前十二章是外国作家，讲述波兰、捷克、意大利、德国等国家的文学家，最后一章则为"南宋爱国词人"。现代书局为此书做广告说"白桦先生是位热情洋溢的诗人，民族主义的多年的斗士。他以热情洋溢之笔，来介绍世界民族文学家的生涯及其作品，计有波兰、英国、意大利、法兰西、德意志、捷克之文豪，都有详尽而动人的叙述"。

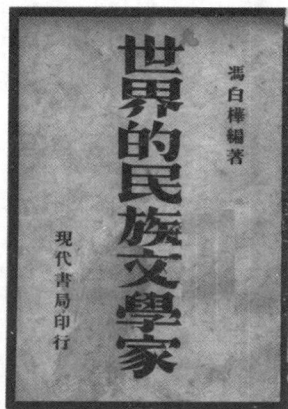

《世界的民族文学家》封面

---

① 《社会月刊》1929 年第 1 卷第 5 期。

这本书现在少有人提起，是自然淘汰，也是有意淡忘。因为书中所写的思想，与当时所谓的"民族主义文艺"关系密切。民族主义本来是 20 世纪世界范围内的一种普遍的思潮。近代以来，中国备受侵略。特别是 1931 年"九一八事变"之后，日本侵略日渐紧迫，中国的民族主义情绪更见高涨，一批高唱"民族主义"的刊物，如《民族文艺》《国民文学》《矛盾月刊》《黄钟》半月刊等，也应运而生。这本来是一种正能量。但是，"民族主义"容易陷于偏狭和极端，且"民族主义文艺"反对左翼文学的"普罗文艺"，以"民族主义"消解阶级理论，所以受到瞿秋白、鲁迅、茅盾等人的批判。所谓的"民族文学"刊物，在当时都有明确的政治派系和背景，特别是"二陈"（陈立夫、陈果夫）的支持，所以一直受到质疑。冯瘦菊曾供职的《黄钟》杂志，从属于当时的《东南日报》，而《东南日报》的老板正是陈果夫的亲信胡健中。因此，在很长的时期内，"民族主义文艺"一直受到批评，直到近年才有研究者重新评价。①

冯瘦菊显然是站在"民族主义文艺"阵营的，加上作者对法西斯主义缺少认识，所以书中的文章有些是明显偏颇的。如书中用了两篇的分量介绍意大利作家邓南遮（冯译为"唐南遮"），分别为《法西斯蒂文豪唐南遮及其代表作〈死的胜利〉》和《意大利热血诗人唐南遮阜姆独立宣言的大狮子吼》，就称赞"他是一个力的说教者"，言下带着几分欣赏。但事实上，对"力"和"英雄"的盲目崇拜，正导致了法西斯主义的产生和狂热。邓南遮这位作家后来也滑向了墨索里尼的法西斯阵营。冯瘦菊还曾翻译过日本人写的《希特拉传》和《火之男希特拉》，发表在《黄钟》上，"希特拉"就是希特勒。

① 参阅倪伟：《"民族"想象与国家统制——1928—1948 年南京政府的文艺政策及文学运动》，上海：上海教育出版社，2003 年，第 91～93 页。

曾圣提与《在甘地先生左右》

真善美图书出版公司版的《在甘地先生左右》封面

曾圣提（1901—1982）是一位不折不扣的奇人。他早年参加新文化运动，写新诗，出版诗集《斜坡》；又亲身到印度，追随泰戈尔和甘地；后来在新加坡和马来西亚从事新闻工作，对当地华人文学作出重要贡献；晚年遭遇窘境，弃文从商，还学习中医针灸，竟然也都大获成功。

曾圣提出生在现潮州市潮安县凤凰镇。以前凤凰镇属饶平，所以有的书说他是饶平人。他原名曾楚侨，又名伟石，笔名曼尼等。其父亲是晚清秀才，所以他的家庭也算是书香门第。但曾圣提受新思想影响，12岁那一年就独自一人到潮州的智勇新学堂求学，后来又到厦门的集美学校读高中，毕业后到新加坡短期任教，不久回国，在汕头和上海从事文学创作。他与许美勋、罗吟圃、冯瘦菊等人，是汕头早期新文学运动的干将。

曾圣提后来到了上海，在上海期间，受当时新文化运动的影响，开始从事新诗创作，1924 年以"曼尼"的笔名出版了新诗集《斜坡》，这是潮汕文学中比较早的一部新诗诗集。曾圣提崇尚的是浪漫派诗风，崇拜英国的拜伦、雪莱、济慈等浪漫派诗人，崇拜诗僧苏曼殊。当时，适逢印度大诗人泰戈尔来华讲学，曾圣提受到极大影响，加上他崇拜的苏曼殊曾去过印度学习佛教和梵文，所以曾圣提毫不犹豫地去了印度。他晚年回忆道：

> 1924 年，我跟在泰戈尔先生访华回印的脚步后面，从中国汕头市去新加坡，去加尔各答，再到圣蒂尼克坦学村，投靠于他。[①]

曾圣提所谓的"投靠泰戈尔"，是在泰戈尔创办的森林大学（又名"国际大学"）求学。曾圣提又说：

> 我到印度去，也可以说是受了曼殊大师的感召：曼殊他曾到过印度，读梵文，吃一磅以上的冰淇淋；我也能吃一磅以上的冰淇淋，因此我也思读梵文，到印度去。[②]

曾圣提的好友罗吟圃也说：

> 那时他在汕头。袋里没有钱，脑里却充满幻想。无边的幻想又和年轻的热情交织成苦闷的茧。那个小小的三角洲眼看容不下他了，于是有一天他说："我要去追求热带的情调，我要去坐在菩提树下听泰戈尔低吟他的诗篇。"
> 于是他游丝一般的漂泊到印度，听过泰戈尔的低吟，又去听甘地天真的大笑。[③]

到了印度，曾圣提先到圣地尼吉屯泰戈尔所创的森林大学学习。一次，甘地到这里来访问泰戈尔。那个场面，让曾圣提对甘地的思想和人格力量心生崇敬，于是，曾圣提到了甘地的隐庐阿须蓝，和甘地有了很多密切的接触，成了甘地的唯一一名中国学生。圣提是梵文 SHANTI 的音译，意思是和平，这是甘地给他取的名字。

甘地曾在一封致蒋介石、支持中国抗战的公开信中说："我有一位非常好的中国朋友。（他）和我们一起住了好些时候，我们都很喜欢他。"罗吟圃说，甘

---

① 曾圣提：《忆印度伟大诗人泰戈尔先生》，载《南亚研究》1983 年第 2 期。

② 曾圣提：《忆印度伟大诗人泰戈尔先生》，载《南亚研究》1983 年第 2 期。

③ 罗吟圃：《在甘地先生左右·序》，载曾圣提：《在甘地先生左右》，上海：真善美图书出版公司，1947 年，第 2 页。

地所提到的这位"非常好的中国朋友",就是曾圣提。

1926年,在跟随甘地近两年之后,曾圣提离开印度,1927年到新加坡加入《南洋商报》。这是爱国华侨陈嘉庚先生创办的报纸,是新加坡很重要的一份华文报纸。1930年,年仅29岁的曾圣提成为这家报纸的第七任编辑主任。他着力经营报纸的《大荒》和《文艺周刊》两个副刊,培养了大量的作者,自己也发表了不少作品。至今,谈及新加坡马来西亚华人文学,曾圣提是绕不过去的一个重要人物。

曾圣提于1930年离开《南洋商报》,随后在马来西亚槟城创办《电讯新闻》,1936年又创办《现代日报》。曾圣提一直很关心自己的祖国。1937年"七七事变"发生,他倡导组织"华侨战地记者通讯团",联合新马泰十余名华文报纸记者组团回国内采访战地新闻,以实际行动声援抗战。

在日本攻占新加坡和槟城前夕,曾圣提提前回国。抗战胜利后,曾圣提曾在汕头短期居住,随后到天津,这位奇人又一次展示出他过人的生存能力。在天津他开了一个裁缝店,又自己制作烟丝,竟然都大获成功。后来,他又精心研究中医,特别是针灸,也成为一名能治疑难杂症的名医生。"文革"期间,他随女儿、女婿下放到广西百色地区,为人治病,手到病除,而又分文不取,被当地人称为"老神仙"。这不是传闻,而是真真实实见于其夫人陈可美女士的书信①,应该是可信的。

由于曾圣提在中印文化交流上做了很多推介工作,1979年,印度政府通过外交途径邀请他到印度访问,曾圣提获准到印度。他把自己的《在甘地先生左右》一书翻译成英文,还准备写一部《圣雄灵风》,可惜在1982年12月1日因心脏病突发去世。印度方面按照当地的习俗,为他举行了隆重的火葬仪式。

曾圣提最重要的作品,是记述他跟随甘地在阿须蓝地方生活经历的《在甘地先生左右》一书。书中前言说:

> 我于一九二五年起,在甘地先生手创的圣巴马提阿须蓝中随侍他老人家,消磨过一些日子。一九三二年,他在浦那城的野拉夫达监狱(Yeraveda Jail)中为了教争问题,宣布绝食到死的时候,我又跑去看他。这小册子就是叙述两次游印,和他接触所尚未完全忘记的零星印象。

《在甘地先生左右》一书写于1943年3月。那一年2月10日至3月2日,为抗议英国殖民政府非法捕人,74岁的甘地绝食21天。曾圣提为了声援甘地,

---

① 《曾夫人陈可美女士来信》,载方北方著:《马华文学及其他》,三联书店香港分店、新加坡文学书屋,1987年,第98页。

用 10 天左右时间写成了这本书。全书十章。第一章记述 1932 年他到野拉夫达监狱看望甘地时与甘地的谈话。而其他的大部分内容，则是记述 1925 年至 1926 年间他在阿须蓝跟随甘地左右的那段生活经历。在那里，曾圣提最初做的是打扫厕所的工作，这是所有进入这个村子的人的第一项工作，有点像过去禅寺的修行方式。由于是近距离的接触，那些点点滴滴的细节读起来非常亲切。曾圣提记下甘地一天的生活，题目叫作"巴布兹的起居注"。"巴布兹"是对甘地的爱称，而"起居注"本来是特指古代帝王的生活记录，曾圣提毫不含糊地把这个词用在甘地身上。曾圣提还详细记述了他在甘地的指导下进行"绝食和静默"的尝试（绝食本是宗教修习方式之一）。在曾圣提的笔下，甘地是一个"可以学习的平平常常的人"，"接近甘地，你便没有私念，你只一心一意地想为别人服役，为人类祈福；接近他，你不觉得自己渺小（当你接近其他的伟大人物时你会觉得自己渺小的——作者原注），你只觉得自己磊落而光明，与自然万物合而为一"。而经过这段经历，曾圣提本人也几乎变成了另外一个人：

> 在印度森林中的苦行显然使他（指曾圣提）变成了另一个人。当我在十五年后再见他时，他不苦闷了，不彷徨了，不沮丧了，不错乱了；他有清澈的头脑，有贞坚的意志，有不慌不忙的举止以及一副宁静和穆的神情；天真和热情还保持着，却是更浑厚更深醇了。绝食和禁言种种的修行充实了他的生命。①

笔者手头的一册《在甘地先生左右》，没有封面封底，也没有版权页，品相也不是很好。笔者花了近百元买这本"破书"，是看中它的版本价值。此书的出版社为"古今出版社"。查资料可知，这个"古今出版社"的版本，是初版本，出版于民国三十二年即 1943 年，现在已经很少见了。很多研究者在提到《在甘地先生左右》这本书时，大多是指 1947 年"真善美图书出版公司"的版本（汕头大学图书馆有这个版本的复印件），其实那已经是再版了，比这个版本晚了四年。不过，如果不是从版本收藏的角度，而是从阅读的角度来看，晚出的真善美版本也许更加充实：该书前边增加了几幅甘地生活的照片，后面还有一个附录《圣雄证果记》，那是甘地被暗杀后，罗家伦写的一篇

古今出版社版的《在甘地先生左右》扉页

———————————

① 罗吟圃：《在甘地先生左右·序》，载曾圣提：《在甘地先生左右》，上海：真善美图书出版公司，1947 年，第 2 页。

文章。

　　除了《在甘地先生左右》，曾圣提早年还有诗集《斜坡》（见后文）。曾圣提在《南洋商报》等报刊上发表了不少文章，据杨松年《新马早期作家研究(1927—1930)》①一书介绍，曾圣提先后以圣提、曼尼、大吉、M 等笔名，发表作品计48篇。其中，小说《生与罪》最为有名，很多新马华文作品选都选入这篇作品。曾圣提的遗稿还有叙事长诗《南望》和《飞过南中国海》（即《船民泪》）等，写的是中华儿女在南洋艰苦创业的故事。如果能把这些作品加以收集，编一个比较完备的曾圣提文集，应该是一件很有意义的工作。

---

　　①　杨松年：《新马早期作家研究（1927—1930）》，三联书店香港分店、新加坡文学书屋，1988 年。

《斜坡》

民国二十四年（1935）第五版《斜坡》封面　　　　《斜坡》封底的新文化书社的印花

　　曾圣提在民国时期出版过两本书，一本是《在甘地先生左右》，另外一本是新诗集《斜坡》。

　　《斜坡》封面上另有细字"曼尼的诗集"，上海新文化书社印行。我买到的《斜坡》缺了版权页，很长时间不知道其版本，后来在孔夫子旧书网上看到一个相同的版本，才知道这是民国二十四年（1935）第五版。再后来，我陆续见到《斜坡》各个版本的书影，确认《斜坡》初版是在民国十三年（1924）四月。从初版到第五版，前后已经11年，可见这本诗集的生命力不弱。至于第五版之后是否还有印行，目前尚不得而知。

　　研究潮汕文学史的学者，多以钟敬文先生和其他两位诗友合著的《三朵花》为潮汕人的第一部新诗集，此集出版于1923年。《斜坡》出版于1924年，也应是潮汕人比较早的新诗集。而且，钟敬文先生是客家人，如果以潮人而论，《斜坡》可能是潮汕文学史上最早的新诗集。

　　《斜坡》分"江头""逃亡"两部分，两部分各自单独排页码，看起来更像是两本书合在一起。全书有新诗 180 首，作于 1922 年 10 月至 1923 年 8 月之间。

翻开《斜坡》，首先是《卷头语》，作者"翼举"，是一首五行的新诗："软绿，嫩红，/飘拂在斜坡上；/冷雨，冻霜，/侵降在斜坡上；/——随着人们的爱憎吧！"接着印有一首法国诗人拉马丁（Lamart-ine，1790—1869）《沉思集》的一首诗，是法文原文的，我不懂这首诗是什么意思，待有机会请教懂法语的朋友。第三是署名"洪槐"的《迻赠血汉曼尼》，也是一首新诗；第四是"革尘"写的《引子》：

> 曼尼用几月工夫，把这本《斜坡》写就了；当他开始写诗的期间，就是他开始浪漫的期间。所以这本集子，也可说是他底浪漫的纪念物！

> 曼尼欢喜写诗，如初生的鹿儿一般在花床上试它们的新角。但他在未写诗以前便立定主意：不拾取一些古人或今人遗留的金子或石子，他没所崇拜，没所信仰，否认任何乌主义，打破一切硬腔死调的乌形式……凡写出来，都是赤裸裸地尽力量的呐喊，里面近百首的恋歌，尤其是他大胆无畏而又忠实可嘉的向人们的供状。

作为书名的《斜坡》一诗，写于 1923 年 4 月 1 日，是一首 81 行的长诗：

> T. 姑散学回来就拿把交椅坐在前楼栏杆左侧紫藤架下休息。
> 西岭疲倦红光的反景恰射进伊深巨的黑白分明的媚眼！
> 伊蓦地受了这番打击，
> 晶亮的泪花早滴滴滴的流过浅晕的双涡。
> 伊伸手去摸手巾，
> 没意没思地又把那张相片摸出来——
> —— 一对结婚式的相片！
> 伊既忍不住不去看他，
> 伊又举头瞭望对面山脊那条如发的赤裸裸的乌道，
> 从这边大的那一端望到那边的尖端，
> 湾湾曲曲走下一个小小的斜坡不知那里去了。[①]
> ……

这显然是青春爱情诗。青春爱情诗总是带有那么一种伤感，很容易引发共鸣。而除了这一类的"恋歌"之外，《斜坡》中的短诗更有意味，这显然是受印度诗人泰戈尔的影响。20 世纪初期，泰戈尔曾对中国新诗产生极大的影响，像

---

① 曼尼：《斜坡·逃亡》，上海：新文化书社，1935 年，第 14 页。

冰心的《繁星》和《春水》就是这一类诗歌。《繁星》初版于 1923 年 1 月，《春水》初版于同年 5 月，与曾圣提的《斜坡》出版时间非常接近。泰戈尔在 1924 年访华，这对当时的曾圣提肯定影响很大："1924 年，我跟在泰戈尔先生访华回印的脚步后面，从中国汕头市去新加坡，去加尔各答，再到圣蒂尼克坦学村，投靠于他。"[①]

　　出版《斜坡》的新文化书社创办于 1923 年，创办人是樊春霖，此人很有经营头脑。他迎合当时大众接受白话文的热潮，出版了一本《白话文做法》，获利甚厚。接着又专门出版那些没有版权的古典名著，加上新式标点，所以成本低而销路广，同时以前所未有的"一点八折"推销给读者，一时间风风火火。新文化书社出版的书中，也有一些新潮的，如潮汕人李春蕃（柯柏年）翻译的《帝国主义浅谈》。

---

① 曾圣提：《忆印度伟大诗人泰戈尔先生》，载《南亚研究》1983 年第 2 期。

《潮州七贤故事集》

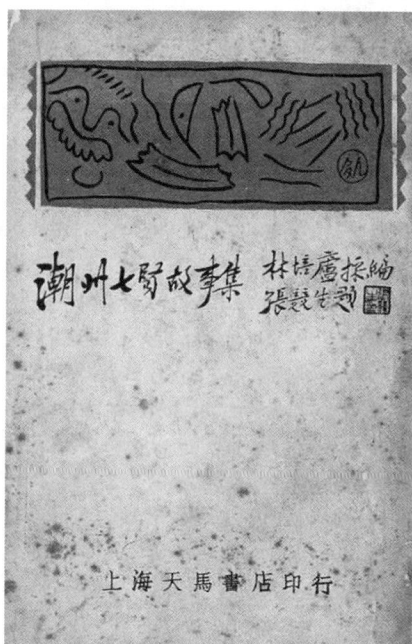

上海天马书店版《潮州七贤故事集》封面
（由张竞生题写书名）

大众出版社版《潮州七贤故事集》
［由疑古玄同（钱玄同）题写书名］

　　《潮州七贤故事集》，书名看起来很平常，但翻起来就感觉不平常，看到的几个名字都是有分量的：封面题名，为大名鼎鼎的张竞生；扉页题签，是名气更大的胡适先生。序文四篇，作序者第一是邹炽昌，当时金山中学的校长；第二是容肇祖，中国民俗学研究的早期干将，后来成为中国思想史研究的著名学者；第三是周作人，尽人皆知，无须再说；第四是赵景深，作家和翻译家，后来成为有名的戏曲史研究专家，复旦大学教授。

　　作者林培庐（1902①—1938），揭阳人。原名植桐，字培庐，也写作培卢，

---

　　① 林培庐的生年，一作1903年，见林英聪：《揭阳民俗学研究先驱林培庐——兼复函台北市娄子匡先生》，载《榕城文史》1988年第4辑。

笔名天卧生。他的早年生平，笔者所见，以朱樱田《介绍民俗学家林培庐先生》① 一文最为详尽：

> 林培庐先生，广东揭阳人。五四运动时在揭阳一中读书，任岭东学生总会揭阳支会会长，对于救国事业甚为热心，其文字常在该会《救国周刊》及潮汕各报披露。同时在汕头组织岭东社会改造社，极力鼓吹新文化，及提倡新文艺。五四运动后，北上，初入北平平民大学新闻系，一年后，名记者黄天鹏亦来斯校肄业，与培庐甚款洽。是时，培庐与王衡、谷凤田、朱虚白、田印川、丘玉麟、方纪生诸人组织霹雳文学社，在汕头《天声报》附一《霹雳半月刊》，《大岭东报》附一《岭东霹雳周刊》，领导潮汕青年跑向新文学之路。嗣在北平《世界日报》附一《妇女周刊》，又一《妇女与文学（周）刊》，《北京日报》附一《霹雳周刊》，天津《醒钟报》附一《霹雳诗刊》，《新民意日报》附一《霹雳旬刊》，《庸报》附一《文学周刊》，"霹雳期刊""霹雳月刊"共八种刊物，均由培庐君一手编辑，并编著文学书籍数种，为周作人、王统照、徐志摩、瞿菊农诸人所另眼。
>
> 民国十七年，培庐君北平中国大学毕业后，在上海与友人开创霞朝书店（应为朝霞书店——笔者注），出版文学书籍甚多。旋返潮汕掌教省立第二师范（即韩山师范学院前身——笔者注），后因应其友郑守仁君长揭阳一中之招，遂辞去二师教职，来一中为国文主任兼任揭阳女中教师，转瞬数载，今年春被潮阳六都中学聘为教务主任，暑期因办暑校及筹办六中廿五周年纪念会，致积劳成疾，遂辞去返家休养。此外培庐君又从事于民俗学之研究，计培庐编著之民俗学书籍，已出版者为《潮州畲歌集》《潮州民间故事集》《李子长好画》《揭阳乡土史地》《民俗周刊》（已出至三十期），又汇刊本，《民间周刊》（已出至三十期）《民俗旬刊》（已出至八期）、《民俗》不定期刊，将出版者为《摇鼓集》《闽歌集》《谈古集》《潮州七贤故事集》《岭东文学概论》《潮州民俗丛谈》等书。还有很多的民俗学研究文字，散见于杭州、广州、漳州、厦门、汕头、绍兴、北平、天津、上海等地民俗刊物及各杂志云。最近又将出版《民俗学集刊》一册，已约周作人、容肇祖、顾颉刚、黄石、江绍源、赵景深、钟敬文、娄子匡诸人撰稿云。
>
> 十月二日于新岭东报社

① 载《现代社会》1932 年第 1 卷第 4、5 期合刊。

这篇文字有几点少人提及而值得注意的地方：

其一，林培庐在中学时期就非常活跃，组织过岭东社会改造社，此事在民国十年（1921）。《耒耜集》有《附民国十年组织的岭东社会改造社》以及《岭东社会改造社暂行简章》，还有社员的名单，其中有钱热储（1881—1938）、杨邨人（1901—1955）等人，可见当时这些人都是活跃分子。

其二，据此文，林培庐是先就读于北京平民大学新闻系，还说他与黄天鹏（1905—1982）关系甚好。但林培庐是毕业于中国大学（1928年）。平民大学是由曾任北洋政府总理的汪大燮创办的一所大学。中国大学是孙中山先生仿日本早稻田大学在北京倡办的大学，1913年开学，原名国民大学，宋教仁和黄兴伟分别为第一、二任校长。1917年国

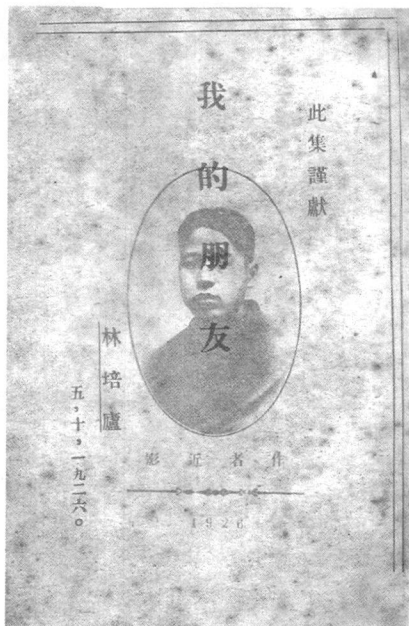

《耒耜集》书中的林培庐像

民大学改名中国大学，曾培养了很多人才，直到1949年停办。可能林培庐中间曾经转学。《嚳篥季刊》第1卷第1期中的通讯处就写着"北平中国大学林培庐君转嚳篥文学社"，可证当时他已经就读于中国大学了。

其三，关于上海朝霞书店，可能不是他创办的，最多是合办。我检到1928年7月6日《申报》的一则消息，当时的林培庐被推举为朝霞书店编辑部的副部长。总干事和编辑部部长是马凌霄，可能马才是创办人。朝霞书店"遭一次封闭"，导致《潮州畲歌集》等书胎死腹中。①

关于嚳篥社及其刊物和丛书，笔者在本书"《耒耜集》与嚳篥社"一文中详细介绍。

其四，关于林培庐编辑的民俗刊物，上文的资料是到1932年为止，所以不全。关于林培庐编辑的民俗学刊物，比较权威的研究是：1930年5月起在汕头《岭东民国日报》出版的《民俗周刊》（98期），《民俗》不定期刊（1期），《潮海新报》副刊《民间周刊》（30期）；香港《民俗旬刊》（8期）；上海《国风周报》（10期）；为天津《庸报》编《民间文学特刊》（2期），《大同日报》编《民俗周刊》（期数不详）。他还把各地的民俗刊物汇总，编辑成《民俗汇刊》，

---

① 丘玉麟：《〈潮州歌谣〉代序》，丘玉麟选注：《潮州歌谣集》，香港：香江出版有限公司，2003年，第4页。

成为民俗学研究的重要文献。①

1938 年，为躲避日寇，林培庐准备到梅州一所中学任教，途中遭遇日机轰炸，跌倒致脑震荡而去世，年仅 36 岁。②

关于林培庐的著作，上文提到"已出版者为《潮州畲歌集》《潮州民间故事集》《李子长好画》《揭阳乡土史地》"，"将出版者为《摇鼓集》《闽歌集》《谈古集》《潮州七贤故事集》《岭东文学概论》《潮州民俗丛谈》等书"，这是 1932 年的情况。而 1926 年 10 月出版的《耒耜集》有一个"作者未印成的书"的目录：

1. 银艇（散文第一集）
2. 刁斗集（小说集）
3. 园丁集（散文第二集）
4. 培庐诗存
5. 潮州学术概论
6. 岭东民间文学五种

到了 1936 年 5 月出版的《民间世说》，有一个"本书著者已出版的书"，列举了林培庐的七部著作，包括：

1. 《耒耜集》北平海音书局出版
2. 《潮州畲歌集》上海朝霞书局出版
3. 《潮州民间故事集》汕头开明出版部出版
4. 《李子长好画》潮州支那印社出版
5. 《潮州七贤故事集》上海天马书店出版
6. 《民间世说》上海儿童书局出版
7. 《揭阳乡土史地志》汕头良友图书公司出版

1936 年 7 月的《潮州七贤故事集》，也有一个"本书著者已经出版的书"：

1. 《耒耜集》（散文）北平海音书局印行
2. 《畲歌集》（二册）上海朝霞书局印行
3. 《潮州民间故事集》汕头开明出版部印行

---

① 参阅王文宝：《中国民俗研究史》，哈尔滨：黑龙江人民出版社，2003 年，第 119 页。
② 此据林英聪先生的说法。《国立北京大学中国民俗学会民俗丛书》本《潮州七贤故事集》（台北：东方文化书局重印本，1971 年）有娄子匡跋，说林培庐是到梅州五华中学任教途中，"在炸弹之下，悲惨的死去"。

4. 《李子长好画》潮州支那印社印行

5. 《潮州七贤故事集》上海天马书店印行

6. 《潮州文学大纲》待印

7. 《揭阳乡土史地志》汕头文华图书公司印行

8. 《民间世说》待印

9. 《炒冷饭》（小品）待印

10. 《含羞草》（诗集）待印

朱自清《中国近世歌谣叙录》也提及林培庐的民俗学著作，包括《潮州曲本提要》（林培庐、郭坚合著）、《闽歌集》（林培庐、李幻云合编）等，可见其著述之繁多。现在确定已经出版且存世的，只有《耒耜集》《潮州民间故事集》《潮州七贤故事集》《民间世说》《揭阳乡土史地志》五种。《潮州志·艺文志》还说林培庐有《榕江诗钞》，未见。另有一种《韩师国文讲义》，广东省中山图书馆有藏本。

这些民俗学著作中，最经常被人提及的，是《潮州七贤故事集》。

《潮州七贤故事集》有两个版本。一为民国二十五年（1936）七月上海天马书店初版，就是上文提到的，由张竞生、胡适题签，周作人等四人作序，且有作者自序；其正文分为四个部分——潮州前七贤的故事、潮州嘉靖四俊的故事、潮州后七贤的故事、潮州历代文人的故事，最后是附录《潮州历代文家大略》。另外一个版本，则是大众出版社出版的，时间也是民国二十五年七月，书名是由"疑古玄同"即钱玄同先生题签，只有周作人、容肇祖、赵景深三篇序，无邹炽昌的序，也无作者自序。内容也不分前后七贤、嘉靖四俊，人物只有 23 人，比天马书店版少了一个李士淳。

这两个版本，几乎是同时印行的。天马书店的版本流传较广。天马书店在上海，在现代文学史上相当有名，其印行的第一部书是《鲁迅自选集》，还出版过周作人的《苦雨斋序跋集》、沈从文的《从文自传》等，都是经常被人提及的现代文学名著。大众出版社似乎是设在汕头的上海书店，《潮州七贤故事集》的经售者就写为：汕头市外马路第二四八号上海书店。此版书后所附《大众出版社图书目录》，也都是潮汕乡土和学生读物，显然是一家针对潮汕本地的书店。从两个版本的内容判断，应该是大众出版社的印行在前。这个版本的人物不分组，赵景深看后，给林培庐提意见，说你这书书名叫"潮州七贤故事集"，可书中有二十几个人物，究竟哪些才是"七贤"？林培庐于是写了一个自序来解释这个问题，他说潮州名人有前七贤、后七贤，还有明代嘉靖四俊、崇祯七俊等说法，"七贤"只是个概数，用了民间的说法而已。

天马书店版的《潮州七贤故事集》封面出自陶元庆之手，封面上部图案右下角还有"元庆"小印。陶元庆（1893—1929），近代著名的书籍装帧设计家，鲁迅的《彷徨》的封面就是由他设计的。

《潮州七贤故事集》的内容，都是"故事"，就是民间传说。主角则是潮汕历史上的一些名人，即所谓的前七贤、后七贤等。在民间传说中，这些人都有一些常人没有的神异，如长相奇特、过目不忘，甚至能够使用神力等等。但民俗学家搜集这些故事，并非为故事而故事，而是认为，这些故事，其实全国各地都有相似的故事模型，只不过到了一个地方就安插在这个地方的名人身上。比如林大钦过目成诵，巧对对子等，这类故事在梅州则变成宋湘（1757—1826，客家地区有名的诗人）的故事。民俗学家认为这些故事，"是研究民俗心理、民俗转移的绝好资料"（容肇祖序语）。

这本书更让人注意的自然是周作人的序。在此之前，周作人曾为林培庐的另一本书《潮州畲歌集》（此书的真正编者为丘玉麟）作序，称赞他专心一意做这件事，"林君之坚（艰）苦卓绝尤为可以佩服"。再为《潮州七贤故事集》作序，周作人表示非常乐意，但文章末尾却指出："我们现在只就故事来讲，搜集故事的缺点是容易把它文艺化了。它本来是民间文学，搜集者又多是有文学兴趣的，所以往往不用科学的记录而用了文艺的描写，不知不觉中失了原来的色相，这当做个人的作品固有可取，但是民俗学资料的价值反未免因而减少了。"这其实是对此书委婉的批评。为人作序，不是一味地揄扬，而是直陈己见，而作者也不以为意，仍然照登，这就是前贤的风范。

《耒缶集》与甋篸社

一九二六年十月初版《耒缶集》
（上海图书馆藏本）

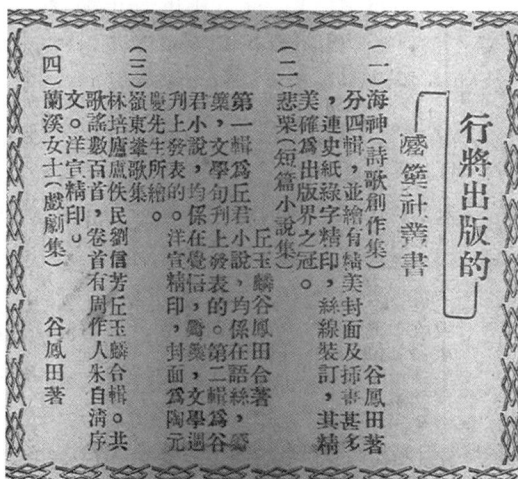

《耒缶集》的"甋篸社丛书"介绍

　　以前一直只知道林培庐有《耒缶集》这本书，却没有见到原书。后来发现上海图书馆尚有藏本，于是托人复印一册，终于见到此书的庐山真面目。

　　上海图书馆收藏的《耒缶集》，已经缺了封面，但书末有版权页，内容为"一九二六年十月初版/实价一角半/著者 林培庐/代发行者 北京海音书局"，这里的出版日期直接写为一九二六年，而不是民国十五年，也是比较少见的；不写出版机构，而是一个"代发行者"，但林培庐的《民间世说》所附"本书著者已出版的书"，则说《耒缶集》是由"北平海音书局出版"，看来这个海音书局是出版兼发行的。

《耒耜集》正文只有 50 页，①收作者文章 19 篇，另有三篇序言：序一作者为姜华，序二作者为谷凤田，都是霹雳社的主干人物，序三为丘玉麟的《致耒耜集作者的信》。姜序引用林培庐给他的信，揭示了书名的含义，谓："耒耜是农具，意思是我们拿着农具在耕作。这耒耜便是我耕作的小部分。"丘玉麟那篇代序的信则写道：

> 往时我总惊叹你这个来自荔枝南国的旅人（虽然我也是），能把声音如铙钹的叮当，脸容如陈列的画图的生人拢集为垦殖文艺之园地之朋侣的魄力，现今我才明晓你原来腰间是带有耒耜这种农器，你的书札叠叠贻奇，你的论说篇篇鼓励，无论土地如何碗瘠，无论人们如何疏腴，总敌不过你这无日无夜运用着这种农器的农人之精神！你纂选了这几年来所写的书札论说为一小集，名曰耒耜，这时你就是终岁作苦欢庆五谷盈廪的农人，拖着农器，笑痕布满了被霜侵日晒的苍黑的脸上，颤动着丹红的厚唇，在人前言说这是"我的农器！我的农器！"

《耒耜集》所收入的 19 篇文章，颇为驳杂。第一篇是文论《文学批评大意》，同类的评论和书评还有《谈民间的妇女文学》《美妻》《评〈彩虹〉》等；另一类是杂论，如《社会改造的途径》《妇女解放声中应有的觉悟》《劳工运动声中我们的责任》，还有一篇《悼殉难的刘杨诸女士》，是悼念"三一八惨案"中的死难烈士，就是鲁迅著名的《记念刘和珍君》中的人物。

《耒耜集》还有几篇是散文，如《红泪》《秋晨》《月下故影》；又有民间传说的收集和研究，如《姑嫂踏车》《太子楼的蛤蟆》《呆女婿的故事》等。

书中还收录《复赤心社的信》《岭东社会改造社暂行简章》等，以及《一年来的霹雳社》，这几篇涉及民国时期潮汕的文学和社会，尤其是笔者关注的对象。霹雳社、火焰社和彩虹社都是潮汕早期文坛的重要文学

《霹雳周年纪念刊》封面（北京大学图书馆藏本）

---

① 笔者后来在北京大学图书馆检索到该馆有另一版本的《耒耜集》，出版者标为霹雳社，出版日期为 1929 年，页数也增加到 92 页，似乎是增补本，遗憾的是尚未能见到此版本。

团体，过去所知不多，《一年来的觱篥社》对觱篥社有详细的介绍，是很重要的一篇文献。

从《一年来的觱篥社》一文可以知道，这个文学社是林培庐和田印川发起的，当时田印川在林培庐处看到彩虹社的刊物，就萌发了创办一个文学社的想法，于是两人分头发动自己的朋友。田印川是漳州人，所发动的是福建的朋友，如王利贞等。林培庐则发动潮州的朋友，主要是彩虹社和火焰社的朋友，他提及的有丘玉麟、罗吟圃（甫）等人，两拨人凑在一起筹建了这个文学社。

关于文学社的名称，原先有几个提议，如"黎明""银光""烛龙"等，而丘玉麟则提议用"觱篥"，觱篥"意思是号筒，我们的刊物，就像一支声音隆隆的号筒，用以叫醒社会的迷梦，呼唤各地同行的响应"。这个提议得到大家的赞同，于是就确定下来，"（一九二六年）一月十六日便拟好简章并出版半月刊，于是我们觱篥社便呱呱坠地诞生在这世界上了"。

这里提供了另外一个重要信息：虽然觱篥社发起人是林培庐和田印川，但"觱篥社"这个名字，是丘玉麟拟的。

根据林培庐的说法，《觱篥半月刊》原先是觱篥社自己出版，但学生毕竟经济不充裕，所以就联系到报馆副刊出版，恰好汕头的《天声报》有此意向，所以一拍即合，从第 3 期起就附在《天声报》出版。到第二年的 4 月 8 日出版了 20 期。不久之后，他们还在天津的《新民意日报》出版，到周年时出了 10 期。一周年纪念时，他们在天津《醒钟报》出了特刊，连续四期。这是各地觱篥刊物的概况。民国报纸不容易见到，这些觱篥副刊还保存下来多少，留待以后慢慢搜寻吧。

在成立一周年并取得不俗成绩之后，觱篥社除了继续出版以上的副刊之外，还筹划出版《妇女与文学周刊》《西北觱篥周刊》《岭东觱篥周刊》《觱篥季刊》《觱篥丛刊》等，还出版《觱篥社丛书》。据林培庐这篇文章说，当时已经出版的有王利贞的《溪水集》（林培庐作序，序言也收入《耒耜集》）；已经付印的有四种：《海神》（诗歌集，谷凤田著）、《悲栗》（小说集，谷凤田、丘玉麟合著）、《潮州畲歌集》（林培庐编）、《兰溪女士》（散文集，谷凤田著）；预备付印的有两种：《儿童的仙境》（童话诗，丘玉麟、谷凤田合译）、《良心》（散文集，谷凤田著）；另外还有五种已有底稿待校订的著作，其中有丘玉麟翻译的《希腊神话》，林培庐、田印川合著的《中国文学者评传》。而据笔者检索到的资料，《觱篥社丛书》现存至少有六种：林培庐一种，《耒耜集》；王利贞三种，《葛蕾集》（北京书店，1928 年），《笑里的泪痕 恋歌集》（北京书店，1928 年）和《溪水》（炳安书局，1925 年）；李九思一种，《恋爱之歌》（觱篥社出版部，1925 年）；谷凤田一种，《文章作法讲话》（开明出版部，1931 年）。在这些书中，我们自然是重点关注丘玉麟的作品。遗憾的是，丘玉麟的书还没找到。而且，据丘玉麟自己说，《潮州畲歌集》"付上海朝霞书店出版，不幸朝霞遭一次

封闭，畲歌集尚未能出版"①，其他数种书是不是同样的命运，目前尚不得而知。

　　《耒臿集》有作者近影、作者著书小影，也是难得的资料。书中插页虽是广告，却也给我们留下一些重要线索。如书中保存的《礐篠季刊》第 1 卷第 1 期要目，有丘玉麟和罗吟圃的小说各一篇；页 2 一则广告介绍吴其敏的作品《沉思集》和《淡笑的桃花》，说前者已出版而后者在印刷中；还有"微社"的刊物《微音小周刊》，通讯处是"汕头澄海西门外四古山房吴其敏"。研究民国时期潮汕的文学史，这些都不失为搜集史料的线索。

---

① 丘玉麟：《〈潮州歌谣〉代序》，参阅陈平原：《俗文学研究视野里的"潮州"》，载《南方都市报》2010 年 4 月 12 日。

穿行于"雅俗"之间

——讲新诗写旧诗的丘玉麟

丘玉麟（1900—1960），字拉因，潮安县河内乡（现属潮州市意溪镇）人，据说其父祖两辈在汕头经商，所以丘玉麟在潮州城南小学读完小学，就到汕头礐光中学读书。礐光中学是教会学校，所以丘玉麟以后就一直在教会学校求学。1921 年考入广州的岭南大学西洋文学系，一年后因经济困难，辍学回母校礐光中学任教。1923 年再上大学，转入北京的燕京大学，1927 年毕业。

在北京求学期间，丘玉麟经常出入周作人和许地山之门，也开始在《语丝》上发表文章，内容有诗歌、小说、杂论等。其《同治时长友诗之翻译》一文①，非常敏锐而准确地指出：《清朝野史大观》第十卷所载之《英人威妥玛长友诗》，"长友"为"Longfellow"之译，即为美国诗人朗费罗（Henry Wadsworth Longfellow，1807—1882）。其诗 A Psalm of Life（一般译作《人生颂》）在清同治年间由传教士威妥玛与董恂合作译成中文。后来，钱钟书先生对此有专文考证，进一步指出这首诗是"汉译第一首英语诗"。在这个问题上，丘玉麟的研究结论比钱钟书早了很多年。②

燕京大学在 1952 年大部分并入北京大学，档案也转入北大，所以现在在北大图书馆可以查到丘玉麟在燕京大学的毕业论文，题目为"神祇与英雄"，是翻译文章。当时是允许以翻译或者创作代替毕业论文的。通过这篇论文，笔者还发现，当年丘玉麟在燕京大学读的是中文系，而不是很多人所说的西洋文学系，他的学号是 YJ0001237。

毕业后，丘玉麟在当时的广东省立第二师范学校（韩山师范学院前身）和省立第四中学（金山中学前身）任教，培养了很多学生。后来成为著名民俗学家的薛汕先生（1915—1999，曾任北京市图书馆馆长），就是在丘玉麟的影响下走上研究民俗之路的。

---

① 载《语丝》1927 年第 116 期，署名"玉麟"。

② 参见郑锦怀：《〈长友诗〉的最早查考者》，载《博览群书》2011 年第 6 期。

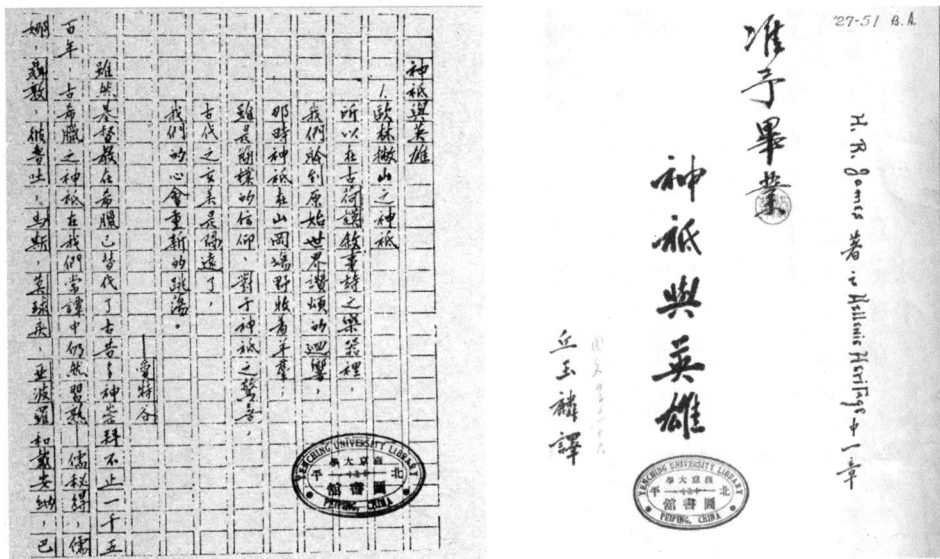

丘玉麟在燕京大学的毕业论文

在北京求学期间，受周作人的影响，丘玉麟与林培庐等人开始致力于歌谣和民俗的搜集和研究。1929 年出版《潮州歌谣》一书。而丘玉麟更多的是一个诗人，早年就翻译外国诗歌，1930 年出版了《白话诗作法讲话》，后来又醉心于旧体诗，创作并出版了《回回纪事诗》。

从民俗到诗，丘玉麟就一直穿行于雅俗之间。

潮汕歌谣的搜集

丘玉麟编集的《潮州歌谣》第一集，1929 年在潮州刊行；1958 年增补整理后改名为"潮汕歌谣集"，由广东人民出版社出版；2003 年 12 月，丘玉麟的学生和潮州金山中学校友会在潮州印行新版《潮州歌谣集》，包含《潮州歌谣》《潮汕歌谣集》和《回回纪事诗》三书。

初版的《潮州歌谣》以丘玉麟给周作人的一封信作为代序，因为周作人曾"深望（丘玉麟）努力从事搜集歌谣的工作"，其中有一段写得很动情：

> 呵，北平我的第二个故乡，我的一生爱恋的情妇，常入梦的苦雨斋（周作人的书斋名）。你，我一世不忘的恩师，我现在不能回到北平，然而我不能不在此时此地歌谣集印成了，向你表明敬忱，因为我对于搜集歌谣这工作之趣味的嫩芽是你护养壮大的——虽然岭南大学文学教授陈寿颐先生已早一年把搜集歌谣的种子播下我心田。其实是自认了先生

才决意研究文学，搜集歌谣。①

这本《潮州歌谣》出版后很受欢迎，初版两千册很快就销售一空，丘玉麟大受鼓舞，随即重印，还准备发行到南洋一带的华侨手里。

当时的人们是把歌谣和新文学联系在一起的。民国时期，新文学在汕头的市场不小，《潮州歌谣》出版后，在上海的许美勋（潮汕新文学的早期组织者）听说此书销路极好，写信给丘玉麟，说"上海出版的新书，汕头为第二大市场"。如果在汕头开设文学书局，生意应该不错。② 民国时期的汕头并非闭塞的省尾国角，在这里得到一个旁证。

新诗、旧诗和译诗

除了歌谣，丘玉麟一直对诗保持浓烈的兴趣。他早期喜欢外国诗歌。1926年，丘玉麟加入汕头的文学社团"彩虹社"，在彩虹社文学作品集《彩虹》③上，就有一首丘玉麟翻译的诗歌《孔雀之王》。

1930年，丘玉麟翻译的《印度情歌》由开明出版部出版。

差不多在《印度情歌》出版的同时，丘玉麟的《白话诗作法讲话》也于1930年由开明出版部出版。

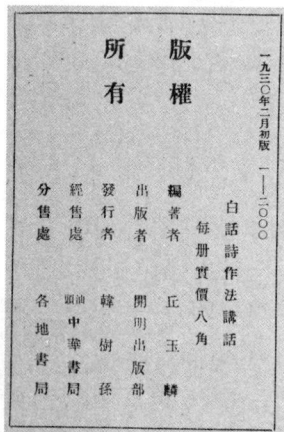

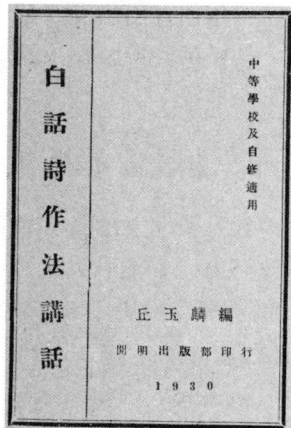

《白话诗作法讲话》封面、版权页及扉页

这本书是丘玉麟在金山中学为学生授课的讲义。人们也许会有疑问：金山中

---

① 丘玉麟选注：《潮州歌谣集》，香港：香江出版有限公司，2003年，第3~4页。

② 丘玉麟：《〈潮州歌谣〉再版序言》，《潮州歌谣集》第87~88页。

③ 彩虹社编：《彩虹》，上海：上海泰东书局，1929年4月。

学毕竟是一所中学而不是大学，为什么会有这样的课程呢？原来，这是丘玉麟给八位高二的学生讲的，想来应该是类似于现在的文学兴趣小组。有这样的名师，当时金山中学的学生是很幸福的。

这本《白话诗作法讲话》，至少有两点值得注意：

其一，是"作法"这二字的含义。正如"谦弟"（未详何人）在序言中说，这是表明诗是要"作"的，就是说，文学史上虽然有很多天才，但即使是天才诗人，他们作诗也是要经过训练的，而并非总是能信手写诗。所以，写诗需要有讲究，从文字、韵脚、节奏到形式，都要精心推究。

其二，本书本是讲"白话诗"的，可是第七章为"文言诗之练字造句"，第九章为"文言诗之节奏与韵脚"，第十章为"文言诗之体裁"，为什么讲白话诗的作法，却要讲这么多的文言诗呢？对此，作者在第六章写了这样一个"注意"：

> 诗的炼字造句无论文言诗白话诗，在修辞的原理上是一样的。所以下章略论文言诗的造句炼字之方法，使读者能于旧诗的造句炼字上，触类旁通，取得一些可补助创造白话诗的修辞法。白话诗的修辞上，我以为在进展上，是必要有点旧诗词歌曲赋化，故白话诗人，对于旧诗之造句炼字之方法，更有知之必要了。①

讲授新诗，却要讲旧诗，从丰富的古典诗歌中借取方法，这正是名师独到的眼光和过人之处。

事实上，丘玉麟本人喜欢旧诗，而且也是高手。1947 年，他出版了一册《回回纪事诗》，共 222 首，是受了龚自珍的《己亥杂诗》的影响而作，都是七言绝句的形式。之所以叫"回回"，取名于第一首首句"一回相见一回老"，其实相当于李商隐的"无题"，所记都是抗战期间的生活和所感所遇。饶宗颐先生为诗集作序②。饶老在序中说，"诗中需有胆，无胆不能奇"，"诗中需有识，无识不能高"，丘玉麟之诗"诚能充其胆识，发为光焰，以高明率真自见"，这正是别人不可企及的地方。这个评价，不可谓不高了。

---

① 丘玉麟：《白话诗作法讲话》，上海：开明出版部，1930 年，第 275 页。
② 饶先生序文也收入饶宗颐：《固庵文录》，沈阳：辽宁教育出版社，2000 年。

丘玉麟还有一首《六噫》诗①，写得很有意思：

六噫

初毕业，多作新进士语。噫！

入社会三五年，逢人辄作老绅士语。噫！

带着文凭走了。曰我无学问。曰我有学问。曰学问在文凭。曰文凭是符咒。噫！

或人以学校＝学问。毕业＝完业。A男士便发愿大有所为。B女士便发愿大有所不为。利齿儿便大发慈悲。念念有词：公子小姐，少爷少奶，饭桶大虫，一切众生，皆得超渡，阿弥陀佛。噫！

第一阶段毕业；第二阶段天不容，地不载，悬于半壁；第三阶段大骂自己读书，学校功课，校长教员，社会时代；第四阶段堕落；第五阶段乃大欢喜。噫！

不久，学会了百般恶习，皆以学校的学问为基础，据云。噫！

丘玉麟也写词，曾见其词三阕，似较少见，录一阕《虞美人》以存乡邦文献。②

虞美人

垂垂入定垂垂泪，始信禅心碎。当年侧帽软帘前，竟出银镫扶醉斗钗钿。

春芜香老蒲团在，偿尽迷楼债。袈裟瓣瓣化鸳鸯，飞向碧梧枝上伴鸾凤。

---

① 载《四中周报》1933年第61—64期合刊，署名"拉因"。
② 载《四中学生（广东潮安）》1933年第5期，署名"拉因"。

《印度情诗》

开明出版部民国十九年（1930）初版《印度情诗》封面

《印度情诗》，印度洛能斯何卜著，丘玉麟译，开明出版部民国十九年（1930）九月初版，总经销处则为汕头中华书局。正文 86 页，收诗 23 首，印数1 000 册。此书吉林大学图书馆有藏本，笔者承朋友之助，得到国家图书馆所藏缩微胶卷的电子版，但国家图书馆未说明此缩微胶卷所拍摄的底本为何本。

《印度情诗》卷首有一篇序言性质的文章，名为"供状"，讲了丘玉麟在北京燕京大学读书时，经常到周作人（岂明）和许地山（落华生）两位老师家中借书的情景，甚为感人：

> 我记得三四年前，游学于我们贵国的东方伯利恒城①，与彼时一班有名的文学家不多交游欢逐，只拜识了几位业师。闲中叩夫子之门，夫子蔼然，悠然，命坐，赐清茶，我就几席侧，掀画册，摸书架，大看其谈情论性之书，于是夫子面有爱色，以其刚在譔著，稿尚未完也。乃指示曰：

---

① 根据《圣经》记载，伯利恒是耶稣的出生地，素有"圣城中的圣城"之称。这里借指北京（当时称为北平）。

"'业精于勤'，小子可谓勤矣，盍挟书归家钻研。"这时，我如梦初觉，欣然借了夫子欣爱洋书数册而归。此是打扰岂明师落华生师的经过。

岂明师心爱的新书，好好被我借来，经污损始奉还。记得一次，是借一本最新出版，大概是贵重的洋书，几十页的小册，仿佛听说价钱是三四元。我藏于放花生、冰花糖的洋装袋内，不上二日，书的纸皮套污了。我慌得把书套裂处，粘以饭颗。岂明师接书笑曰："不要紧。"至 *Sex Expression in Literature* 一书，已连书外套不知去向了。

落华生夫子也被我借了三本关于爱情的洋书，*Hope's India's Love Lyrics*（印度的抒情诗集），*Lady Susan* 并 *The Secret of Woman*，书皆污损，书外套也都不知去向。以上三书是同时借的，时正北方暮春三月，梨花凄白，在落华生夫子的书房喝咖啡茶，吃饼干之后，拿了洋书在手。夫子微笑，送我至外院，折梨花一枝贻赠，勖我翻译印度情诗集。①

这种融洽的师生关系，老师对学生的体谅和宽容，今日读之令人向往。这就是丘玉麟翻译《印度情诗》的原委。从文中看，他的英文原著，是在许地山那里借来的那本 *Hope's India's Love Lyrics*，也就是 Laurence Hope 的 *India's Love Lyrics*，此书被认为与泰戈尔著名的宗教抒情诗《吉檀迦利》齐名。丘玉麟把原作者翻译为"洛能斯何卜"，现在通常译为劳伦斯·霍普（1865—1904）。她是印裔英国女诗人，闻一多也曾翻译过她的一首诗——《沙漠里的阳光》，② 梁遇春的《亚俪司·美纳尔传》③ 也曾提到她。

丘玉麟翻译《印度情诗》，前后经过一番调整和修改，《供状》接着写道：

南来教书，不觉已三易寒暑，印度的情诗，只随意中译出数首，有负老师的期冀。今年暮春三月，梨花又开，触景念吾师之言，乃决意把原本全集中懂得而较易译的诗译出，共得廿三首。初稿译成白话诗者廿一首，译成，重校阅一遍，觉得译笔板滞冗赘，不能传达原诗神韵于万一。此时我第一次悔把古瓷瓶打碎了。④

所谓"古瓷瓶"，是作者用以喻指原诗，而谦称自己的翻译打碎了这个珍贵的古瓷瓶。在这样的反思中，丘玉麟受到金山中学的同事王士略先生的启发。王士略使用古典词曲化的句子翻译英文诗，"能传达原诗的神韵，又简明畅达"，于是，丘玉麟把原来的译稿重新雕琢，"把印度诗的诗意，于可能处，用中国诗

① 丘玉麟：《供状》，丘玉麟译：《印度情诗》，上海：开明出版部，1930 年，第 1~3 页。
② 蓝棣之编：《闻一多诗全编》，杭州：浙江文艺出版社，1995 年，第 334 页。
③ 吴福辉编：《梁遇春散文全编》，杭州：浙江文艺出版社，1992 年，第 265 页。
④ 丘玉麟：《供状》，丘玉麟译：《印度情诗》，上海：开明出版部，1930 年，第 3~4 页。

句来传达"，"其中有几首是译成词曲化的白话诗，因为我觉得用词曲化的白话更能传达原诗的情绪"。丘玉麟甚至断言："我相信将来的译诗和创作的白话诗必是带点词曲化的——无须依照词的平仄、格、词韵，必要创造适合表达现代情思的新词句。"

虽然对于这第二次译稿丘玉麟自己还不是很满意，但他觉得在翻译的过程中，经过詹安泰（祝南）、冯印月、谭凭生、王士略等人的润饰，译稿还是值得保留，于是就有了这本《印度情诗》。

丘玉麟所讲述的这一段翻译《印度情诗》的历程，我们还能找到几首不同译文样本，看到其修改前后的嬗变痕迹。因为《印度情诗》的译稿，有四首以"印度情诗集"为题，分两期发表在《四中周刊》上①，我们不妨找一两首来看看前后翻译之不同。比较这两份译文，可以看出《印度情诗》书中的译文，确实是更多地采用古典词曲化的句子，韵律更加优美，节奏感更强。《沉香花》最后一句"死花香与活花同"，尤其显出炼句之功夫。

茄楠香花
（《四中周刊》的译文）

我们的生命如一朵茄楠香花，
　　在照耀的天空底下，
你的阳光照射这茄楠香花
　　一点钟：这花开又谢。

撕碎，掷弃在垃圾堆上，
　　被火焰熊烧燃，
茄楠香花个个原子，仍保存
　　那花开时之芬芳。

沉香花
（《印度情诗》的译文）

侬命呀如沉香花，
　　在灿烂的天空之下，
你是阳光呵，
　　照花一旬钟，
　　花开又谢。

花撕碎了，抛掷埃尘中，
烧残花瓣，火焰熊熊，
花已成烬香质在，
死花香与活花同。

寄——
（《四中周刊》的译文）

愿摘金天星，
　　为卿颈上链；

寄所思
（《印度情诗》的译文）

愿摘金天星，
　　为卿颈上链；

---

① 载《四中周刊》1929 年第 58、59 期。另有一首《饥饿之歌》刊登在《四中周刊》1928 年第 28、29 期合刊。"四中"是广东省立第四中学的简称，也就是后来的金山中学。

愿摇蔷薇叶，
　　为卿资睡息。

卿则无所须，
　　短草香堪眠；
微物何足恋——
　　金饰与颈链？

最是黄昏时，
　　忆卿情不胜；
最畏一朵花，
　　花香似卿发。

青春期冀与希望，
　　消磨为卿卿；
当卿尚未遄抛弃我
　　一点徒然的热情。

我明知难挽回卿卿，
　　我言复何用？
我默祷时间之神，
　　教卿自知卿残酷，
教我早把卿忘却。

愿摇蔷薇叶，
　　为卿作睡毡。

卿也无所须，
　　短草香可眠；
黄金与锁链，
　　区区何足恋。

最是黄昏时，
　　忆卿情难杀；
最畏一朵花，
　　芬芳似卿发。

青春与冀望，
　　断送为卿卿；
当卿未相弃，
　　我徒然热情。

知卿难挽回，
　　多言复何用？
默祷时间神，
　　教卿知残酷，
教我早忘情。

《印度情诗》之木刻插图，出自潮籍木刻家唐英伟之手，也是值得珍惜的。

《印度情诗》的木刻插图

英文版《印度情诗》

方纪生："孙悟空"的才情

　　方纪生（1908—1983），祖籍广东普宁，字念慈，笔名月华生，其书斋名为"为佳斋"，所以也以"为佳"为笔名，或者署为"为佳斋主"。

　　方纪生之父方宗鳌（1885—?），曾留学日本，毕业于明治大学商科，归国后历任北平大学①、中国大学②等大学的教授，是当时北京经济学界的名人。方宗鳌之妻为日本人，名古贺政子，中国名方政英，毕业于东京府立女子第三高等学校，1915年来到北京，后在中国大学任教。"七七事变"后，日本扶植成立伪华北政务委员会，方宗鳌被拉拢进入这个委员会，并出任伪北京大学法学院院长等职，沦为汉奸。

　　方纪生1931年毕业于中国大学经济系，旋即赴日本明治大学高等研究科深造，获政治学学士学位。他学的是经济，所以回国后先是在各大学讲授经济史，他翻译的日本学者的研究论文，如《明代军屯之崩坏》③等，至今还是明代经济史研究的重要参考文章。

　　但方纪生更大的兴趣在民俗学和文学。

　　方纪生在高校除了讲授经济史之外，还讲授民俗学课程。1934年出版的《民俗学概论》一书，就是他在大学讲授民俗学课程的讲义。1936年，顾颉刚先生在北大发起成立风谣学会，方纪生作为顾颉刚的得力助手，先后编辑了南京《中央日报》的《民风周刊》（从1936年10月8日到1937年7月22日，共出了42期）；北京《民生报》的《民俗周刊》（从1936年11月3日起，共出了十几期）；北京《晨报》的《谣俗周刊》（从1937年6月6日起，共出了4期），这三个刊物，都因为抗日战争的爆发而停刊。

　　1937年起，方纪生主编《北平晨报》副刊《风雨谈》，周作人、沈从文、朱

---

　　① 1928年国民政府定都南京，北京改名北平，原来北京的五所学院合并为国立北平大学，而北京大学则一直保留原名，所以北平大学和北京大学是两所的不同大学。抗战期间，北平大学、北洋大学等在西安成立国立西北联合大学。抗战胜利后，北平大学没有复校。今西北大学就是在国立西北联合大学和北平大学的基础上成立的。

　　② 中国大学初名国民大学，创办于1913年。1917年改名为中国大学。1949年停办，部分并入华北大学和北京师范大学。华北大学则是今中国人民大学的前身。

　　③ 译文载《食货》1936年第4卷第10期。

光潜、梁实秋等名家都在这个副刊上发表过文章；后又成为大型文学刊物《朔风》的主编之一。创办于1938年11月10日的《朔风》，是日本占领北京后，北京文坛的第一家综合文艺月刊，在当时很有影响。

"七七事变"之后，日本占领包括北京在内的整个华北，成立伪政府，拉拢并胁迫留在北京的名人出任伪职。方纪生的父亲方宗鳌进入伪华北政务委员会，并任伪北大法学院院长等职，周作人则出任伪教育总署署长，方纪生也被委派为伪教育总署驻日本留学事务专员，所以后来三人都被视为汉奸。但方氏父子在抗战胜利后没有像周作人一样被判刑，原因不清楚。

抗战胜利后，方纪生在北京的中学任教，1954年起任教于河北师范学院。方纪生的妻子是日本人，名川边爱子，中国名方爱芝。1979年，方纪生与妻子移居日本，1983年在东京病逝。

方纪生在北京编辑文学副刊的时期，沈从文、蹇先艾、徐霞村等作家都是方纪生"为佳斋"的常客。方纪生在中国大学的同学蹇先艾（1906—1994，著名作家，曾为方纪生的《文学家的故事》作序），写过一篇《敌》[1]。这篇文章写的是一个叫"济盛"的人物，但了解两人关系的人一看就明白"济盛"就是"纪生"的谐音。文章一开头就说："从前我们本来是朋友，现在却变成了仇敌了。"这篇文章提供了一些有用的资料和细节。蹇先艾说"他（方纪生）的相貌很丑陋，没有下巴，雷公嘴，不知道为什么我一看见他，就想起了《西游记》上的孙悟空"，但"这个人虽然面目可憎，但是语言并不怎样乏味，在口齿十分迟钝之下，他仍然不顾一切地议论滔滔，天南地北，古今中外的高谈着。他的日文和英文都很好"。我找到一张1936年北京风谣学会成立的合影，里面有方纪生，可惜照片太模糊，看不清他的样子，不知道长相是不是真的那么特别。

方纪生以翻译日本的民俗学研究和文学作品为主，成书出版的有下列几部：

（1）《妇人与家族制度》，民国二十一年（1932）星云堂书店初版。这是俄国妇女活动家，也是世界第一位女外交官柯伦泰（A. Kollontay）的著作。笔者未见。中国社科院图书馆可以查到此书书目，托朋友打听，结果是有目无书。

（2）《民俗学概论》，民国二十三年（1934）印行，是方氏在大学讲授民俗学课程的讲义。1980年由北京师范大学史学研究所资料室重印。

（3）《性风俗夜话》，民国二十五年（1936）北新书局初版。笔者未见。《民国时期总书目》收录此书[2]，并注明北京图书馆（现在称为中国国家图书馆）藏有此书，但现在在国家图书馆的书目上检索不到此书。据《民国时期总书目》介绍，此书介绍各国的性风俗，以日本为主，包括《性风俗夜话》、《奇习与异

---

① 蹇先艾：《蹇先艾文集（三）》，贵阳：贵州人民出版社，2004年，第213页。
② 北京图书馆编：《民国时期总书目（1911—1948）社会科学总类部分》，北京：书目文献出版社，1995年，第80页。

潮人旧书

俗》、《性的迷信与残酷》、《南洋群岛性风俗拾零》等 13 篇，大抵译自日本的《民俗学》和《人类学》杂志。

（4）《太平洋西北岸土人神话传说集》，此书由顾颉刚先生作序①，北京景山书社出版。但笔者查多家图书馆书目未见此书。

（5）《天上人间》，日本中河与一著，方纪生译，1933 年在日本大阪印行。

（6）《文学家的故事》，方纪生译，民国二十五年（1936）十月北新书局初版。

（7）《中日文化交流史话》，日本辻善之助著，方纪生译，民国三十三年（1944）中日文化交流协会上海分会编印。全书分九章，介绍从上古到江户时代中日之间的文化交流。有方纪生的《译者小序》和《译者赘言》。

（8）《周作人先生の事》，方纪生编，日文版，日本光风馆 1944 年版。

（9）《儿童文学试论》，河北人民出版社 1957 年版。此书是方纪生 20 世纪 50 年代在各学校讲授儿童文学的讲稿。因为不在本书研究范围，从略。

（10）《茶之书》，日本冈仓天心著，方纪生译，由周作人作序，周序收在其文集《立春以前》。但此书最终是否印行，尚待查考。现在国内另有《茶之书》新译本。

《民俗学概论》

《民俗学概论》是方纪生在大学讲授民俗学课程的讲义。1934 年初版，此本不易得，通行的为 1980 年北京师范大学史学研究所资料室重印本。此本"校印题记"说"此书是我国关于民俗学最早的系统论述"，这其实不准确。国内最早的民俗学论著，应该是林惠祥先生的《民俗学》，出版于 1932 年，比方纪生的书早了两年。

方纪生的《民俗学概论》和林惠祥的《民俗学》，都是按照英国民俗学家班尼的《民俗学》一书来编译的，但方纪生的书增加了更多他自己掌握的中国和外国的民俗学资料。本书分为"序论"、"信仰"、"习惯"、"故事歌谣及成语"四部分，其中第二章"性的崇拜"一节和第四章关于"儿歌"和"歌谣"的论述，都是方纪生独创的。因为他从事过这些资料的收集和整理，所以做起来得心应手，资料也丰富而有趣。

此书虽说是"概论"，每个门类都只是简略点到，但在这些简略的介绍中，我们还是能读到不少有意思的说法。比如，关于不能乱砍树这种习俗，许多农村其实就有。以前潮汕地区农村里那些老榕树都是不能砍的，直到自然死亡。江西赣南不少地方的民众也认为老樟树是不能砍的，村民都认为这些树有神灵，砍树

方纪生：「孙悟空」的才情

---

① 序文收在顾颉刚：《顾颉刚全集》（第 15 册），北京：中华书局，2010 年。

的时候，树会流血。而看了这本《民俗学概论》，可以知道世界上其他地方也有这个风俗，如印度的旁遮普邦、越南、马来半岛，乃至英国的威尔士，都有这种习俗，这可以与中国的风俗相印证，说明先民对于自然的敬畏往往是相通的。

《文学家的故事》

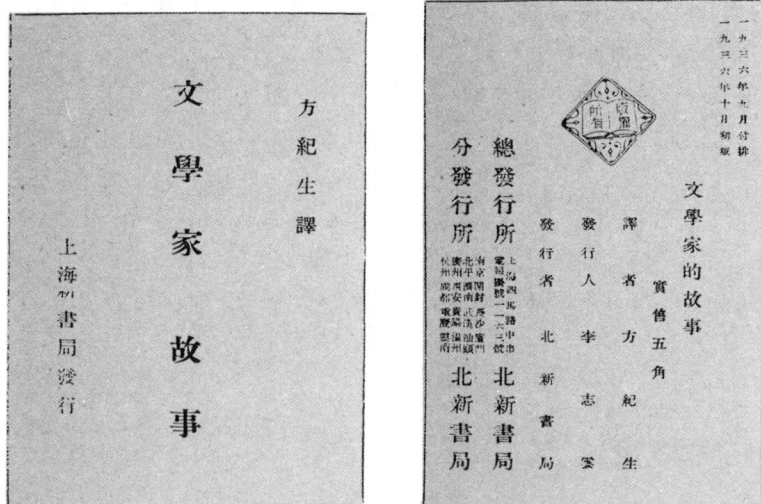

《文学家的故事》封面及版权页

《文学家的故事》，民国二十五年（1936）十月北新书局初版。包括18篇文章，介绍了萧伯讷（今通译萧伯纳）、爱伦坡、劳伦斯、哥德（今通译歌德）、小仲马、雨果、莫泊桑、福罗贝尔（今通译福楼拜）、柴霍甫（今通译契诃夫）、陀思妥夫斯（今通译陀思妥耶夫斯基）、屠格涅夫、夏目漱石、佐藤春天、有岛武郎、田山花袋、坪内逍遥以及鲁迅等作家的故事。除了第一篇萧伯纳之外，其余的都是翻译自日本的文章。

本书重在"故事"，所以不是一般作家的评传性介绍，而是选取作家生活的某个片段，或者某个特定场景。如歌德（方氏译为哥德），就选了三篇，分别是《哥德溜冰》《哥德与恋爱》《哥德晚年》，接近散文特写。最后一篇《鲁迅底事情》，作者本间久雄（1886—1981）是日本著名的英国文学研究者。他的《新文学概论》曾翻译为中文，并得到鲁迅的高度评价。本间久雄这篇文章是回忆他1928年赴欧洲途经上海时，因为内山书店老板的介绍而与鲁迅的一次会面，文中特别高度评价了鲁迅的《故乡》这篇文章。文章记鲁迅的言语神情极为传神：

那时他（指鲁迅）用流利的日本话说，在中国没有日本那样的国家概念，儒教在现在的中国，也没有多大的感化力。而且替代儒教的何种宗教都没有。中国的民众，在这种意味上，任何思想的依据都没有的。这样一句一句的说着，丝毫不加藻饰，说完低下了头，不再言语，只有虚无的情调浓厚的出现在忧郁的脸上。①

这种笔法，正如蹇先艾在序文所说的：

（写文学家的故事）应当具备下列的三个条件：
（一）文章要写得很好，像一篇文艺作品；
（二）写法应当力求具体与系统化；
（三）文尚夸饰，固然可以，但不能离开事实。
友人方纪生从英日文译出这部《文学家底故事》（即《文学家的故事》），里面包含英、俄、德、法、美、日、中国诸作家的许多生活片段，以及轶事、逸闻，颇能适合以上的条件。喜好文学之士，人手一编，比读那些展转抄袭的"文学概论"之类的书有益得多了。②

除了这本《文学家的故事》，方纪生还翻译有日本薄田泣菫的《文学者底事情》，分14篇在1940年《再建旬刊》第1—12期连载，跟《文学家的故事》性质相近，刊发时有一个《小引》：

此篇译于民国二十五年二月，本想收入拙译北新版《文学家（的）故事》，后来先寄《论语》发表，已排印而事变勃发，为时已久，以为必定遗失，去岁偶托友人向该刊编者询及，不过问一问罢了，乃数月前竟承邵洵美先生检出寄还，失而复得，其喜可知。兹承《再建旬刊》编者索稿，爰略加修改以应之。原作者薄田泣菫氏为日本现代著名诗人，这些轶事乃选自其小品集《茶话》中者，惜译文不佳，未能传神于万一耳。（二十九年一月十六日于小方壶斋）③

方纪生："「孙悟空」的才情

---

① 方纪生：《文学家的故事》，上海：北新书局，1936年，第119页。
② 方纪生：《文学家的故事》，上海：北新书局，1936年，第3页。
③ 载《再建旬刊》1940年第1期，第33页。

《国内文坛杂话》

《绮虹》杂志 1931 年第 1 卷第 7 期有一组《国内文坛杂话》，作者署名"纪生"。《绮虹》是当时北平中国大学的文学社绮虹社办的刊物，方纪生在此校就读，也曾在《绮虹》上发表他翻译的《天上人间》的一部分，以及后来收进《文学家的故事》第一篇的《萧伯讷不死的青春》，所以可以肯定此"纪生"就是方纪生。

《国内文坛杂话》写了周作人、鲁迅、徐祖正、朱自清、徐霞村、许地山、戴望舒、庐隐、杨丙辰、傅东华等作家的故事，都很简短，却很有趣，这是他的《文学家的故事》一贯以来的风格。如写周作人，说他的书斋名为"苦雨斋"，这个很多人知道，但少有人知道周作人的书斋先前名为"凤凰砖斋"。那是因为周作人喜欢古玩，曾经买到一块刻有"凤凰三年"字样的古砖。凤凰是三国时期东吴的年号，周作人很是喜欢，所以就用来作自己的书斋名。又说，鲁迅在北京一所大学讲课的时候，收到一封女学生的来信，他回信时称呼对方为某女士，对方很不高兴。第二次通信时，鲁迅踌躇一下之后，就称呼对方为某兄，对方竟然非常高兴。方氏还说这个与鲁迅通信的女学生是后来成为北大校花的马珏。张中行先生的文章提及过这位马珏，也说她是当时公认的北大校花。她父亲马裕藻是北大名教授。北大男生都倾慕马珏，所以背地里都称马裕藻教授为"丈人"。以前看鲁迅《两地书》时，也奇怪他为什么会称许广平为兄，原来是有这么一段故事，也是当时女性解放的一个侧影。还有一则《许地山不喜被称文学家》。许地山先生祖籍揭阳，算是乡邦人物，此文不长，录存以供参考：

> 许地山先生，是一位有趣味的人，认识他的人无不喜欢他的幽默的态度。他同时是《缀网劳蛛》《空山灵雨》《无法投递之邮件》等书的作者落华生。从这几部书里我们可以看到他的文学家写作的技巧和诗人的情怀。但是他不喜被称为文学家，他说："我不喜人家称我文学家，我愿意做个学问家。"这话虽仍出自幽默的态度，但其中却含着他自己的哲学。①

许地山早年以小说闻名，后来任北大教授，致力于中国道教史的研究。可惜，他的《道教史》只成书一半，未能最终完成，是一大遗憾。

---

① 载《绮虹》1931 年第 7 期，第 194 页。

《天上人间》

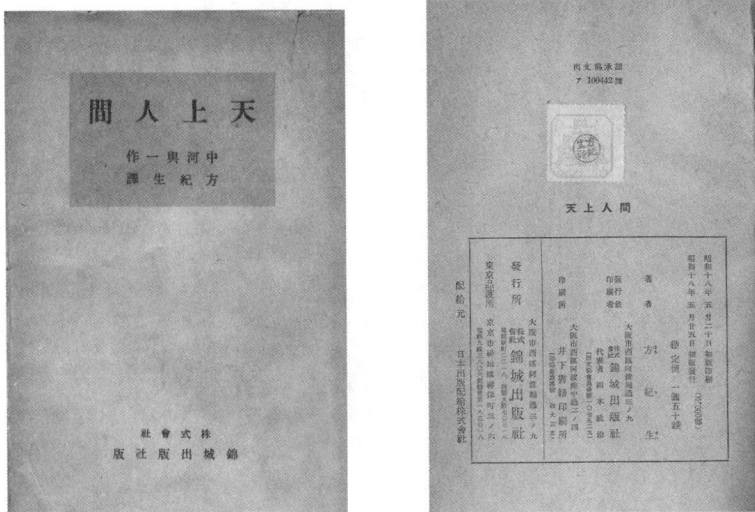

初版《天上人间》封面及版权页

《天上人间》为日本作家中河与一的中篇小说。中河与一（1897—1994）是日本作家，曾与川端康成等人创办《文艺时代》刊物，开创了日本文学史的"新感觉派"。此人在当时很有影响，但后来转向右翼，鼓吹军国主义，因而受到唾弃。这篇小说写的是一个叫龙口的青年人对有夫之妇秋子的纯洁爱恋。两人本来有一个五年之约，但因为战争，龙口未能履约，秋子却已经亡故。此书写的就是龙口对秋子的怀念之情。日本作家永井荷风把此书比为《少年维特之烦恼》。《天上人间》原名"天之夕颜"，"夕颜"在日语中是泛指晚开的一类花，此书有的翻译为"天上的葫芦花"，感觉意味淡薄多了。方纪生意译为"天上人间"，可见其匠心，难怪精通日文的周作人会对他特别赏识。

除了以上两本，方纪生还翻译了日本著名作家夏目漱石的《玻璃门里》，在他主编的《朔风》1939 年第 1—6 期连载。他又翻译了一组日本现代诗，为《日本名家诗钞》和《现代日本名家汉诗钞》，发表在 1936—1957 年各期的《正风》月刊，署名"为佳斋主"。

《周作人先生の事》

《周作人先生の事》封面

　　方纪生与周作人关系密切，这应该始于两人对民俗学的共同兴趣。周作人曾为方纪生的《性风俗夜话》作序。方纪生终生敬重周作人。1944 年出版的《周作人先生の事》（《周作人先生的故事》），题赠页写着"纪念中国新文学、新文化的恩人周作人先生"，可见其对周氏的尊敬。两人直至晚年还保持密切联系。前些年风行一时的张中行先生的《负暄琐话》中，有一篇《再谈苦雨斋》提到，"据说（周作人）瞑目前告诉家里人说，只通知徐耀辰（祖正）和方纪生"，足见两人关系不浅。

　　《周作人先生の事》（日文版，日本光风馆，1944 年）是为纪念周作人五十寿辰而编辑的，其中关于周作人和日本文人的交往资料甚多，包括著名日本作家武者小路实笃、谷崎润一郎等，另外还有方纪生写的《周先生之点滴》，并附有周作人文章四篇，最后是《周作人著作年表》。此书近年才重新受到重视。①

---

① 　参阅豆瓣网上的文章，http：//book. douban. com/subject/6424042/。

彩虹社才是潮汕第一个新文学团体
——《彩虹》和《彩虹丛书》

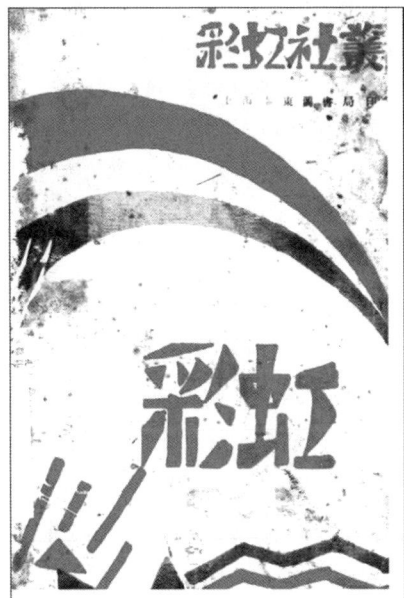

民国十八年（1929）四月再版本《彩虹》

20 世纪 20 年代，潮汕的青年在新文化运动的影响下，组织过几个有影响的文学社，经常被提及的有许美勋、冯瘦菊等人倡导的火焰社，余眠雪、吴其敏等人组织的彩虹社，林培庐、丘玉麟等人在北京组织的朤箓社等。在这些文学社中，火焰社以《大岭东报》的《火焰》周刊为基地；彩虹社也在汕头报纸出版《彩虹》副刊，还出版《彩虹丛书》；朤箓社在北京、汕头等地出版各种《朤箓周刊》和《朤箓丛书》。研究民国时期的潮汕文学史，这些刊物和书籍是重要资料。

余眠雪记述的彩虹社及其刊物

由彩虹社编，上海泰东图书局印行的《彩虹》一书，初版于民国十七年（1928），民国十八年（1929）四月再版。这是为了纪念彩虹社成立六周年而出版的一个丛刊，收录了12篇文章：《文学的贵族性》（周作人讲，章雄翔记）、《论闽南的歌谣》（林培庐）、《红叶（诗）》（许美勋）、《楼角芙蓉（小说）》（陈嘉瑞）、《秋心（诗）》（余眠雪）、《孔雀之王（童话译）①》（丘玉麟）、《蔷薇香梦（诗）》（吴其敏）、《生命的闪光（小说）》（林煜焜）、《写在桃色的笺上（诗）》（纪星原）、《跳海》（林影）、《火管娘（民间故事）》（陈影玲）、《关于彩虹社的过去到现在》（余眠雪）。

在这些文章中，有后记性质的余眠雪《关于彩虹社的过去到现在》一文，对彩虹社的成立过程及其发展，彩虹社的刊物和丛书，彩虹社的成绩和影响等等，都作了详细的叙述，是一篇很难得的文章，虽然篇幅有点长，但还是值得引录。

关于彩虹社的成立，文章说：

> 回溯起来，正是六年前——民国十二年的事。那时国内新文学运动的热潮刚在高涨，报章和杂志都争先恐后地呐喊着，但是我们的岭东呢？惭愧得很，我们的岭东连一点消息都没有，报章杂志上除了老师宿儒的豪兴所寄，发而为典雅的骈文和律诗之外，所谓新文学的代表物，便是许多"鱼目混珠"的无聊的"礼拜六"式的白话小说；至于戏剧，新诗等，可说完全等于零！换句话说，那时的岭东完全不懂得新文学是什么，更无所谓新文学的。
>
> 就在这样一个可怜而黑暗的时期中，在南海的海水所波及的一个幽静绝俗的碧峰的一个学校里，有十几个刚在念书的青年，也许是得到"晦明变化"的山间的自然的陶冶，使他们的脑经比较敏锐一【点，他】② 们竟受了外来的新潮所激动，感到新文学的重要和价值，联络了十几个同癖，从事于研究新文学的工作，初定名为文学研究会，继经诸同癖的同意，再改为彩虹文学社。即在四月廿日正式成立。惭愧说一句，岭东有纯文学团体的结合，本社实为开基之祖。③

---

① "译"字当为衍文。
② 此二字原文误排在后一页，这里更正过来。原文衍字、错字用（）标注，补字用【】标注。
③ 彩虹社编：《彩虹》，上海：泰东图书局，1929 年第二版，第 145～146 页。

这里说到彩虹社成立于民国十二年（1923）四月二十日，并说"岭东有纯文学团体的结合，本社实为开基之祖"，后文更进一步说火焰社是"缓我们成立而先我们出版刊物"，换句话说，彩虹社才是潮汕最早的新文学社团，而以前我们一般都认为火焰社是潮汕最早的文学社团，这是一个误解。火焰社成立于1923年秋。①

对于彩虹社的刊物，文章接着说：

成立之后我们还是从事于研究和修养的工作；间有多少创作，也只是供社内诸同癖相互传览，互相讨论而已，因为我们都是穷青年，没有闲钱来出版刊物。而向报馆接洽附刊，在报馆也非常困难，因为报馆对于新文学还是异常歧视。

后来有一家"新开张"的报馆，报馆的老板为要引起社会的注意，以助报馆的销路起见，想挂起提倡新文学的招牌，但自己又不懂得，所以要来利用我们在【他】的报纸附刊，我们也就"将计就计"利用他的篇幅来做我们提倡新文学的喉舌。这样的互相利用的结果，我们的长子——《彩虹》周刊——便在十一月四（点，他）日呱呱堕（坠）地了。

我们在创刊号里的宣言的大意是："我们承认文学是人生的安慰者；我们以文学为第二生命；我们以为文学是自然的，纯洁的，无虚饰的，神圣的。……我们为文学而创作文学。我们并不崇拜何种主义、派别……我们不敢说我们的天才是怎样地优美丰富，我们也不敢说我们的学力是怎样地高深精远，我们更不敢说我们的作品是怎样地伟大成熟。我们只是努力去研究，努力去创作，用研究创作来完成我们的天才，用创作研究来栽培我们的学力，用创作研究来使我们的作品进步。我们以为我们的作品有公开的必要，所以大胆地把它公开了，我们并不是想出风头，沽虚誉；是求教正，求进步；并且希望这弱小的呼声，会引起伟大的反响。……"这便是我们治文学的态度，和发刊《彩虹》的目的，并对于岭东新文坛的热挚的伟大的愿望。②

---

① 许其武《十月先开岭上梅——冯铿传奇》一书中对火焰社的成立有比较详细的叙述，见该书第40页，北京：中国文联出版社，2001年。参阅陈汉初：《许美勋与潮汕早期文学运动》，载《潮史述论》，广州：广东经济出版社，1996年，第205页。

② 《彩虹》，第146～147页。

这里说的报馆究竟是哪一家？很遗憾，笔者还没有查考出来。

《彩虹》出版后，很快引起反响，也因此惹来一场笔战：

　　《彩虹》诞生的时候，岭东的艺园还是一片荒土：那时只有缓我们成立而先我们出版刊物的火焰社的《火焰》而已。但这荒凉的岭东的艺园已有一线曙光，和油然有点生机了。哦！旅京的《春歌》，瀁篥社的《瀁篥》，（朝）【潮】安晨光社的《晨光》，都继着我们之后，蓬蓬勃勃的像雨后春笋般的怒发起来了。

　　《彩虹》出版后，在岭东文（擅）【坛】上所发生的反响，最值得叙述的一事，便是关于他的笔战。——他是一篇描写同性恋的小说，罗吟圃君所作发表在《彩虹》第二、三、五期上——有几个"鼠目寸光【"】的报馆记者，竟大惊小怪，视为大逆不道，诋为兽性，说为肉麻。本来在我们这个素有"海滨邹鲁"之称、韩退之所教化之地，当然旧礼教旧道德的台基非常庄严稳固，再经他们旧礼教旧道德的信徒——报馆记者起来做起孟老夫子所认为"异端邪说"的排斥工作，真无异填上士敏土，使它更加格外稳固了！我们认为此种冒充文学批评者，实为新文学界之蟊贼，新文学进行的坦途上的大障碍物；所以我们是毫不宽容的作猛烈的反攻，希望趁着这个机会去促醒一般遗老遗少们的迷恋骸骨的酣梦，和推倒旧礼教旧道德的台基（计）。那时站在旧礼教旧道德的旗帜下的有：《平报》，《公言日报》；站在反抗下地位的有：《岭东日报》，火焰社，晨光社，及本社。一场大混战的结果，虽不能有极好的收效，但已播许多革新的种子在这荒凉的园地里。这在岭东新建的文坛，本社不无有点微劳了。

　　经过这阵笔战之后，吟圃因不满意于岭东社会，不愿再在这灰色的氛围气里逗留；所以便辞去《彩虹》编辑的责任，开始他的漂泊生活去了。而第五期以后的《彩虹》，便由雄翔负责编辑。

这一场笔战，以及罗吟圃的小说，笔者还没找到。这里提到的《春歌》和《晨光》，笔者也是第一次看到。

文章接着说：

　　大概青年人总不免有一种为大人先生们所讥笑的通病——乏（提）【持】久性。有的社员对于文学的兴味淡薄了，有的不负责任了，更有的社员无形脱离了，当时只剩有雄翔、林影，和我三数人而已。……于是我们在十八期以后的《彩虹》，便改为不定期刊了。有的时候，一个月出二三期；有的时候，一个星期出二三期也有，都随着社员寄来的稿件而定。

这样的延长了一年之久。那时的文学刊物如《春歌》《晨光》，以及缓出版的《竹影》《绿蕉》等，都通通夭殇了！岭东的新文坛又好像落叶的晚秋一样，能够在那里挺其孤芳，凛然存在的仅《彩虹》和《火焰》两种而已。我们抚今思昔，不仅感慨系之，而一面又为自己庆幸。感慨和庆幸之余，终于出了一次周年纪念号来。当然我们没有印单行本的能力，当然还是依赖着报纸；和报纸的老板商量之后，结果是借了报纸的副刊地位，一连出了四天的《彩虹》周年纪念号。

民国十四年的初夏，《彩虹》已出至四十余期了，报馆老板，我老早就说过，是挂着提倡新文学的招牌，实为要助报纸的销路。偏是岭东人的头脑总是灰色的，对于附有新文学刊物的报纸总不欢迎，总不能如老板的心计，总不能增加报纸的销路！当时的老板，大有"引狼入室"之感，直接的拒绝，于面子上又有点不好意思，所以便学了"裁兵"之计，削减《彩虹》的篇幅，使我们无立足之地；于是我们也就愤然于四十五期宣布暂时停刊。

统计这四十五期中，却可分为两个倾向：在十八期以前，趋重于创作；十八期以后，即趋重论评及歌谣的提倡。歌谣自来就为正人君子们所不屑道，当时和我们表同情而做同样工作的只有一个瘠篥社。岭东歌谣的发掘，本社也有微力在。

数月之后，"彩虹"又得一家报馆的容纳，再行复活；但因雄翔又北行了，不得不由我编辑，改为半月刊。可是仅如昙花一现，只出至四十九期，又因报馆内部改组而中断了！

《彩虹》停刊之后，在表面看来，似乎本社已无形消灭了；其实我们的精神依然贯彻不懈——在这似消灭的状态中。我们还出版了丛书，林影著的《心弦集》，和拙著《黄昏的湖畔》二种小说集。

我们没有出版物，已有一个整年头了。一直到十六年的春间，又得着附刊的机会，而林影适从沪江归来，所以便由林影负责编辑，出版了《荒冢》周刊（非纯文艺的）；由其敏负责编辑《微音》文学周刊；接着又把《彩虹》再复活为周刊。本来《彩虹》也由林影编辑，但只编了三期，他因生活的忙碌，和精神的不安，竟把《彩虹》编辑的责任，推到这个残弱多病的我的身上来。为希望在精神上找得一些慰安的缘故，我终于也勉强维持了。同时北京方面也由雄翔编辑，出版了《京彩虹》。

十六年年终截止，《荒冢》是出至三十期，《微音》出至四十期，《彩虹》出至六十三期，《京彩虹》则因报馆停版，仅出得五期。

……

回顾六年来经过不少的颠沛波折，而我们依然不断的努力，精神上且再接再厉，不致贻"虎头蛇尾"之讥；而在岭东新文（擅）【坛】上得有最长的寿命，实有值得纪念之处。虽然我们不敢夸说在"质"的一面对于文坛上有什么伟大的贡献。

根据余眠雪的说法，《彩虹》"在岭东新文（擅）【坛】上得有最长的寿命"，"十六年年终截止，《荒冢》是出至三十期，《微音》出至四十期，《彩虹》出至六十三期，《京彩虹》则因报馆停版，仅出得五期"。这就是"彩虹"的总成绩。

《彩虹丛书》

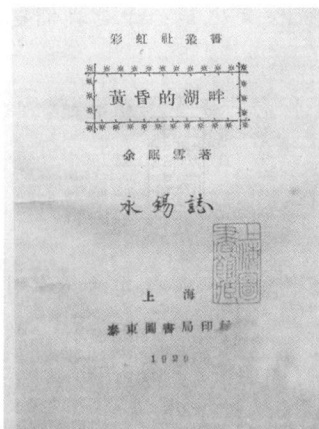

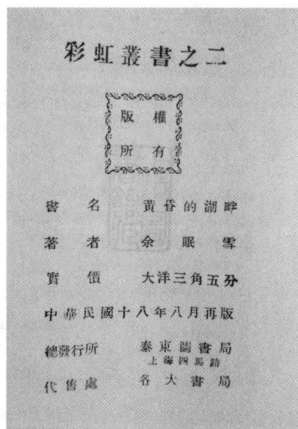

再版本《黄昏的湖畔》封面及版权页

上文提到彩虹社除了刊物之外还出版过丛书，并且提到两本书：林影的《心弦集》和余眠雪的《黄昏的湖畔》。笔者多方寻找，找到了余眠雪的《黄昏的湖畔》，没找到林影的《心弦集》，但找到林影的另一本书《流浪杂记》，还有一本黄莺的《师生的爱》，也是《彩虹丛书》之一。

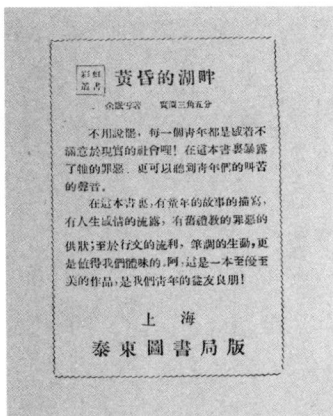

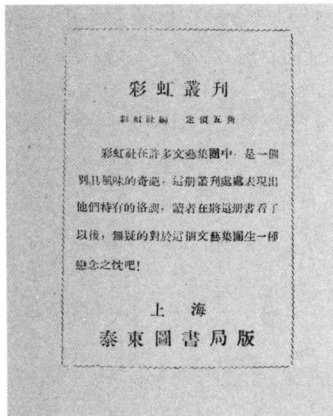

上海泰东图书局关于《彩虹丛刊》的广告

（1）《黄昏的湖畔》，余眠雪著，列《彩虹社丛书》之第二种。上海泰东图书局出版发行。笔者所见为上海图书馆所藏的民国十八年（1929）八月再版本，该版未说明初版年月。据甘振虎等编《中国现代文学总书目·小说卷》①，《黄昏的湖畔》由上海泰东图书局 1927 年 6 月初版。

《黄昏的湖畔》收有《柘横树下》《母亲死后》《黄昏的湖畔》《窗》和《爱之果》五篇短篇小说。首先是再版序，接着是章（雄翔）序和作者自序，后两文显然是初版的序言。再版自序说：

> 这小集子里的几篇东西，在艺术方面，描写与表现的手腕，都不免失败；就是情绪方面，也已是不合时宜的过去的"伤感主义"了。但这小集子能有出乎意外的销路，骗读者破费几角银子，我相信断不是在艺术方面，大约还是在情绪方面，——"伤感主义"——这一点吧？

《黄昏的湖畔》在当时有一定的影响。《申报》这样的大报，还曾经刊登了一篇长篇书评（作者汤增敭）称：

> 作者对于家乡的观念很深。所描写的大都是关于故乡的往事。看他底书名"黄昏的湖畔"便可以知道他所刻画着的故乡的风景了，这也算是代表作者家乡所具有的特点和精神。但这似乎狭小。我以为作者应该将眼界开阔些，由家乡中所有的种种而联想到全中国，那就可以唤起

---

① 甘振虎等编：《中国现代文学总书目 小说卷》，北京：知识产权出版社，2010 年，第 27 页。

我们的民族精神了。最苦的，是现在缺少这种唤起我们民族精神的作品。伟大的，尤其是属寥落晨星。也可以说，在贫弱的中华文艺园中，简直还未曾发现。这步工作的努力，毋须说，是赖于一般爱好文艺的青年了。我相信，本书的作者也是最有希望的一个。[①]

初版《流浪杂记》封面

（2）《流浪杂记》，林影著，《彩虹社丛书》之一，民国十九年（1930）四月上海泰东图书局初版。正文只有薄薄的 52 页，首篇为《黄莺的序》，余收散文 15 篇，依次为：《南洋漫游记》《在 A 船中》《别后的心》《夏雨》《故乡之晨》《梦?》《茉莉花》《龙舟鼓响》《昨夜里》《离家》《香港感言》《五月十五》《最后的一夜》《初愈》《新世界归来》。

《黄莺的序》写道：

　　我素爱读我影的作品——虽然有人说是幼稚或欠艺术的。自和他宣布合作生活后，便往新加坡去，因面包问题（有人说我们因此而离婚），所以组织新报出来骗钱，这十几篇短文，就在那儿发表过。

　　回国以来，赋闲家里，我遂叫影把它收集付印，名为"流浪杂记"，以再骗人家的钱。买书诸君，请注意之！

黄莺十九年二月廿日于饶平

（3）《师生的爱》，林影、黄莺著，民国十九年（1930）四月出版，印行2 000 册，全书分为"代序""通讯""附录""卷末"四部分，笔者仅知道吉林省图书馆有藏。其主要部分"通讯"，应该是两人的"两地书"。

---

① 见 1930 年 7 月 11 日《申报》第三、四版。

许心影的自传文章《我的创作经验》

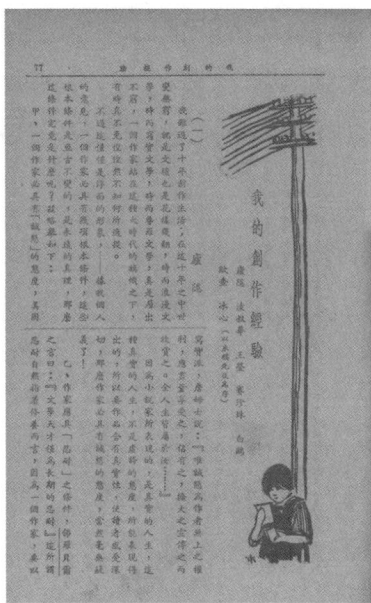

《我的创作经验》组文刊头

　　潮籍女作家冯铿，因为被国民党枪杀，为"左联五烈士"之一，被写进各种现代文学史，已经为人所熟知。而当时有一位与冯铿齐名，也是好友的潮汕女作家——许心影，则长期被人遗忘，直到近年才有文章介绍其生平和作品①，但尚有一些未尽之处，因而值得再说一说。

　　许心影（1908 —1958），原名兰荪，笔名白鸥女士，有时也直接写作白鸥。"心影"之名不知道什么时候启用，但至迟在上海大学毕业时（1926 年），她就用这个名字。

　　许心影的父亲许伟余（1884—1974），原名挹芬，澄海人，是潮汕古典文学界

---

　　① 李魁庆：《潮籍女诗人许心影》，载《鲁迅研究月刊》2008 年第 1 期。李坚诚、刘文菊、许在镕、许荥子：《潮籍女诗人许心影传略》，载《湖南人文科技学院学报》2012 年第 3 期。

的名宿，早年就被誉为"澄海三才子"之一。曾任汕头《大岭东报》编辑、《星报》主笔等，早年有诗集《慧观道人诗集》，晚年的文章辑为《庶筑秋轩文稿》。

许心影早年在汕头礐石正光女校读书，同学之中，有冯铿以及后来成为彭湃夫人的许玉磬等。中学毕业后，许心影到陈嘉庚先生创办的厦门集美女校学习，据说是因为一位同学病死而学校漠不关心，她一怒之下把校长推下楼梯，不得已退学。（《我的创作经验》，详后）1926 年，许心影到上海大学读书。从现存的资料看，她在当年春季就读于上海大学，秋季就毕业①，应该是上海大学承认她在集美女校的学历。

当时瞿秋白在上海大学任教务长兼社会系主任，致力于宣传马克思主义；中文系主任则是中共早期党员、《共产党宣言》的第一位中文翻译者陈望道。许心影受他们的影响，积极参加革命运动，"以写悲歌之思，易而写作宣言；以写小说之时间，易而为书标语"（《我的创作经验》，详后）。毕业之后正值国共合作时期，许心影与当时的丈夫李春锦（曾用名李季颖，笔名李一它）到武汉，在国民政府妇女部任文书。1927 年国共分裂后，倾向共产党的许心影成为清洗的对象，她逃亡回家乡，并一度随父亲到福建龙溪教书，期间她创作了数万字的小说和三百多首诗词。

许心影《我的创作经验》（部分）

1931 年，许心影再到上海，从事文学创作，在上海湖风书局出版了中篇小说《脱了牢狱的新囚》，并在报刊发表了近十篇短篇小说。

---

① 许心影为上海大学文艺院中国文学系十五年度（1926）第二学期毕业生，见《党史资料丛刊》，1985 年第 3 辑（总 24 辑）。

1932 年后，许心影回到汕头，在汕头海滨师范学校（今汕头市华侨中学的前身）、潮阳六都中学、汕头市聿怀中学等校教书。1949 年后曾在汕头专区戏改委员会从事潮剧整理工作。1958 年在汕头去世。

1934 年上海《女青年》月刊第 13 卷第 3 期推出一个"妇女与文艺专号"，其中《我的创作经验》一组文章，刊登了七位女作家的文章，分别是庐隐、凌淑华、王莹、赛珍珠、白鸥、欧查、冰心。七人之中，庐隐、凌淑华、赛珍珠、冰心都是名作家，赛珍珠后来还获得诺贝尔文学奖，王莹是当时有名的明星作家，欧查则是当时《现代妇女》的主编，都不是一般人物，许心影可以与这些人并列来介绍创作经验，可见她当时在文坛上有不小的知名度。

在这篇文章中，许心影强调的是创作要有丰富的实际生活经验，这倒不是什么新鲜见解。但文中是以她自身的早年经历为例，所以，通过这篇文章可以知道其早年生活经历，非常珍贵。

根据这篇文章，许心影早年丧母，中学之后，又接连遭遇痛失师友的丧痛：引领她进入文学之路的老师杨震，在家乡因为财产继承问题而被毒杀；而许心影的闺蜜，一个无端病故，一个誓做贞女却因宗族谣言而自杀。这些变故，使她早年的创作带有浓重的伤感色彩。直到她到上海大学读书之后，因为受到瞿秋白等师长的教导，开始参加革命运动：

> 一九二六我到上海××大学来，情绪为之一变，以写悲歌之思易而写作宣言，以写小说之时间，易而为书标语。直至越年暮春，革命势力分裂，仓卒他去，逃亡大江南北，仆仆风尘，颓废之情绪重新萦系我怀。汉水之边，不乏人生欢哀，黄鹤楼头，多少世间苦乐，于是又不自禁地做了不少悲歌。
>
> 一九二九年，我又重新展开纸笔，试写数万字的短篇，成小说三部，诗词凡三百余首，这可算是我在南方最有收获的时期。……
>
> 一九三一年春，十年知交的岭梅，因某种罪名，在沪公然为人暗杀，到了这个时候，悲凉的情怀，终变成搏斗的烈火，终竟奋然弃家，到万恶薮泽的上海滩头，正式地开展我文字的生涯。

这篇文章，应该是许心影对自己早年生活、思想和创作的最好记述。文中提到的"革命势力分裂"，是指 1927 年蒋介石发动"四一二事变"，第一次国共合作破裂。而在一段时间的逃亡之后，许心影再次到上海，开展文字生涯，实是准备以笔为枪进行战斗。文中说冯铿（岭梅）被"暗杀"，显然是隐晦的说法，或者是报刊为避时忌而擅改的。

《脱了牢狱的新囚》

潮风书局版《脱了牢狱的新囚》封面

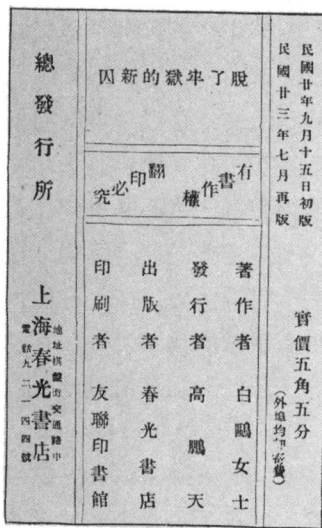

春光书店版《脱了牢狱的新囚》版权页

《脱了牢狱的新囚》是许心影正式出版的唯一一部小说①。倪墨炎先生《湖风书局和〈文艺创作丛书〉》② 一文中，对此书的版本说得很明了：

> 白鸥女士著《脱了牢狱的新囚》，1931 年 9 月出版。是日记体长篇小说，柳丝作序。湖风书局被封后，该书转由春光书店于 1934 年 7 月再版。后又由大方书局改书名为"恋爱日记"，1948 年 7 月用原纸型重印。

按照倪先生的文章，此书有三个版本，我见过湖风书局和春光书店两个版本，内容并无差别，除了小说正文，还有"柳丝"的序和作者的自序。大方书

---

① 另有一部翻译日本谷崎润一郎《富美子的脚》，译者署名"白鸥"。但此"白鸥"是否为许心影，笔者认为尚存疑。

② 倪墨炎：《倪墨炎书话》，北京：北京出版社，1998 年，第 258 页。

局改名"恋爱日记",显然是为了追求市场效应,这个版本我没见过,不知道有无改动。另外,台湾的文听阁图书有限公司在 2010 年也曾重印此书。

《脱了牢狱的新囚》写的是一个女青年曼罗,以传统的方式嫁给一位军官 L,那位军官对她很粗暴,曼罗决心离开家庭。她认识了一位 S,但 S 其实也是有妇之夫,一心想着要出国,并不真心爱曼罗。而关心曼罗的惠、桐等,却得不到曼罗的爱。到了最后,曼罗还是决心离家,下了南洋。现在看来,这其实也是一部套路式的小说,但这类小说至今仍然流行和受欢迎,就如当年一样。

湖风书局版此书有六个小标题,实际上就是六章,分别为"我们相逢已是太迟""我才知道那种欢爱是怎样销魂""好梦总是那般残短哟""一样月亮两地相思""天海茫茫何处问津""我将毁弃一切的深情",题目都很有古典诗词的韵味,这自然是得力于许心影本人深厚的古典诗词功底。

《脱了牢狱的新囚》有一篇序,署名"柳丝"。"柳丝"就是杨邨人。杨邨人(1901—1955),潮安庵埠人,1925 年加入共产党,入党监誓人为董必武。杨邨人与蒋光慈、钱杏邨、孟超等人一起创建了著名的左翼文学团体"太阳社",也是"左翼戏剧家联盟"的首任党团书记。1932 年夏秋进入湘鄂西苏区,看到苏区当时肃反扩大化所带来的残酷性,因而离开革命队伍,自称要做"第三种人"。杨邨人曾在报上发表《致鲁迅先生的公开信》和小说《新儒林外史》,攻击鲁迅,后来受到鲁迅的反击,因而一直恶名加身,1955 年在"反右运动"中自杀。杨邨人那篇攻击鲁迅的《新儒林外史》,署名就是"柳丝"。这一笔名也在多篇文章中使用。再加上同乡的关系,基本可以肯定,为《脱了牢狱的新囚》作序的"柳丝",就是杨邨人。

柳丝在序中说:"书中的女主人翁曼罗,热爱生活,追求光明,可是脱了牢狱又成了新囚,既成了新囚又是在渴望光明,光明会有一天光临到她的地方来吗?不会的,绝不会的!她是在圈圈打转,冲不破那四面碰壁的殿堂!可是,她还是:'去,去,去寻求未来的光明与人生。'"

进而,杨邨人称赞《脱了牢狱的新囚》是"生命力活跃的新著",说这本书"颇能令人爱读:辞藻底美丽,热情底奔放,描写底大胆,是新进女作家不可多得的作品"。

出版《脱了牢狱的新囚》一书的湖风书局,创办于 1931 年,出版过很多左翼作家如郭沫若、郁达夫、蒋光慈等人的著作。当时左翼作家联盟(简称"左联")的机关刊物、丁玲主编的《北斗》杂志,是在湖风书局出版的,《脱了牢狱的新囚》也是湖风书局出版的《文艺创作丛书》之一。可能是因为这个关系,人们把《脱了牢狱的新囚》和《北斗》联系起来,说丁玲曾为此书作序,但我至今未发现此书除了"柳丝"(杨邨人)之外另有丁玲的序;也有说丁玲在其主编的《北斗》杂志上为此书作广告。但我翻遍《北斗》杂志,却未发现有关于《脱了牢狱的新囚》一书的广告。

《海滨月刊》上许心影的诗词

许心影幼承家传，长于古典诗词。前文说到，她在 1929 年前后就创作了诗词三百余首。据曾与许心影诗词唱和的蔡起贤先生说，许心影的诗集为《听雨楼诗稿》，后与其词作合编为《蜡梅余芬集》两册，诗稿后来遗失。现在仅存《蜡梅余芬别裁集》一卷，仅有词作四十四首。其诗也仅见二首。这些诗词附在其父许伟余先生的《庶筑秋轩文稿》之后。但笔者在上海图书馆见到当年汕头海滨师范学校校刊《海滨月刊》，发现该刊有十几首许心影的诗词，不见于许心影现存的《蜡梅余芬别裁集》。考虑到上海图书馆所藏的《海滨月刊》也不全，如果能找到更多的《海滨月刊》，那么应该会发现更多许心影的诗词和文章。

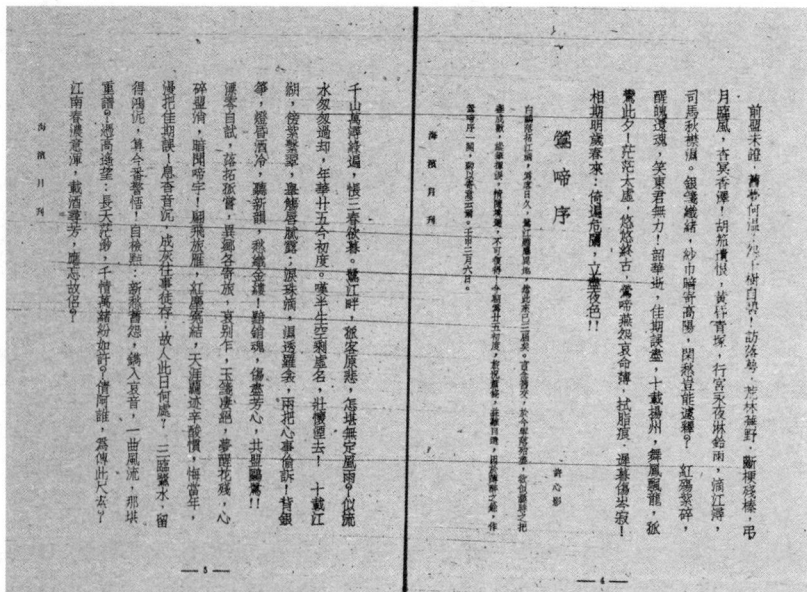

发表在《海滨月刊》1934 年第 5 期的《莺啼序》

许心影早年有词《莺啼序》，经常被人提及。[1] 我们知道，词是按词谱规定

---

① 蔡起贤：《三个女诗人》，载《岭海诗词》2002 年第 13 期。

的平仄乃至细分到四声来填的，同个词牌都有固定的样式（有的有变体）。《莺啼序》是字数最多的一个词牌。一般词只有上下两段（叫作"阕"或"片"），而《莺啼序》有四段，向来被认为不容易填。文学史上，南宋吴文英的《莺啼序》最受人称道，后来就少有人愿意去填这个词牌。而当年25岁的许心影，像她勇于挑战社会一样挑战文学，据说作品发表后被争相抄阅。蔡起贤先生说此词发表在汕头海滨师范学校校刊，即《海滨月刊》上。但蔡先生未引用原词，《海滨月刊》后来也比较少见，所以有人以为此词已佚，其实不然。《莺啼序》发表在1934年第5期的《海滨月刊》，实际上有两首，被人提及的所谓"廿五自寿词"是第二首，现抄录如下，与爱好诗词的朋友分享：

莺啼序

　　白鸥落拓江湖，为客日久，鹭江虽属异地，然此来已三届矣。言念旧交，于今零落殆尽，欲似曩时之把盏成欢，纵笔挥泪，情随境迁，不可复得！今朝为廿五初度，旅况萧条，益难自遣，因于薄醉之余，作莺啼序一阕，聊以寄意云尔。壬申[①]三月六日。

　　千山万浔绿遍，怅三春欲暮。鹭江畔，孤客原悲，怎堪无定风雨？似流水匆匆过却，年华廿五今初度。叹半生空剩虚名，壮怀湮去！

　　十载江湖，傍紫系翠，举觞唇腻露；泪珠滴，湿透罗衾，雨把心事偷诉！背银筝，灯昏酒冷，听新韵，愁织金缕！黯销魂，伤尽芳心，共盟鸥鹭！！

　　漂零自试，落拓孤尝，异乡各寄旅，哀别乍，玉笺凄绝，梦醒花残，心碎盟消，暗闻啼宇！翮飞旅雁，红尘冤结，天涯羁迹辛酸惯，悔当年，漫把佳期误！息香音沉，成灰往事徒存；故人此日何处？

　　三临鹭水，留得鸿泥，算今番警悟！自检点，新愁旧怨，镌入哀音，一曲风流，那堪重谱？凭高遥望：长天茫渺，千情万绪纷如许？倩阿谁，为传此尺素？江南春浓意浑，载酒寻芳，应忘故侣？

附：上海图书馆藏各期《海滨月刊》所见许心影诗文目录

莺啼序（白鸥落拓江湖）　　　　　　《海滨月刊》　　1934 年第 5 期

莺啼序（西窗又吹玉笛）　　　　　　《海滨月刊》　　1934 年第 5 期

薄倖（飘零黄浦）　　　　　　　　　《海滨月刊》　　1934 年第 5 期

洞仙歌（辛未之春夜过江湾草庐）　　《海滨月刊》　　1934 年第 5 期

---

① 壬申为 1932 年。许心影生于 1908 年，所谓 25 岁为民间虚岁算法。

庆春泽（征骑遥驰）　　　　　　　　《海滨月刊》　　1935 年第 6 期
金缕曲（用稼轩原韵）　　　　　　　《海滨月刊》　　1935 年第 6 期
声声慢（拟易安）　　　　　　　　　《海滨月刊》　　1935 年第 7 期
满路花（碧海银钩坠）　　　　　　　《海滨月刊》　　1935 年第 8 期
琐窗寒（乙亥秋分）　　　　　　　　《海滨月刊》　　1935 年第 8 期
满庭芳（乙亥中秋）　　　　　　　　《海滨月刊》　　1935 年第 8 期
赠别孟瑜时孟将返星洲（诗）　　　　《海滨月刊》　　1936 年第 11 期
　　　　　　　　　　　　　　（以上 11 首署名"许心影"）

离亭燕（玉手轻裁罗素）　　　　　　《海滨月刊》　　1936 年第 9/10 期
摸鱼儿（九月十七夜思玲子）　　　　《海滨月刊》　　1936 年第 9/10 期
昨夜月（散文）　　　　　　　　　　《海滨月刊》　　1936 年第 9/10 期
沁园春（煮酒论文）　　　　　　　　《海滨月刊》　　1937 年第 12 期
高阳台（醉墨题悲）　　　　　　　　《海滨月刊》　　1937 年第 12 期
　　　　　　　　　　　　　　（以上 5 首署名"心影"）

无题（诗歌）　　　　　　　　　　　《海滨月刊》　　1934 年第 5 期
故国清秋（散文）　　　　　　　　　《海滨月刊》　　1934 年第 5 期
　　　　　　　　　　　　　　（以上 2 篇署名"白鸥"）
寒灰（散文）　　　　　　　　　　　《海滨月刊》　　1935 年第 8 期
　　　　　　　　（署"白鸥女士"，但该篇有目无文）

潮人旧书

一言难尽杨邨人

在中国现代文学史上，杨邨人的名字并不陌生，但他一直是作为鲁迅的论敌，以被批判的"革命场中的小贩"和"第三种人"的面目出现的，所以对他的介绍也大都比较简略，更谈不上深入研究。"左联"研究专家陈梦熊先生的《杨邨人其人其事》①（此文杨邨人作"杨村人"），是比较早的一篇全面介绍杨邨人的文章；而后王宏志②、葛飞③等人的文章，通过发掘更多的资料，对杨邨人与鲁迅的论争也有比较深入的分析；黄羲章先生的《杨邨人——潮汕乃至中国现代文学史一个不应回避也不能遗忘的名字》④，提出要"用历史的观点客观评价杨邨人"；著名学者陈子善先生也说："文学史家应该认真研究杨邨人在三十年代上海左翼文学运动中的功过得失。"⑤

一、杨邨人的生平

杨邨人（1901—1955），潮州市潮安县庵埠人，笔名柳丝、文坛小卒、巴山等。杨邨人少年在家乡读小学，1916 年到汕头华英学校就读。他毕业后曾在汕头近郊的月浦小学和家乡的永思学堂担任小学教师，兼汕头《尾声日报》记者。期间参加了"岭东社会改造社"⑥。1922 年，在其族叔的资助下，他考入国立武昌高等师范学校（武汉大学前身，以下简称武昌高师），1926 年毕业。

杨邨人的继母田新华受其家乡人、中共早期共产党人许甦魂⑦的影响，思想

---

① 载《汕头大学学报（人文科学版）》1988 年第 3 期。"邨"作人名时为规范字，不可改为"村"，本书涉及杨邨人处均用其原名。

② 王宏志：《鲁迅·田汉·杨邨人：田汉攻击鲁迅的一篇文章》，载王宏志著：《鲁迅与"左联"》，北京：新星出版社，2006 年，第 172 ~ 182 页。

③ 葛飞：《杨邨人的苏区言说与左翼文坛的应对》，载《中国现代文学研究丛刊》2015 年第 1 期。

④ 黄羲章：《潮汕民国人物评传》，广州：广东人民出版社，2008 年，第 161 ~ 172 页。

⑤ 陈子善：《编后记》，陈子善编：《海上文学百家文库·韩侍桁 章克标 杨邨人卷》，上海：上海文艺出版社，2010 年，第 376 页。

⑥ 林培庐《耒耜集》中的《岭东社会改造社暂行简章》的"社员姓名录"有杨邨人的名字。

⑦ 许甦魂，潮安庵埠人，是中国共产党早期从事侨务工作的重要负责人，参加过"八一南昌起义"，失败后受党组织派遣进入广西，参与邓小平和张云逸领导的"百色起义"和建立红七军的工作，任七军总政治部主任，1931 年在肃反运动扩大化中被杀害。

倾向于革命。杨邨人深受其继母思想的影响，在武汉读书期间就加入中国共产党，入党监誓人是董必武。[①]

杨邨人毕业后到广州的中学教书。当时正值轰轰烈烈的国共合作的大革命时期，杨邨人投身到革命中去。1927 年广州"四一五事件"之后，杨邨人遭到缉捕，转回武汉，任中华全国总工会宣传部编辑科干事，结识了钱杏邨（阿英）、孟超等人，后来又通过钱杏邨认识了蒋光慈。武汉"七一五事件"之后，国民党"宁汉合流"，杨邨人离开武汉到了上海。他离开武汉赴上海期间，曾去日本留学，但很快就回国。

1927 年 12 月，杨邨人与蒋光慈、钱杏邨、孟超四人在上海成立春野书店，并于 1928 年元旦出版了第一期的《太阳月刊》，这是革命文学的重要刊物。他们还成立了左翼文学团体太阳社，并在《太阳月刊》（共出版了七期）被查封之后，继续出版《时代文艺》（仅出版一期）、《新流月报》（共出版四期）、《海风周报》（共出版四期，第 5 期之后改为《拓荒者》）。

1929 年秋，杨邨人受中共党组织委派，参与创建中共领导的"艺术剧社"，随后成立左翼剧团联盟（后改名"中国左翼戏剧家联盟"），杨邨人被任命为联盟的党团书记。

1930 年 3 月 2 日，中国左翼作家联盟（"左联"）成立，杨邨人参加了"左联"。

1932 年，杨邨人到湘鄂西边区，编辑《工农日报》。湘鄂西边区失陷之后，杨邨人逃到汉口，再回上海，思想起了很大的转变，并在《读书月刊》发表了《揭起小资产阶级革命文学之旗》，宣称要做"第三种人"，脱离共产党，被指为叛变革命；又与鲁迅发生笔战，发表《鲁迅大开汤饼会》《新儒林外史》等，对鲁迅进行攻击。1933 年 12 月，杨邨人在《文化列车》第 3 期发表《致鲁迅先生的公开信》，鲁迅则以《答杨邨人先生公开信的公开信》作为回应，称杨邨人是"革命场中的一位小贩"，"革命场中的一位小贩"从此成为杨邨人的标签。

杨邨人后来辗转河南、广东、重庆、成都等地教书，曾任川北大学文学院教授。1952 年，该校改为四川师范学院，杨邨人为中文系教授。1955 年，杨邨人因为历史问题受到审查，跳楼自杀。

二、杨邨人的著作

杨邨人的著作，广东省中山图书馆、汕头图书馆学会编的《潮汕文献书目》[②] 著录了他的七部著作，即《战线上》《失踪》《苦闷》《狂澜》《处女》

---

① 参见陈梦熊先生的《杨邨人其人其事》。
② 广东省中山图书馆、汕头图书馆学会编：《潮汕文献书目》，广州：广东人民出版社，1994 年。

《新鸳鸯谱》和《近代中国艺术发展史》。其中的《处女》和《失踪》是据中山图书馆馆藏书目著录，而其他五种则根据《庵埠志·文艺著作》著录，介绍都相当简略，这里略作补充。

1.《战线上》

《战线上》，春野书店1928年2月出版，为短篇小说集，包括五篇：《女俘虏》《田子明之死》《自焚》《她的脚下》《死刑》，都是塑造革命者的故事。该书是太阳社编的《太阳丛书》的第二种。郁达夫在1928年2月13日的日记中写道：

> 回来把杨邨人的小说《战线上》读了。虽系幼稚得很的作品，但一种新的革命气氛，却很有力的逼上读者的心来。和钱杏邨的《革命故事》一样，有时代的价值的。总之他们的这一代 younger generation 里，这两本可以算是代表的作品，幼稚病不足为他们的病，至少他们已经摸着了革命文学及内部暴露的路了。①

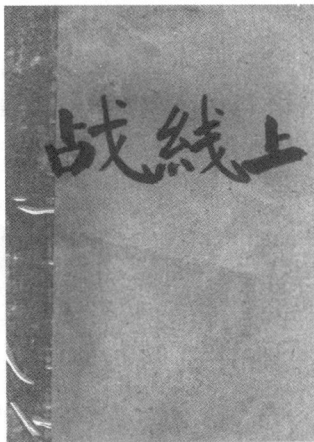

春野书店 1928 年 2 月版《战线上》

当时太阳社就认为，《战线上》中的作品，"有的描写革命党人的伟大的牺牲，有的描写现在复杂的政治状况下青年的幻灭，有的描写革命人物的趣事，每一篇都带着极浓重的时代色彩"②。

2.《失踪》

《失踪》，中篇小说，带有自传性质，讲的是一个青年韦历之，对他亲戚的女儿之雯小姐早有情愫，但碍于礼教和世俗，一直不敢表白。后来，韦历之迫于父母之命，娶了一位赵小姐。这位赵小姐"目不识丁，头大如斗"，根本不是韦历之所爱的人，婚姻自然是名存实无。后来韦家破产，韦历之到之雯小姐家暂住，之雯仍然热情对待，落落大方，两人之爱情再次燃起。此时"五四运动"爆发，新思想全面传播，韦历之和之雯接受新思想，两人开始通信。特别是在韦历之因为带头闹学潮而被开除之后，之雯给予他极大的鼓励。后来，韦历之考上武昌高

亚东图书馆版《失踪》封面

① 吴秀明主编：《郁达夫全集·日记》，杭州：浙江文艺出版社，1992年，第234页。
② 1928年《太阳月刊》创刊号封二《战线上》出版广告。

师，在轰轰烈烈的大革命时期，两人终于冲破旧礼教，准备勇敢地结合在一起。但在这个时候，大革命失败，韦历之遭到通缉被迫逃亡。在这种情形下，之雯被迫嫁给了一个门户相当的富家子弟。她只能写信给韦历之倾诉。而韦历之在政治和恋爱失败的双重刺激下，终于"失踪"了——其实是投身革命，为推翻旧制度而奋斗。

《失踪》是一本很畅销的小说。该书由上海亚东图书馆印行，民国十七年（1928）五月初版，到民国二十九年（1940）还出第七版。笔者见过前三版和第七版，内容没有什么增减，严格说来只是重印而已。

3.《苦闷》

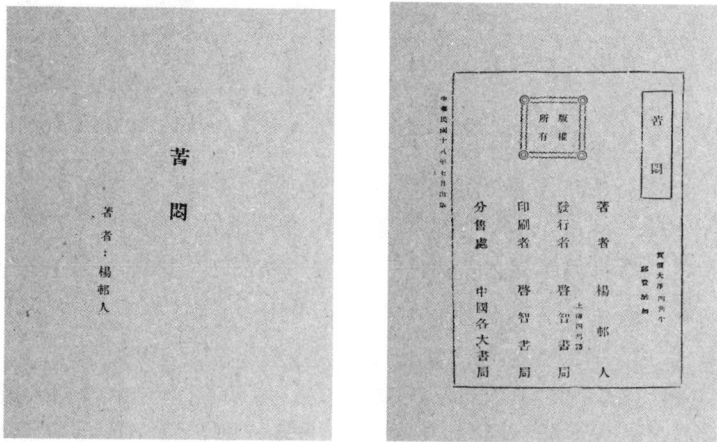

启智书局版《苦闷》封面及版权页

短篇小说集《苦闷》，民国十八年（1929）七月由上海启智书局出版，包括六篇短篇小说：《残忍》《博爱》《卖稿》《人生的阴影》《惊喜》《等待》。写的都是大革命失败之后流落他乡的青年的苦闷心境。书中《自序》劈头就说："在这年头儿谁不会苦闷呢？多么苦闷的年代呵！"揭示了全书的主调。

4.《狂澜》

《狂澜》，上海泰东图书局印行，民国十八年（1929）三月初版。除了《书前》，包括五篇小说：《藤鞭下》《剿匪》《三妹》《狱囚》《董老大》。《附集》，收杂记四篇：《母亲》《红灯》《政变的一幕》《到民间去》。《书前》就是此书的序言，大略介绍此书的内容。

泰东图书局初版《狂澜》封面

1929 年同样是上海泰东图书局出版的余眠雪的《黄昏的湖畔》书末有《狂澜》的宣传，写道：

> 你要看火花的飞迸么？你要看狂澜的汹涌么？革命文学的口号自从在中国文坛上突起之后，我们的文学，就转变到另一阶段。本书就是在这样的怒潮中写下来的作品。在文学的分野上这样的作品是我们所需要的，因为作品的本身就包含着目的意识的缘故。

5.《处女》

《处女》其实不全是杨邨人的著作，而是一本合集。杨邨人的《处女》是其中的一篇。小说女主角何女士，她在学校读书的时候，"好像一朵雨后含苞未放的蔷薇花，娇艳出众"。最初追求她的是她的表兄王文祺，虽然王文祺容貌不错，性情也温和，但家里穷，何小姐打定主意："宁愿终身抱独身主义，不嫁这穷鬼。"后来何小姐出国留学，认识了一位同乡沈一德。沈一德追求何小姐，而何小姐却以他尚未大学毕业为由，以独身主义为借口拒绝了。回国之后，何小姐有一同事，也是美国留学的，何小姐又认为他没有拿到硕士学位，两人再次错过。最后，何小姐 25 岁了，已经不再有昔日蔷薇般的脸庞，而要靠雪花膏之类的护肤品了。最终她嫁给了一位官僚的儿子李毅士。

《处女》其实是这本《秋雁集》的改名

据说两人彼此相爱。"然而，截止到现在，她还是一个处女呢！"这是全篇小说的最后一句。

这篇小说是杨邨人在武昌高师读书时的作品，曾发表在《晨报副镌》上。当时武昌高师的文学团体艺林社编选文学选集《秋雁集》，收录了这一篇小说。到后来，中国文化服务社干脆把《秋雁集》的书名改为"处女"重印，作者也署为"杨邨人等著"。1942 年 6 月，上海一流书店重新出版《秋雁集》，作者则署"刘大杰等"。

顺便说一句，陈子善先生说"杨邨人与钱杏邨合编《太阳月刊》，在创刊号上同时发表《女俘虏》和《田子明之死》两篇小说，开始了他的文学生涯"[1]。这其实是不准确的，杨邨人显然在武汉读大学时就开始文学创作。艺林社的另一

① 陈子善：《编后记》，陈子善编：《海上文学百家文库·韩侍桁 章克标 杨邨人卷》，上海：上海文艺出版社，2010 年，第 375 页。

本作品选《海鸥集》也收录了杨邨人的作品三篇，分别为《乞巧》《手巾》《咬文嚼字》，也是杨邨人大学时期的作品。

6. 《新鸳鸯谱》

《新鸳鸯谱》，南方印书馆民国三十二年（1943）二月初版。这是一部三幕话剧。杨邨人原来准备写一个中篇小说《货殖传》，后来改为话剧，觉得原名不合适，就改为"新鸳鸯谱"。

其自序称：

> 到了抗战的第五个年头，物价更加高涨，国民的生活更加变化多端，整个的经济状态更加畸形万状了。作者对此，身受心感，愤慨之余，满想形诸笔墨，而投鼠忌器，下笔殊难。于是乎臆造一个故事，借题发挥，想以"货殖传"为名，描写耳闻目见的现实。又创造几个人物，有的是卓越的，有的是平凡的，同时有的是只顾发财，不顾友情，不顾国家社会的坏蛋。后来变更计划，更写成一个话剧剧本。为了顾到演出的种种条件，又将故事予以变更，并增添几个人物，变成恋爱的故事，而且变成了四对夫妻的调换，以取得舞台演出的效果了。可是，题材虽然已经不同，主题却是并没变更——依然的企图在表现着从一九四一年八月至一九四二年八月这一年间，那种做买卖的狂风暴雨，在家庭间，在友情间，在恋爱间等等，所发生的一种变化的现实。

7. 《近代中国艺术发展史》

《近代中国艺术发展史》包括五部分，分别为工艺美术、音乐、绘画、戏剧、电影，分别由李朴园、李树化、梁得所、杨邨人、郑君里五人撰著。杨邨人所撰写的戏剧部分，实际上是指话剧，时间是从 1907 年至 1933 年为止，杨邨人把这段时期的戏剧分为四期：第一期为辛亥革命的文明戏新剧运动，第二期为五四时代以后的"爱美剧"运动，第三期为感伤主义的戏剧运动，第四期为新兴戏剧运动。第一期主要是以留日学生为先导，原先在日本东京等地公演，后来发展到上海等国内各大城市。第二期本来是在北京发起，但中心很快转移到上海。第三、四期的戏剧运动，其兴起和中心都在上海，所以就以上海剧坛的史料为主。

上海的戏剧史，特别是第三、四期的戏剧运动，不少是杨邨人亲历的，他还有《上海剧坛史料》，这些都是研究 20 世纪二三十年代上海话剧的重要资料。

以上七种，除了《近代中国艺术发展史》曾收入《民国丛书》重印外，其他六种在 1949 年以后均未重印。其选集，至今也只见陈子善先生编的《海上文学百家文库·韩侍桁 章克标 杨邨人卷》。

除了上述七书之外，杨邨人还有大量的作品散见于报纸杂志，其中有几个方

面的文献很重要：

第一部分是和鲁迅笔战的文字。杨邨人与鲁迅笔战的文字，如《致鲁迅先生的公开信》《鲁迅大开汤饼会》《揭起小资产阶级革命文学之旗》《新儒林外史》以及《离开政党生活的战壕》，过去已有一些资料收录，主要是作为鲁迅研究的参考史料，如《恩怨录·鲁迅和他的论敌文选》（下册）①、《被亵渎的鲁迅》②中收录的文章。

第二部分是一些自传或者回忆性的文字。其中比较重要的，如《太阳社与蒋光慈》、《上海剧坛史料》，这是研究20世纪二三十年代上海左翼话剧的重要资料。而笔者认为最重要的，应该是在《社会月报》上连载的《白日之梦》。

第三部分是描写苏区的文字，如《修堤》《迁徙》等反映苏区人民生活的小说，还有《苏区归来记》等也是重要的文章。

第四部分是杨邨人编辑的刊物里的文章。除了上述提到的《太阳月刊》等刊物外，杨邨人还编辑《大上海月刊》《星火》《文化列车》《白话小报》等，这些已经不易找到。还有不少文章散见于《申报》《社会月报》等。这些文章有的是用笔名发表的。杨邨人的笔名现在知道的有柳丝、巴山、曼之等，但有些笔名不止他一个人用，这就需要通过文章风格、内容等来判断是不是他，这是一件艰难的工作，但很值得做，也期待有人来做。

① 李富根、刘洪主编：《恩怨录·鲁迅和他的论敌文选》，北京：今日中国出版社，1996年。

② 孙郁编：《被亵渎的鲁迅》，北京：群言出版社，1994年。

洪灵菲:"革命+爱情"文学代表作家

在参加 20 世纪 30 年代左翼文化运动的潮汕人中,戴平万与洪灵菲这两个名字经常连在一起出现,他们两人从中学到大学都是同学,一起参加革命,一起逃亡,又一起到上海投入左翼文化运动,一起进入著名的"左联"领导机构,作出了很大的贡献。

一、洪灵菲的生平

洪灵菲(1902—1933),原名洪伦修,常用笔名有林曼青、林荫南、李铁郎等,潮州潮安人。中学就读于金山中学,1922 年考入广东高等师范学校(以下简称"高师")。1924 年 1 月,高师与广州的法专、农专、公医等专科学校合并,成为广东大学,就是中山大学的前身。大学期间,洪灵菲读的是英文系,因而喜欢西方文学,特别崇拜英国诗人拜伦,经常自署为"拜伦 阿洪"。1926 年,尚是中大学生的洪灵菲,因为同乡许甦魂的推荐,进入广州国民政府的海外部工作。许甦魂实际上是共产党员。在他的影响下,洪灵菲开始倾向共产主义。1927年 4 月国共分裂,大革命失败,他遭到通缉,被迫流亡香港和暹罗(今泰国)等地。1927 年南昌起义军开进潮汕时,他准备投奔起义部队,但部队很快失败,他只好在家乡躲避。1927 年冬辗转到了上海。

到上海之后,洪灵菲以极大的激情投入创作。他的第一部长篇小说《流亡》,因为郁达夫的介绍,由著名的现代书局出版,销路非常好,从而在文坛一炮打响,有了一点名气,来约稿的杂志多了起来,生活也安定下来。接着,他又创作《前线》《转变》两部长篇小说,与《流亡》合称"流亡三部曲"。流亡三部曲以大革命为背景,表现小资产阶级和工农群众的觉醒,被誉为"初期无产阶级革命文学的代表作"(钱杏邨语);同时结合自身的经历,穿插爱情故事,被视为"革命+爱情"文学的代表作品,在当时备受青年的欢迎,短期内就一版再版。

郁达夫曾提醒洪灵菲他们,要在上海文坛立足,需要有自己的文学团体。于是,洪灵菲积极参与蒋光慈、钱杏邨、孟超等人创办的左翼文学团体"太阳社"的工作,为《太阳月刊》写稿;同时,与戴平万、杜国庠(当时化名林伯修)

等组织"我们社"，出版《我们》月刊，开办晓山书店，但不久就被查封，《我们》月刊只出了三期就停刊。

1930 年 3 月共产党领导下的"左联"成立，由于洪灵菲早在广州就加入共产党，到上海后一直是地下党员。所以，他被定为"左联"的 12 名筹备组成员之一。"左联"成立后，他也被选为"左联"七个常委之一，其他六人是鲁迅、沈端先（即夏衍）、冯乃超、郑伯奇、田汉和钱杏邨。

1930 年下半年起，洪灵菲参加中共江苏省委宣传部和沪西区委的领导工作。1931 年"九一八事变"后，上海成立反帝抗日大同盟，洪灵菲是这个组织地下党的党团书记。1933 年，洪灵菲被调到北京，在中共中央驻北平代表秘书处工作。1933 年 4 月，洪灵菲组织了为李大钊举行公葬的活动（李大钊在 1927 年被奉系军阀杀害之后一直未下葬），并以此发动进步学生和群众举行大规模的示威游行。游行遭到军警镇压，不少共产党员被捕。7 月 26 日，洪灵菲因叛徒告密被捕，不久被杀害。

关于洪灵菲的生平，有两篇文章和一本书不能不读。一篇是秦静的《忆洪灵菲同志》[①]。秦静原名秦孟芳，是洪灵菲的革命爱人（洪灵菲在家乡有由父亲指定结婚的妻子，但一直没有感情），两人经许甦魂的介绍而走到一起，在广州结婚，后来一直和洪灵菲在上海和北京生活。这篇文章自然是第一手的资料。第二篇是孟超的《我所知道的灵菲》，收入《洪灵菲选集（乙种本）》[②]。孟超（1902—1976）与洪灵菲在上海一起参加革命文学运动，交往密切，这同样是第一手的资料。而更全面的传记，则是汕头大学陈贤茂先生的《洪灵菲传》[③]。陈贤茂先生在写此书的过程中，几次专程到北京采访了秦静女士，同时还采访了洪灵菲家乡的老一辈人物，也获得很多有用的信息。比如，关于洪灵菲的生年，此前一直有 1901 年和 1903 年两种说法，陈贤茂先生根据洪灵菲家乡族人提供的洪灵菲生于"虎年虎月虎日"的说法，考定洪灵菲生于 1902 年，从此成为定论。

二、3 年 8 部小说

作为作家的洪灵菲，其主要创作生涯是从 1927 年底到上海之后开始的。现在能见到的洪灵菲的 8 部长篇小说和中短篇小说集，都是在 1928 年到 1930 年 3 年之间出版的，可见其创作力之旺盛和写作之勤奋。他的 3 部翻译作品和 1 部文学选本，则是在 1930 年到 1933 年之间出版的。从这里可以看出他的一个转折。为什么 1930 年之后少有创作呢？这是因为他把更多的精力投入到政治和社会工

---

① 载《新文学石料》1980 年第 2 期。

② 北京：开明书店，1951 年。

③ 上海：学林出版社，1989 年。

作中去，再无时间和精力进行集中创作，只有一些零篇的文章，包括小说、文学评论、诗歌等，准备创作的长篇小说《家信》《新的集团》《童年》都未能完成，这是他本人，也是中国文学界的一个损失。

洪灵菲的作品，《潮汕文献书目》① 收录了 8 部。其中，开明书店和人民文学出版社的两本《洪灵菲选集》以及花城出版社的《大海》，是 1949 年以后出版的，《洪灵菲诗文》则是一个复印本，来源不明，这 4 本都不在本文的讨论范围。剩下的 4 部，分别是长篇小说《转变》《流亡》和翻译作品《赌徒》《地下室手记》，后 3 种只是根据《生活全国总书目》转录，也就是说，只有一部《转变》是根据实书著录。显然，这个目录遗漏很多。

倒是上海师范学院图书馆编有一个《洪灵菲生平及著译年表》②，这是迄今为止最全的一个洪灵菲作品目录，洪灵菲在 1928 年以后发表的文章和出版的书籍，都收录在内。现在根据这个年表和实存的书籍，可以确定的洪灵菲的著作成书出版的有长篇小说和中短篇小说集 8 部、翻译作品 3 部、文学选本 1 部，具体如下：

（一）小说

1. 《流亡》

这是洪灵菲的第一部长篇小说，全书正文 250 页，分为 31 节，另有《自序》和《序诗》，1928 年 4 月上海现代书局初版，至 1933 年 2 月出了第五版。1946 年 2 月，上海北风书局又印了一版。

2. 《前线》

长篇小说。1928 年 5 月上海晓山书店初版，全书 251 页，列为《我们社丛书》之一。晓山书店被查封后，上海泰东图书局在 1929 年重版了此书，又再次被查禁。

3. 《转变》

长篇小说，全书 240 页。1928 年 9 月上海亚东图书馆初版，到 1940 年 12 月出了第七版。

以上三部小说合称"流亡三部曲"，是现代文学史上经常被提及的洪灵菲的代表作。

---

① 广东省中山图书馆、汕头图书馆学会编：《潮汕文献书目》，广州：广东人民出版社，1994 年。
② 载《中国现代文艺资料丛刊》（第一辑），上海：上海文艺出版社，1962 年。

"流亡三部曲"

4. 《归家》

短篇小说集。全书正文 102 页。1928 年 8 月上海现代书局初版，1933 年 5 月印行了第四版。本书收录六篇短篇小说：《在木筏上》《在洪流中》《在俱乐部里面》《路上》《女孩》《归家》。

5. 《明朝》

长篇小说。全书正文 188 页。1929 年 1 月上海亚东图书馆初版，同年 8 月再版。

6. 《两部失恋的故事》

中篇小说集。全书正文 188 页。1930 年 4 月上海亚东图书馆初版，1940 年 10 月出了第九版。本书收录两篇中篇小说：《残秋》《兰纕》。

7. 《气力出卖者》

短篇小说集。全书正文 117 页。1930 年 3 月上海乐华图书公司初版，列入《创作丛书》。收录短篇小说六篇：《金章老姆》《气力的出卖者（一封信）》《考试》《柿园》《爱情》《里巷》。

8. 《大海》

中篇小说。全书正文 60 页。1930 年 11 月上海乐华图书公司印行，列为《创作丛书》之一。1984 年花城出版社曾出版一本洪灵菲的作品集，书名取自此书《大海》，但花城出版社版《大海》是一个选集，收录洪灵菲的中短篇小说和书信等。

（二）翻译

1. 高尔基《我的童年》

署名林曼青。1930 年 12 月上海亚东图书馆初版。高尔基的《我的童年》在 1949 年以前有四个译本，洪灵菲这个译本相当畅销，1941 年 3 月已经印行到第九版。1951 年 7 月再次印行，是为该书的第十版。

2. 陀思退夫斯基《地下室手记》

1931 年上海海风书局初版，列为《世界文学名著译丛》之一。陀思退夫斯基现在一般翻译为陀思妥耶夫斯基，俄国著名作家。

3. 陀思退夫斯基《赌徒》

1933 年 3 月上海海风书局初版，同样列为《世界文学名著译丛》之一。1937 年 4 月上海复兴书局根据海风书局版重印过一次。

（三）选本

1. 《模范小品文读本》

这是洪灵菲编选的一部现代文学选本，署名林荫南，1933 年上海光华书局印行。

上海师范学院图书馆编的这个《洪灵菲生平及著译年表》，是比较全的，但仍然有遗漏，最明显的是它所收录的洪灵菲作品，是从 1928 年开始。而事实上，早在金山中学读书时，洪灵菲就发表作品。笔者现在知道的最早一篇文章，是 1921 年发表在《金中月刊》创刊号的《潮州的风俗和舆论的弱点》。而到广东高师读书之后，洪灵菲继续发表作品，有小说，而更多的是旧体诗。如 1924 年发表在《潮州留省学会年刊》的旧体诗有七题十六首；1925 年和 1926 年发表在《国立广东大学潮州学生会年刊》第一期和第二期的旧体诗，也有二十多首。洪灵菲的旧体诗写得非常好，早年是跟他的老师戴贞素先生（戴平万的父亲）学习，后来则深受苏曼殊和郁达夫的影响。陈贤茂先生在《洪灵菲传》中引用了洪灵菲不少早期诗作，认为"这些诗情绪比较消沉，但有真情实感，在艺术上已臻于成熟"。其实，光凭这些旧体诗，洪灵菲也足以在潮汕的"艺文志"中占有一席之地。

三、"革命＋爱情"的畅销文学

读者如果有耐心浏览一下洪灵菲的著作目录，就可以发现洪灵菲的作品大多有重印，最多的重印了九版，说明在当时非常受欢迎，非常有生命力。本文无意全面论述洪灵菲作品的艺术特色，只是引用两位学者的论述，借以窥见其作品的特色和受欢迎的程度：

在中国无产阶级革命文学史上，洪灵菲是它曙新期的代表作家之一，于二十年代末三十年代初的中国文坛产生过甚大的影响，当时的评论界就曾指出："在新进作家中间，洪灵菲也是被读者大众所热烈欢迎的一人。"同一营垒的战友亦对灵菲评价甚高，期望甚殷，蒋光慈曾称许他是"新兴文学中的特出者"，孟超亦推重他是初期革命文学社团中"最勤奋最辛劳的一个"。（胡从经《拓荒者的耕痕和楼迹——洪灵菲及其创作》）①

例如洪灵菲（1901—1933）可以说是左派作家中的才子，文学史家赵聪概述其生平曾说：他是一位有天才的作家，写作勤快，有自己独特的风格。……小说的主题，大都以反迫害为主，唯过多地方采取了男女青年恋爱的题材，所以当时虽经政府的查禁，都是非常畅销，像《转变》就卖到七版，《流亡》六版，《归家》三版，《前线》再版，在当时说来，已经很难得了。（司马长风《中国文学史·中卷》）②

由于洪灵菲左翼作家的身份，很多研究者都关注和看重他的革命文学，特别是《流亡》《前线》《转变》这"流亡三部曲"。胡从经先生曾经敏锐地注意到洪灵菲的《两部失恋的故事》这部中篇小说集，认为"这也应是灵菲的代表作之一"③。但胡先生还是从革命文学的角度肯定它，认为它"不正表达了作家对无产阶级事业的热忱与赤诚吗？"而我认为，《两部失恋的故事》，特别是《残秋》一篇，呈现出来的含义远为多样和复杂。

《两部失恋的故事》收录有两个中篇小说，分别为《残秋》《兰缧》。研究者已经指出，"兰缧"是以大革命时期女共产党人谭澹如为原型的。谭澹如是广州人，曾在集美女师与洪灵菲的革命爱人秦孟芳是同学，回到广州又一同考进妇女运动讲习所。她是当时闻名的一个女革命家，经常出现在各种集会上，后来被捕并遭残杀。洪灵菲在广州时和谭澹如一起参加革命。但直到后来在上海偶然遇到谭澹如的三哥，才得知谭澹如的死讯，愤而写下这篇小说（洪灵菲还有一首长诗《在货车上》，也是写谭澹如的）。胡从经先生认为，这篇小说所塑造的"坚贞、热忱、赤诚、忘我的兰缧女烈士的光辉形象，是中国左翼文学新女性画廊中煜然如星的一帧"。

《残秋》采用的是日记体，是以一个女性的视角来写的。这个女性叫阿心。

---

① 载胡从经：《榛莽集——中国现代文学管窥录》，福州：海峡文艺出版社，1988年，第246页。
② 司马长风：《中篇小说七大家》，载司马长风：《中国文学史·中卷》，香港：昭明出版社，1976年，第36页。
③ 载胡从经：《榛莽集——中国现代文学管窥录》，福州：海峡文艺出版社，1988年，第246页。

在第一篇日记（九月五日）中，阿心毫不掩饰地自称，她曾经和十个以上的男人谈过恋爱。其实不止是谈恋爱，而且发生了关系。她与目前的丈夫 D，是三四个月前结婚的，而阿心肚子里却有一个孩子，五六个月了，显然不是 D 的，而是前一个丈夫 L 的。在很多人眼里，阿心是一个娼妓式的女人。在这个时候，阿心又爱上了一个叫眉海的青年，两人很快进入热恋。有了五六个月身孕的阿心决定和眉海一起出走，去组成一个新的家庭。这当然面临着巨大的压力，而阿心却坚持认为，"爱是人类最高的德性"（该书页 21）。于是，日记中就有一连串近乎宣言式的表白：

> 我感觉这一回发生的事情有点突兀，虽然是有点鲁莽，但很合理。不过，人们一定要更加指摘我，诟骂我，说这是娼妓式的行为了。好！娼妓式的行为也好，我爱自由，我要为我的自由而奋斗。我尊重我自己的人格，我尊重我自己的意志和理想！我不能向世人讨好！我宁愿做一个被人们诟骂，被人们恐怖的娼妓！不愿做一个被人们亲爱，被人们怜悯的太太。（该书页 35）

> 说名声是人之第二生命吧，那有什么要紧？我这个人是第一生命也可以敝屣的，何况第二？总而言之，我有我的人生哲学，我有我的把握。我上不怕玉皇大帝，下不怕阎罗王，我要以我独立的意志，在天地间独来独往。（该书页 37）

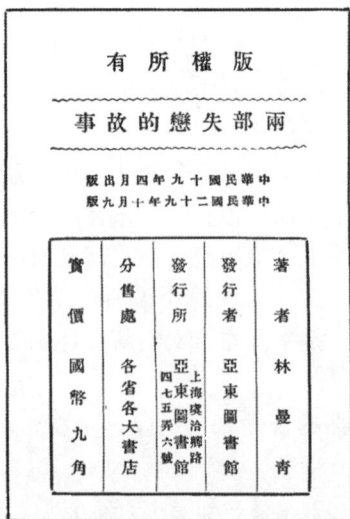

《两部失恋的故事》印行了九版

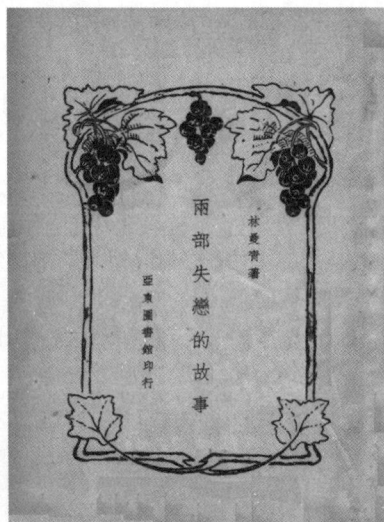

《两部失恋的故事》第九版内封

这些大胆直率的话语是女性解放的宣言。当然，光有宣言不是小说，小说需要有人物、有情节。这篇小说还穿插了阿心对自己家庭的回忆。她的父亲，是一个所谓的名士，整日寻花问柳。阿心亲眼见到父亲是如何糟蹋一个 15 岁的女子心香的。而当阿心到中学读书的时候，又被道貌岸然的校长所猥亵。这些经历，让阿心感觉到，"生命是残酷的，社会也是残酷的，礼法是残酷的，道德也是残酷的"，"陈列在我们的周围的面孔都是冰冷的，刻度的，无情的，狡诈的"（该书页 15）。由于有了这些穿插，阿心的叛逆性格有了铺垫，人物形象也就显得丰满。

相比之下，小说中的眉海，一直是一个软弱的人物，他虽然有勇气和阿心结合，但很快就陷入无尽的自责，总是觉得自己"堕落了"。可是在小说的结尾，眉海却突然宣称他找到了出路，要"走向前去，和一切已经觉醒的人们一道去创造一个新的世界来"，要"把一己的躯体和灵魂交给大众"，走上"为着人类的光明的前途而奋斗"的征途。这样的转变，感觉是安插上去的，很生硬，因为缺乏铺垫，甚至缺乏逻辑合理性。这种结尾的突然转变，也许是像鲁迅写《伤逝》和《药》一样，要给小说增加一点"亮色"吧！

戴平万：
20世纪30年代"新兴文艺的花蕊"

20世纪30年代上海的左翼文化阵营中，有几位潮汕作家很活跃。这些人中，除了为人所熟知的"左联五烈士"之一的冯铿之外，还有两位进入左联领导层的人物——戴平万和洪灵菲，另外还有一位"左翼戏剧家联盟"的首任党团书记杨邨人，这几个人都是当时有相当影响的作家。其中戴平万，就被誉为当时"新兴文艺的花蕊"。

戴平万（1903—1945），原名戴均，笔名（戴）万叶、岳昭、君博、庄错等，潮安归湖人。戴家在当地是诗书世家，戴平万的祖父戴溁巾，中过举人；父亲戴仙俦，也是有名的秀才，二人均有诗集存世，《潮州艺文志》也有著录。生长在这样的家庭环境之中，戴平万自小饱读古典诗词。戴平万就读于潮州的城南小学和金山中学之后，又受到五四新文化运动的洗礼，喜爱新文学和外国文学。1922年，戴平万考入广东高等师范学校（中山大学前身），读的是西语系。这个专业让他接触了大量的外国文学，后来他能翻译和介绍外国的文学作品，靠的就是这个基础。

大学期间，戴平万还与许美勋、洪灵菲等人，组织了新文学社团"火焰社"，在汕头的《大岭东报》创办《火焰》副刊。

他在广州读书期间，正逢轰轰烈烈的第一次国共合作领导的大革命时期。受这个大潮的影响，戴平万和同学好友洪灵菲参加了革命，并在同乡许甦魂的影响下加入了中国共产党。1926年大学毕业，戴平万被国民政府派往泰国暹罗工作。1927年国共合作破裂，戴平万受到监视盯梢。南昌起义的部队进入潮汕的时候，戴平万和洪灵菲回家乡准备参加起义部队，但起义部队很快失败并转移，两人找不到部队，就到海陆丰参加彭湃领导的农民运动，1927年底辗转到了上海。

到上海之后，戴平万积极参加左翼文化活动。1928年，蒋光慈、钱杏邨、杨邨人、孟超在上海成立左翼文学团体太阳社，出版《太阳月刊》，潮汕籍的杜国庠、洪灵菲、戴平万等人积极参加，成为太阳社的重要成员。钱杏邨还主编另一种刊物《海风周报》，太阳社后来也出版另一刊物《新流月报》，在这几个刊物上，戴平万开始发表作品，在左翼文坛受到普遍关注。

1930 年中国左翼作家联盟在上海成立。根据夏衍先生的回忆，左联有 12 名筹备组成员（包括鲁迅），戴平万是其中之一，可见他在左翼文化界已有相当的地位。左联成立后出版的机关刊物《拓荒者》，戴平万也是主要撰稿人之一。

1932 年"一·二八"淞沪抗战之后，上海成立反帝抗日大同盟，戴平万积极参加。1933 年至 1934 年，戴平万一度被党派到东北工作，据说曾担任刘少奇的秘书。他在东北担任的是中共满洲省委（哈尔滨地下总工会）宣传部部长，这个满洲省委的书记是罗登贤（1905—1933，广东南海人）；女工部部长，就是后来壮烈牺牲的抗日女英雄赵一曼，他们共同领导东北地区的工人运动和反日罢工，创建东北抗日联军，所以潮汕人戴平万也被视为东北抗日联军的创始人之一。他回上海之后创作过一系列以东北为题材的小说和散文，以至于曾被误认为是东北作家。

戴平万在东北工作不长时间，就被日本人驱逐，回到上海。1935 年，戴平万接替周扬被任命为"左联"的党团书记。1937 年抗战爆发，11 月上海沦陷，戴平万留在上海，并担任沦陷"孤岛"共产党地下党组织"文委"的领导成员。这个时期，他和梅益（1914—2003）共同主编《每日译报》，这是一份深受群众欢迎的报纸。

1940 年 11 月，戴平万离开上海到了苏北解放区，先在盐城鲁迅文学院讲授文艺理论。1941 年 5 月，到苏中区党委宣传部工作，主编《抗战报》。1943 年任苏中区党校副校长兼教务主任。1945 年在当地一个池塘溺死，也有说是自杀。

戴平万在 20 世纪 30 年代的左翼文坛有过相当大的影响，而且担任过左联领导，但去世过早，长期被遗忘。前些年，戴平万的外甥女、暨南大学原副校长饶芃子教授和黄仲文主编了《戴平万研究》[①] 一书，收集了一些研究资料，戴平万才重新为人注意，他的作品也开始重版。

戴平万喜爱文学，在大学时代就开始创作。到了上海之后，写作还一度成了谋生的手段。《潮汕文献书目》著录了戴平万的三部小说集，分别为《都市之夜》《出路》《苦菜》，来源是广东省中山图书馆的藏书。但戴平万的著作不止于此。在饶芃子、黄仲文主编的《戴平万研究》一书中，已经把戴平万生平所有著作都列了出来，但其中也有一些小错误。现在根据笔者所能见到的原书记录再作整理列下：

1. 《出路》

短篇小说集，署名戴万叶，上海泰东图书局民国十七年（1928）七月初版，收录五篇短篇小说，依次为《出路》《上海之秋》《流氓馆》《三弦》《在旅馆中》。

---

① 饶芃子、黄仲文：《戴平万研究》，汕头：汕头大学出版社，2000 年。

上海泰东图书局版《出路》封面

《都市之夜》封面

2. 《前夜》

中篇小说单行本，署名戴万叶，上海亚东图书馆印行。笔者所见为民国二十九年（1940）七月第六版，根据此书版权页记录，知《前夜》初版于民国二十八年（1939）一月。

3. 《荔清》

中篇小说单行本，上海晓山书店民国十八年（1929）初版。晓山书店是"我们社"办的。"我们社"成立于1928年5月，主要成员有林伯修（杜国庠）、洪灵菲、戴平万等，都是潮汕人。"我们社"出版有《我们》月刊，出版至第3期，因为其中刊登讽刺国民党的诗而被停刊，晓山书店也被封。此书笔者未见原书，据《戴平万研究》著录。

4. 《都市之夜》

短篇小说集，署名戴平万，上海亚东图书馆民国十八年（1929）九月初版，笔者所见为1935年8月第三版，收短篇小说十一篇，为：《都市之夜》《烟丝》《疑惑》《小丰》《山中》《激怒》《树胶园》《流浪人》《朱校长》《恐怖》《母亲》。《戴平万研究》一书列出此书的篇目，只有前九篇，不知道是根据哪一版的。

5. 《陆阿六》

短篇小说集，署名戴平万，民国十九年（1930）五月上海现代书局发行，列为"拓荒丛书"之一。收短篇小说六篇：《陆阿六》《献给伟大的革命》《村中的早晨》《春泉》《新生》。

《陆阿六》封面及扉页

6. 《苦菜》

短篇小说集，署名戴平万（扉页署"戴平凡"），民国三十年（1941）二月上海光明文艺书局印行，列为"光明文艺丛书"之一。收短篇小说六篇，分别为：《苦菜》《病》《在风雪中》《哈尔滨的一夜》《过江》《佩佩》。

光明文艺书局初版《苦菜》封面

《俄罗斯的文学》封面

除小说之外，戴平万另有论著和译著三种：

1. 《俄罗斯的文学》

署名"平万"，民国二十二年（1933）四月上海亚东图书馆初版，全书十四章，正文 257 页，另有作者《自序》一篇。

2.《求真者》

翻译作品，美国作家辛克莱著，同样是民国二十二年（1933）上海亚东图书馆初版，署名平万。

3.《爱国者》

翻译作品，原著作者为后来获得诺贝尔文学奖的赛珍珠（1892—1973）。《戴平万研究》未提及此书，笔者也未见原本。据国家图书馆馆藏目录，此书是香港"光社"民国二十八年（1939）出版的，是与另外四个作者合译的。

除了以上正式成书出版的外，戴平万还有不少文章，刊于《人间世》《文艺界》《文艺新闻》等刊物。《人间世》是林语堂主编的著名刊物，戴平万以"庄错"的笔名发表了《霜花》《在海上》《万泉河》《"亲爱的先生"》四篇散文①，前三篇都是以东北为题材，后来以"关外杂录"为题，被收录进1934年《中国文艺年鉴》。台湾出版的《林语堂经典名著》第二十三册《抒情小品》②，误把《关外杂录》当作林语堂的作品收录。

《戴平万研究》一书中的《戴平万文学著译目录》，已经收集到了戴平万大部分的作品，但还是有所遗漏，可以继续增补。这个目录收集的文章，最早的一篇是刊登在1928年5月《太阳月刊》第5期的短篇小说《小丰》，那已经是戴平万到上海之后的作品。实际上，早在广州读大学期间，戴平万就发表作品。这几篇作品，虽然有点稚拙，但仍然值得珍视。

笔者找到的戴平万早期作品，最早的是发表在《革新（广东）》1924年第1卷第6期上的三篇，分别是：书信体小说《岚影的信》，新诗《春深》、*Ode to Spring*。《岚影的信》是一篇书信体的小说。这种体裁当时很流行。它通过十一封来往书信的形式，写出一个叫湘绮的女子对去世的男友岚影的怀念。两首新诗中，*Ode to Spring*（《春颂》）用了英文题目，但不是翻译，而是原创。另一首诗歌《春深》是这样的：

> 春深见黄叶，
> 好个江南的奇景啊！
>
> 树下立着一个少女儿，
> 闲看着黄叶辞枝。
>
> 可怜的叶儿飘蓬，
> 走入她的怀中；

---

① 刊于《人间世》1934年第1卷第9号和第10号。
② 台湾：金兰文化出版社，1986年。

女儿让他别处去，
于是叶儿飞不住。

少女啊，若你能闻得落叶的心弦在哀弹，
也许你的眼泪落阑干。

落叶啊，若你能般赏少女春来的心事，
你的脸儿也会转苍翠。

但，黄叶，女郎，两难知，
伤春无尽期！

这是青春的恋爱之歌。以落叶起兴，抒写少男少女的心事，但结局是"黄叶，女郎，两难知，伤春无尽期！"一种淡淡的伤感哀愁溢于言表。这种心绪同样见于另外一篇《海滨》①，这是一个诗剧，写的是四个青年男女之间交织在一起的"对角恋"。最终，他们意识到"爱情原是海波，不怕相抵触的"，四个年轻人以宽大的胸怀取得彼此间的谅解，每个人也都各自赢得心上人。

此外，还有几篇比较重要的文章，《戴平万文学著译目录》也未提及：

一是《柳树的忧伤——献给我挚爱的一位亡友》，此文署名戴平万，发表于1935年第1卷第3期的《新小说》。这篇散文写得很隐晦。这位亡友，似乎是指洪灵菲。洪灵菲是戴平万的同学，又同时参加革命，同时经历流亡生活，同时在上海从事革命文学运动。洪灵菲于1933年被国民党杀害。

二是1936年至1938年，戴平万在上海的《自修杂志》月刊的"文学讲座"等栏目发表一系列文章，笔者找到的有九篇。这九篇文章中，有的是介绍高尔基和美国作家杰克·伦敦（1876—1916）的小说，也有通论性的《怎样研究小说》；更重要的是几篇"抗战文学"的论述，包括《抗战文学与报告文学》（分三篇）、《抗战文学与集体创作》《抗战文学与文艺通讯运动》《抗战文学批评的任务》等。后几篇发表时已是1938年，上海已经成为"孤岛"，在这种环境下如此大张旗鼓地举起"抗战文学"的大旗，是需要极大的勇气和民族自尊的。

对于戴平万的创作，左翼作家自然是看到作品中的革命性。短篇小说《小丰》②，是以1925年6月23日发生在广州的英国士兵枪杀中国游行工人的"沙基惨案"为背景的，写一个工人的儿子小丰也参加革命游行的故事，"这孩子是革命的希望，是打倒帝国主义的后备队"。当时，著名的左翼文学评论家钱杏邨

（阿英）在当期的《太阳月刊》"编后记"中就特别推荐这一篇，说这是"一篇很有力量很有成就的作品，内容充实，结构严密"。接着，在《关于〈都市之夜〉及其他》这篇文章中，钱杏邨又进一步说："在《小丰》里，他描写了小丰的天真烂漫的，从内心开始抬起头来的革命信心的发展，以及他的意志的坚定。"其认为这篇小说"是戴平万短篇小说中最好的一篇，是对于反帝运动很有力量的一篇"。

钱杏邨对于戴平万的整体创作也给予很高的评价："戴平万的短篇，是比较有成就的，像他这样的作家，在最近我们只有很少数。""我敢说戴平万的短篇，在目前，是比较的能令我们满意的了。"钱杏邨进一步说，如果说我们的新兴文艺已经产生了几朵花，有了几个花蕊，"戴平万的短篇，就是我们已经有了的几个'花蕊'中的一个"。

但我觉得戴平万小说中的女性形象也值得注意。作为一篇短篇小说的《都市之夜》，写的是都市一个被抛弃的女子，本来，"她是一个小县城的女子，羡慕着都市的繁华和美丽，跑到这儿来的。她以为都市的人们都是整天地娱乐着，找事情是不成问题的，所以她勇敢地来了。那自然是要大大的碰壁了啊！她尝一度去做过明星，但是因交际不漂亮被遗弃了"（该书页13）。她跟了一个洋行的买办，但这个买办遗弃了她，以致她提到这个洋买办总是称呼为"那只"。幸运的是，她还有一处房子。而作为房东，当遇到大学生房客"老韩"之后，她想把自己十三四岁的女儿许配给他，一直催着乃至逼着他。而在这个过程中，她又不断地给大学生以身体的暗示，这个"老韩"受不了，只能连夜跑了出来。小说就以"老韩"跑出来后向老友大倒苦水的视角讲述了这样一个都市故事。

短篇小说《疑惑》则有另外一个让人同情的女性形象。小说通过一个男孩"阿狗"的视角，来写她的姐姐。姐姐原来在一个工厂做工，后来失业了。家里只有母亲和姐弟三人。姐姐的失业让家庭陷入困顿。但有一天，阿狗注意到姐姐新做了一条漂亮的旗袍，开始打扮起自己。阿狗有点困惑了。几天后，阿狗在一家影院门口卖报，见到一个漂亮的女子，细看正是自己的姐姐，她身边还有一个不认识的粗鲁男人。阿狗很惊愕，而姐姐则装作根本不认识他。阿狗回家，把见到的情形告诉了母亲，母亲不作声。当晚，睡不着的阿狗，听见姐姐回来了，还隐约看到姐姐拿了一叠钱给妈妈，而母女两人相对流泪。显然，这位姐姐是因生活所迫牺牲了自己。作者的叙述，并非鄙夷，而是充满同情的口吻。现在读起来，不论是都市弃妇还是"姐姐"，这一类都市弱女子的形象，虽然显得单薄，但仍然引发人的同情。这几个人物形象，让戴平万的小说避免了某些革命文学的脸谱化，而接近人性的自然。

明星作家陈波儿

《劳动的光辉》初版封面

《同志，你走错了路！》封面

作为电影艺术家的陈波儿，已经被人谈了很多，本文要说的，是陈波儿的另一面——作为作家的一面。

陈波儿（1910—1951），原名陈舜华，潮州庵埠人。早年在家乡的转坤女学读书，曾闹出了"剪辫"事件，出走到汕头礐石的正光女校读书，后来到了上海，先在上海教会办的晏摩氏女中读书，因为参加革命游行而被开除。1929 年，陈波儿考进上海艺术大学中文系。这个大学的校长是潮阳人周勤豪，曾因包容当时被称为"文妖"的张竞生和刘海粟等人在校任教而闻名上海。上海艺术大学也是左翼文化人的阵地。学校的教务主任是早期中共领导人之一的陈望道，瞿秋白也曾任中文系的主任。陈波儿进校的时候，中文系主任是田汉。本来思想激进的陈波儿，在这一批共产党人的影响下，很自然地就参加了左翼文化运动。本名陈舜华的她，把名字也改为陈波儿，"波儿"取自"布尔什维克"的前两个字的谐音。

在上海的时候，陈波儿开始进入演艺圈。她先是进入郑伯奇、夏衍等左翼文化人的"上海艺术剧社"，1931 年主演话剧《街头人》崭露头角。但也因为参演进步话剧，受到国民党的监控，不得已流亡到香港。

1934 年，陈波儿重回上海。经上海艺术大学老师郑伯奇的介绍，陈波儿进入当时上海第一大电影公司"明星公司"，拍了电影处女作《青春线》。陈波儿的成名作则是"电通公司"的《桃李劫》，她在片中出演一位忍辱负重、伤重致死的女性，显示了优秀的表演才能。《桃李劫》是我国较早的有声电影之一，其主题歌《毕业歌》也成为不朽名作，而作为女主演的陈波儿，也凭借这部电影被写入中国电影史。

成为电影明星之后，陈波儿利用自己的影响力投入更多的社会活动，特别是宣传抗日，参演过话剧《保卫卢沟桥》，还拍摄了电影《八百壮士》，都是宣传抗日的题材。陈波儿还组织了一个"战区儿童妇女考察团"，进入陕北，到了延安，历时两年，以致上海的报刊说陈波儿失踪了。在延安时期，陈波儿继续演出话剧，和后来成为她第二任丈夫、《桃李劫》的男主角袁牧之编导了话剧《延安生活三部曲》等。

1946 年，陈波儿作为共产党的代表，进入东北，主持东北电影公司（长春电影制片厂前身）的工作，拍摄了很多革命影片，还导演了中国第一部木偶剧《傀儡梦》。后陈波儿调入北京，任中央电影局艺术委员会副主任兼艺术处处长。1950 年，她领导创建了中央文化部电影局表演艺术研究所，兼任所长，这个表演艺术研究所就是现在北京电影学院的前身。

1951 年，陈波儿因心脏病在北京去世。

陈波儿喜爱写作。初到上海的时候，曾以"陈佐芬"的名字在报刊发表文章，那时主要还是为了赚点稿费养活自己。但她一直保持写作这个爱好。据说她

陈波儿主演《生死同心》剧照

20 世纪三四十年代影坛四大才女之陈波儿
和王莹的合影（左为陈波儿，右为王莹）

在解放区时，当有人问她需要什么的时候，她的要求往往就是要一支钢笔。陈凤兮女士（1905—2002，曾任何香凝的秘书，也是庵埠人，而且跟陈波儿是同族，并曾同在上海艺术大学读书）都曾专门为陈波儿送去钢笔。陈波儿与王莹、艾霞、胡萍并称当时"影坛四大才女"，四人都经常有文章发表。

现在署名"陈波儿"的书有两部：《同志，你走错了路》和《劳动的光辉》。《同志，你走错了路》影响很大，几乎所有的现代文学史都会提到。但该书署名"姚仲明、陈波儿等集体创作"，其实剧本主要是姚仲明创作的，周扬的序言也只提到姚仲明，所以似乎不能算作陈波儿的作品。真正算陈波儿作品的是《劳动的光辉》，这是一个五幕话剧的剧本，正文只有 89 页，1949 年 8 月初版，由新中国书局印行，三联书店经售，印数多达 10 000 册。

《劳动的光辉》写的是发生在一个发电厂中的故事。男主人公周明英，陈波儿给他的定位是："大个。带有最优秀工人的品质。待人忠厚，对工作负责，肯用心思，说话与动作很干脆，声音宏亮，性格属于好动、急躁的类型。"这类作品都是延安文艺座谈会以后的产物，具有鲜明的时代特征。

上述两个剧本，都是当时解放区经常演出的。此外，陈波儿还写有一个剧本《伤兵曲》①，则未曾上演过。而更多的，是发表在各种报刊的随笔。

陈波儿的随笔发表在上海的《电通》《无线电》《妇女生活》《青春电影》等杂志上。虽然是电影明星，但陈波儿没有那种明星腔，文笔非常硬朗俊爽，内容也不是小感情小感伤，而往往是直切社会。比如，作为一个明星，陈波儿毫不讳言："演员也不过是一个活动的傀儡。接到通告后，你就得于一定时间内跑到摄影场。到了摄影场，导演教你哭，教你笑，你只好照令而行。"她认为演戏占用了演员太多的时间，让他们没有时间继续学习，休息时间只能看看电影画报和文艺小品，影响他们继续深造，所以陈波儿曾经在一篇文章中提出，演员每年的拍戏时间不能超过四个月。这些大概只有个中人才知个中味。这类文章比她的剧本更好读，可惜非常零散。现在陈波儿的传记已经不止一本，但还没有一本陈波儿的文集，实在是一个遗憾。

---

① 上海《创作》月刊 1942 年第 2—4 期连载。

翁辉东之诗文

　　翁辉东（1885—1965），字子光，也作梓光，号止观、梓园老人，室名涵晖楼、殁庐，潮安金石（今潮州市潮安县金石镇）人。早年在汕头岭东同文学堂简易师范学校就读，这是由丘逢甲（1864—1912）创办的一所学校，翁辉东在这里开始接受新学教育，并接受维新思想。1908 年秘密加入同盟会，并成为海阳县（潮安县原名）同盟会分会书记。

　　翁辉东从岭东同文学堂毕业后，在当地的东凤育才小学等学校任教。他编写了《潮州乡土地理教科书》《潮州乡土历史教科书》《海阳县乡土志》（与黄人雄合编）等乡土教材，"尔时一州风行，千百小学，多采是书为课本"①，并因此得到一笔稿费，从而可以作为费用到广东高等农业学校②深造。

　　1911 年辛亥革命爆发，翁辉东积极参加，并回潮州任粤省第四军司令部参议，参与潮州"光复"之役。

　　辛亥革命后，翁辉东曾任潮州农林试验场场长兼蚕桑所所长。1913 年至 1921 年任惠潮梅师范学校（韩山师范学院前身）学监、代理校长等。1922 年，转到省立第四中学（金山中学前身）任教，再任汕头汉英中学校长、潮州红十字会附属医专教员等。

　　1924 年，翁辉东出任大埔县县长。1927 年出任两淮盐署转运使专员，因不满官场习气，在任均只有三个多月即辞职。1927 年到上海任神州国医学院生物学教授。旅沪期间，他积极推动和组织旅沪潮州同乡会的工作。1932 年"一·二八"淞沪抗战爆发，翁辉东组织潮州同乡会积极支持十九路军的抗战，不仅电文声援，而且组织物资，救治伤员，安置难民，做了大量的工作。上海沦陷期间，翁辉东帮助叶恭绰编辑《皇明四朝成仁录》和明末遗民屈大均的《屈翁山文集》，借此明志。

　　翁辉东一直致力于家乡文献的搜集编辑工作，有《潮州文概》（1933 年初

---

　　① 翁辉东：《潮州文概·自序》，载翁辉东：《潮州文概》，上海：中国仿古印书局，1933 年。1911 年的《广东教育官报》第十二号有对《潮州乡土历史教科书》和《潮州乡土地理教科书》二书的修改和审查意见，如原书初稿把南澳纳入潮州府，而当时的南澳是"直属厅"的编制，所以被驳回修改。

　　② 有作"广州农业讲习所"，此据饶锷：《清云骑尉翁公墓志铭》，载陈贤武编：《饶锷文集》，香港：天马出版有限公司，2010 年，第 172 页。

版，1944 年增订本）、《潮州方言》（1943 年版），为潮州文化研究者的常备之书。1946 年应饶宗颐先生之邀参加《潮州志》的修志工作，并撰成《风俗志》一编。1949 年后，翁辉东任广东文史馆馆员，继续从事家乡文献整理工作，有《潮州历史文物图集》（未见）、《潮风》（1957 年油印本）。

翁辉东曾集翁氏先祖诗集成《唐明二翁诗集》，又重辑翁万达《稽愆集》，并有《翁氏家谱》，并曾为其父作《得闲居士年谱》。

翁辉东之诗文集稿本，似已散佚。1957 年油印之《潮风》附有《涵晖楼诗稿》。1991 年，其侄翁克庶又曾从《潮风》及《翁氏家谱》抄得翁辉东部分诗作，分为"桑浦行吟""瀛洲曲""村居杂咏"数类，仍题为"涵晖楼诗稿"，汕头市潮汕历史文化研究中心有其抄本之复印件。

翁氏别有《燕鲁纪游》和《西泠鞭影集》，为纪游之作。《燕鲁纪游》多见，《西泠鞭影集》则仅见浙江图书馆藏本（另文述及）。另有诗文散见于民国报刊，尚待搜集。

《燕鲁纪游》

《燕鲁纪游》刊行于民国二十九年（1940）十月，为日记体，纪其民国二十三年（1934）九月、十月间燕鲁之行，卷首记此行缘起云：

> 余久客申江，苦空气污浊，车马尘嚣，每思北游燕鲁，得聆慷慨悲歌之俗也，未有间也。日者云屏李翁率其叔子萍生君从鮀江来谒余天主堂街沪寓，余宴于冠生园，郑君雪耘与焉。席次，云老为言将之北平游，拟绕道曲阜谒孔子庙陵。余壮其行。而云老乃以同游相邀，并挽郑君偕往。余颔之，立整装，托萍生君向中国旅行社代购平沪来回游览二等车票，票资七十五元五角，限期四十三天。临行郑君过于事，未能偕往，相引为憾。

卷端有《五十述怀》二诗代序，且有郑雪耘和吴鸿藻和诗，其代序原诗为：

五十述怀

（其一）

半生意气今淘尽，艾服年华瞬便过。

愧拥寒毡吟械朴，漫同老圃喜乔柯。

官如春梦期尤短，子比乱山列更多。

盖世浮名都是幻，一庭明月且婆娑。

（其二）

橐笔江湖此滞淹，春申几度见凉蟾。

旧京宫殿供凭吊，阙里庙堂幸式瞻。

忙里不忘寻胜迹，闲来又欲访残帘。

室人谅我能相助，最喜慈云鹤发添。

是书卷末则有二评语，一为北平陈朴园作，谓"是书以最浅白文字做最翔实记载。未至其地者读之恍似胜景亲临，既至其地者读之有如古人再遇，允为最有价值之游记"。

其他诗文

除了《燕鲁纪游》和《西泠鞭影集》，笔者尚见有翁氏诗文散诸民国报刊，有诗歌、考证文章、杂论等。其激于卢沟桥事变而作的《芦沟曲十首（民国卅六年作）》和《国难诗二首（民国二十八年作）》[①] 尤其值得珍惜。

芦沟曲十首（民国卅六年作）

（录三首）

（其一）

国步艰难愤慨多，决心抵抗复如何？

全民努力全民战，指日便闻奏凯歌。

（其二）

芦沟晓月几徘徊，乍与强邻战事开。

大计果然能早决，敌机未许乘风来。

（其六）

长城蜿蜒暮笳吹，忍见雄关遽易旗。

伟矣健儿争喋血，最哀是赋黍离诗。

国难诗二首（民国二十八年作）

（其一）

芦沟桥畔战云开，陆海军动地来。（此句原文漏排一字）

每气熏时天犹哭，夷弹火起鬼衔哀。（"每"疑为"海"之误）

另檐寡妇悲完节，宫室窖金发几回。

瞬息寇氛弥禹甸，伤心忍看劫余灰。

---

① 均载于《新上海》杂志 1946 年第 23 期。

(其二)

自强差幸免瓜分，罔想鲸吞骇（当作"骇"）听闻。

抗战长期秉国策，动员全面清尘氛。

文明种族心宁死，游击士兵猛似云。

纵使一时焦土甚，会看群丑溃纷纷。

（自注：当时作此诗，只凭正义，今也果然，有如谶语）

翁氏也喜佛学，其号止观，即与佛学有关。近代释莲舟重辑《灵山正弘集》，也有翁辉东所作之《灵山嗣法系统》。他还有两篇文章论及韩愈与大颠之关系，分别为《退之别传书后》和《灵山正弘集跋》，均载于《弘化月刊》第48辑。

附

叶蓁的诗

翁辉东的夫人叶蓁，毕业于上海神州国医学院，师从著名中医陆渊雷，有多篇医学论文，发表在《神州国医学报》等刊物上。曾汇印《毕业纪念刊》① 一册，由陆渊雷题签，郑正秋、郑雪耘、翁辉东分别作序，其中除了医学论文和杂论外，还存诗20首，亦名为"涵晖楼诗稿"，由潮州旅沪名诗家郑雪耘选定并作评，雪耘评其"古诗甚佳，如'谁家秋笛风前怨，几处秋砧雨后沉'，清丽可诵。余如'学识不随年事长''离愁尽在吹葭后''便使纸灰能化蝶，如何飞得到南洋'，皆有新意。多才多艺，殊难能也"。现录存四诗，与读者分享。

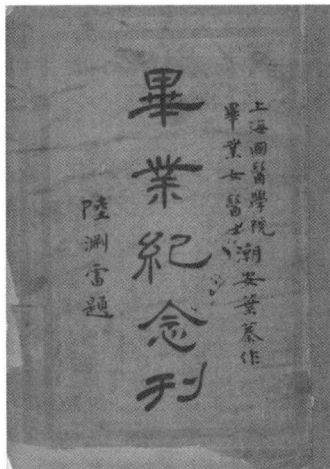

叶蓁《毕业纪念刊》

附于《毕业纪念刊》的《涵晖楼诗稿》

① 叶蓁：《毕业纪念刊》，上海：国光印书局，1931年。

秋夜听风雨

秋光惨淡秋色昏，寂寞秋闺欲断魂。
一点秋心无着处，骤来风雨洒秋痕。
新秋风雨来何速，惹起愁人愁万斛。
恻恻秋声夜正长，灯下漫将残句续。
残句续成百感侵，泪痕和墨共沾襟。
谁家秋笛风前怨，几处秋砧雨后沉。
兰缸无奈秋风力，湘竹不禁秋雨滴。
萧飕一片断肠声，凄凄切切如鹃泣。
罗衿昨夜梦不成，梦魂恍惚何处觅。
醒时风雨自凄凄，帘前鹦鹉犹叹息。

回忆

一春好景眼前过，如水韶华奈岁何。
学识不随年事长，回天合仗鲁阳戈。

晦日接外子家书

课罢欣看鸿雁归，摊笺喜极泪沾衣。
身轻若化兰阶燕，便逐寒云万里飞。

哭兄

少小离家长未逢，云山迢递杳难通。
归宁待话天伦乐，岂意春婆一梦终。
雁行折翼泪淋浪，更值清明祭扫忙。
便使纸灰能化蝶，如何飞得到南洋。

潮人旧书

《西泠鞭影集》

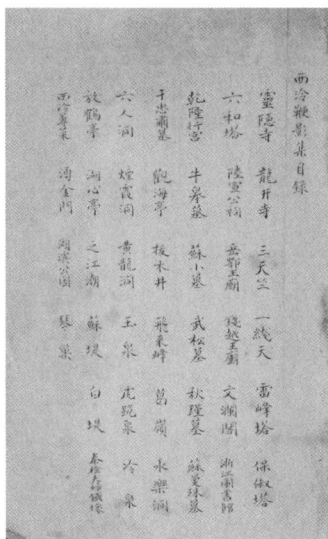

《西泠鞭影集》目录

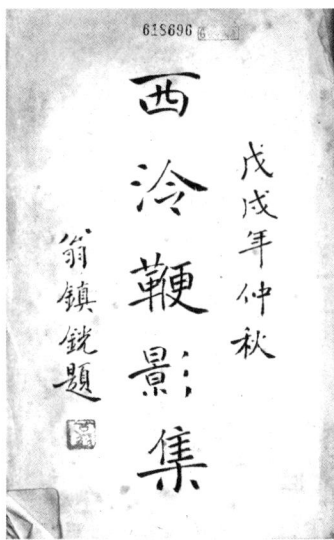

写本《西泠鞭影集》封面

　　《西泠鞭影集》一卷，署"潮安止观翁辉东撰"，浙江图书馆藏，写本，收诗四十题五十首。

　　书有作者《小序》，云：

　　　　余向读东坡诗，有"欲把西湖比西子，淡妆浓抹也相宜"之句，是可谓善于刻画西湖者矣。时人题西湖联，有"水水山山处处明明秀秀，晴晴雨雨时时绿绿青青"，亦甚把西湖胜状透露殆尽。余向是憧憧憬憬于西湖之景色者，乃于游沪之日，佟在百忙之中摈挡作西湖游。丁卯深秋，偕挚友周实夫往游，留连七天，卒至游资尽罄，幸有游客张陈二君节约接助，始得赋归。庚午仲春，挈眷往游，盘桓十日，对于一泉一石，一亭一树，皆往存问。（西湖十景，古今题咏甚多，故未咏及①）

------

① 实际上集中也有《苏堤》《雷峰塔》等诗，二景向来是属于"西湖十景"的。

归则缀为韵语，以期无负于此名山贵水，且有意作"闲来得句当山看"之概。不期获得绝句五十首，缮录成帙，名曰"西泠鞭影集"。缘余向之为诗，对于声韵音律不善苦求，独于事事物物务求详尽，自以为颇得明人纪事诗之意。今为是诗，聊备后之游西湖者少作途经。读我诗者，也许相谅否耶？丁酉初冬，潮安梓园老人自识。

序文作于丁酉（1957），封面翁镇铣题签上款特署"戊戌年仲秋"（戊戌年为 1958 年），知此集为翁氏晚年写定之本。而其两次游杭，在丁卯（1927）、庚午（1930），"归则缀为韵语"，可知这组诗作于 1930 年前后。文中提及之周实夫，其人未详，《广东旅沪同乡会月刊》和《潮州旅沪同乡会特刊》有周实夫，疑即一人。周实夫有《重刻明周玉泉公孝廉赠录书后》[①] 等文，应该是潮阳峡山人。

这组诗文字多浅白，接近竹枝词的风格，作者自谓"颇得明人纪事诗之意"，如：

灵隐寺

（其一）

巍峨清净梵王宫，坐镇山门孰与雄。
庑下弥陀五百座，华严三圣兀居中。

（其二）

十寻楠木俯雕甍，绀宇千僧镗鞳声。
金粟贝多经卷塞，庄严佛土不须争。

龙井寺

风篁岭下注龙泉，龙井丛林名异传。
自昔辩才此卓锡，著闻雨后与明前。

诗中又多有凭吊前人遗迹，而发思古之幽情，如《陆宣公祠》《岳鄂王庙》《钱越王庙》《于忠肃墓》《秋瑾墓》《苏曼殊墓》《放鹤亭》，乃至《武松墓》《苏小小墓》等。如：

岳鄂王庙

降书夜报四太子，臣构称臣从兹始。
庄严庙貌几千年，武穆何难此一死。

---

① 刊于《潮州旅沪同乡会特刊》1932 年第 2 期。

放鹤亭

鹤尽放归不再来，梅花有客许重载。

如今罕见林逋叟，令我空山绕几回。

诗集中部分诗后有小注，助读者了解相关史事，也有一些当时的记录，如：

琴巢

丝竹铿锵慕古音，无弦唯有渊明琴。

琴桌聚集古琴瑟，流水高山鸣素心。

此诗自注："时人汪裕泰筑汪庄于湖滨，搜集许多古琴实其中，名曰琴巢，游人多往览赏。"这个"琴巢"，现为西子宾馆，是西湖最高级的宾馆，位置及风景绝佳。

浙江图书馆藏《西泠鞭影集》尚、夹有翁辉东手札一片："此册请惠存。望回片，便刻后再寄/本人向所刻书数种，均蒙尔馆惠存，如《二翁诗集》之类/住潮州文昌路八号　翁辉东上。"笔者在西湖孤山浙江图书馆古籍馆，见该馆收藏翁氏著作甚备，包括《海阳县乡土志》《潮州文概》《潮州方言》《燕鲁纪游》《唐明二翁诗集》《稽愆集》《翁氏家谱》，乃至晚年油印本之《潮风》均有，而《西泠鞭影集》更是仅见之本，诸家未见记载，且钤有"东莆山人""翁辉东"等印章，抄写书法工整秀丽，洵为可珍。

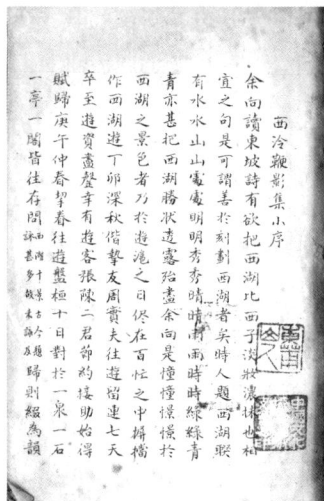

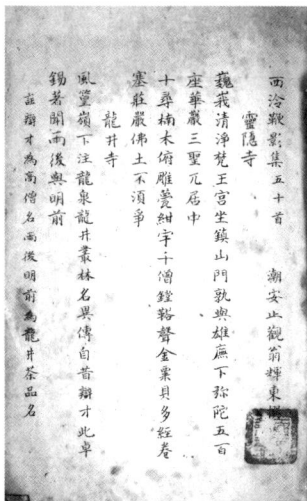

《西泠鞭影集》小序及正文

词坛名宿陈运彰

词

最高樓　九日酬大廠　　　　　　　　　　蒙庵

山共水何處足清吟佳節又而今消他黃菊供愁抱，依然醒醉付秋心算閑情，能閉戶託長吟。知明日、夢香還有蝶。間此樹戀枝餘幾葉無風雨更蕭森隔年尙記人歸後孤城未覺暮寒深遠層雲迷望眼正籠陰。

齊天樂　展重陽約大廠同和五峯詞韻寄衡脩香港　　　　蒙庵

黃花何苦重遭此，傷時更憑誰省己倦登高，還憐別遠，都是追遊心影殘秋暮景；想南北今朝，一般期準。但覺羈愁羨君猶得去鄉近。無風無雨正好只江山畫裏頹金粉霧斂楓丹霜迎雁白，寒意蕪城共迥汐潮暗聚又下九孤蟾笑簾窺鏡斷閬悵處，不辭扶醉穩。

朵桑子　和叔南　　　　　　　　　　　　蒙庵

微霜禁夜延更靜雲外山河夢裏歌細尉秋痕一霎那。　拚心花卜憑誰問巾掩香羅黛斂橫波側帽聞歌喚奈何。

臨江仙　衡齋復有南中之行興大廠分和小山詞送之得第二第三兩韻　　　　蒙庵

懷塵鶼誰知故鄉何日幾能歸遠行還是客顏貌各依枝。別久何妨情密，天遙應惜書稀。無多芳意託聲詩那堪今日事肯憶去年時。　　放眼海雲同闕牽

词

一

陈运彰发表在《之江中国文学会集刊》上的词作

著名的古园林研究专家、同济大学教授陈从周曾自述："予金石碑帖之学，受之于潮阳陈蒙庵师运彰"①；书法大家沙孟海先生盘点其平生师友，也提到"潮阳陈蒙庵"②。这位"潮阳陈蒙庵"即陈运彰先生，他的诗词、书画、篆刻都

---

① 陈从周：《碑帖不宜装裱》，载陈从周：《梓室余墨——陈从周随笔》，北京：生活·读书·新知三联书店，1999年，第153页。

② 见沙孟海：《书学师承交游姓氏》，周振编：《沙孟海论书语录图释》，上海：上海书店出版社，2003年，第113页。

卓然成家，驰誉于世，在近些年的拍卖市场上，也已经声价日高。本文暂且不论及其书法篆刻的成就，只谈他的诗词，顺带说说他和梅兰芳先生的交往。

词坛名宿

陈运彰（1905—1955），原籍潮阳铜盂，其父陈开齐先生，是在上海经商的潮阳人，陈运彰就出生在上海。他原名彰，字君谟，一字蒙庵（也署作蒙安、阿蒙、蒙厂、蒙父），号华西、证常等，因为排行第二，所以也自称陈二、陈仲子。室名有蓬斋、纫芳簃、证常庵、华西阁等。他精于诗词、书画、篆刻，是传统艺坛的全才。陈运彰曾在上海的圣约翰大学和杭州之江大学等任教，但他出身豪富，成名之后又有书画"润例"，所以生活一向优裕，职业对他来说简直是余事。

陈运彰主要专攻写词。如果来一个"近代词坛点将录"，陈先生肯定占有一席之地。陈运彰学词有名师指点，这位名师就是清末词坛四大家之一的况周颐。况周颐（1859—1926），广西临桂（今桂林）人，原名况周仪，因避宣统帝溥仪讳，改名况周颐。辛亥革命后况周颐甘为遗老，居住在上海，以卖文为生，在经济方面得到陈运彰等弟子的奉养。晚清曾有一阵子的词学复兴，出现过一批词人，况周颐与王鹏运、朱孝臧、郑文焯合称"清季四大家"，著有《蕙风词话》《蕙风词》等，其《蕙风词话》是一部著名的词学理论。因为况周颐与朱孝臧（即朱祖谋，《宋词三百首》的编者，还编有大型的词集丛刊《彊邨丛书》）互相友好，陈运彰又得到朱氏的赏识和指点，同时与朱氏的弟子龙榆生、夏承焘等切磋词学，又与潮汕著名词学家詹安泰先生长期交游，有不少唱酬之作。这些人后来都成为词学界的泰斗级人物。

陈运彰的词集名为"纫芳簃词"。由于他去世过早，词集只留下手稿而未能出版，这部手稿现归广州的收藏家梁基永先生。梁先生曾在网上展示了部分内容，也说准备影印出版，但至今未见成书，实在是遗憾。多年前，潮学名家孙淑彦先生曾多方搜集，编了一本《陈蒙庵先生剩稿》，计收词十阕、诗一首、序文一篇，现在看起来可以补充的还很多。这些年来，笔者也在搜集陈运彰的诗文，已积有数十篇，本想编一本更全一点的文集，但由于一直未能见到《纫芳簃词》手稿的全貌，而且听说其诗稿和文稿都还在人间，只是被人秘藏而已，所以此事只好搁置了。

陈运彰的词，以婉丽为特色，评论家说是"清丽得声家三昧"（陈兼与《读词枝语》），下面选录其词一阕，可以大略看出他的风格。

踏莎行

百五光阴，万千心事，芳菲时节人憔悴。隔年赢得独思量，明朝还惜闲红紫。

怨掷莺梭，恨题凤纸。江南春在锡箫里。东风传烛散轻烟，无言手把重门闭。①

除了词的创作之外，陈运彰还有《双白龛词话》，这是其词学理念的集中体现，最初分别发表在《雄风》和《茶话》两刊物上，总共有 42 则。另外还有《纫芳簃说词》（载于《永安月刊》）、《纫芳簃读词札记》（载于《之江中国文学会集刊》）、《校词札记》（载于《子曰丛刊》）等，都是采用传统的"词话"体裁撰写的，虽是只言片语，却是真知灼见。

陈运彰主要以词闻名，其实他也写诗，散见于各种报刊上，还有《思无邪斋诗话》（载于《永安月刊》）专论诗歌。

陈运彰富于收藏，特别喜欢收藏古籍珍本和碑帖，还曾为上海《新民晚报》编辑《造型副刊》，就是专讲金石的。饶宗颐先生主编《潮州志》，也聘请陈运彰主编《金石卷》，可惜后来终未成书。

陈运彰喜欢治印，并有《说印》长文（载于《雄风》月刊）。他与印学名家易孺（号大厂）终生交好。易孺为陈运彰刻了很多印章，他死后由陈运彰编为《证常印藏》出版。

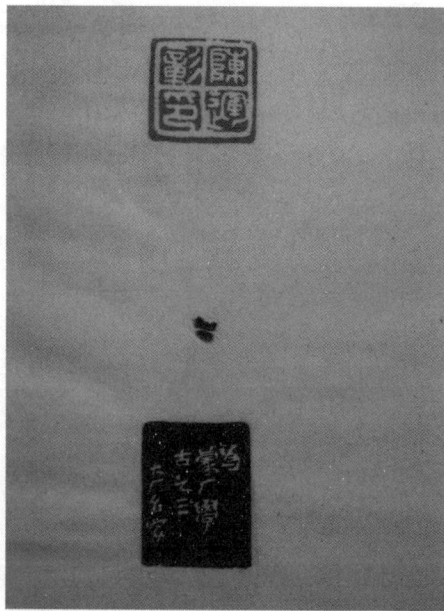

《证常印藏》之陈运彰印

---

① 录自刘梦芙：《二十世纪中华词选》（中册），合肥：黄山书社，2008 年，第 1551 页。

狂士乎？

在同时代人的记述中，陈运彰经常被视为一个"狂人"。陈巨来（1905—1984）是陈运彰的老师况周颐的女婿，拜印学大师赵叔孺（1874—1945）为师。陈运彰也喜欢刻印，两人关系密切。而陈巨来在《安持人物琐记》一书中，就说陈运彰是"当年上海十大小狂人之一"。而况周颐的儿子况又韩，是一个画家，经常与陈运彰合作，韩画画，陈题字，称为"双璧"。当时有人记载说："在他（况又韩）口中，常听到他念着柳屯田（宋代词人柳永）的一句词，叫做'况有狂朋怪侣'。'况'字作实字用，指他的姓；'怪侣'便是指他的夫人；'狂朋'也是一位大画家，陈蒙庵（运彰）。"① 可见在朋友心目中，陈运彰是"狂者"。但细看这些文章所说的故事，却发现似乎并不是那么一回事。

陈巨来《安持人物琐忆》记了一件事。陈运彰曾对陈巨来说："你的贵同门叶露园（叶露园和陈巨来都拜赵叔孺为师学刻印），印刻得很不差，见人总是大谈艺术，滔滔不绝，但他说到秦李斯'玉筯（zhù）篆'时，总是读作'玉筋（jīn）篆'。将'筯'念作'筋'，大为见笑大方。"陈巨来也觉得无法辩护，但他的老师赵叔孺竟然说："他（叶露园）是富家子弟，其父叶品林，是英国汇丰银行的总会计主任，叔父叶扶霄，又是上海四行之一大陆银行的总经理和董事长，露园本人现已升为上海四明银行的襄理副理了，他年也四十左右了。吾也不愿再纠正，使他难堪了。他永远不会吃我们这一行书画刻印的饭了。让其读'玉筋'一世吧。"这完全是一种不负责任的态度。陈运彰实在看不过，但也只是私下跟好友说说，已经是很客气了，根本谈不上狂。

陈巨来在书中又进一步说陈运彰"狂而有癫状，又口没遮拦，说后尚不知已闯了祸"。陈巨来曾介绍陈运彰与书画名家吴湖帆相识，吴对陈运彰很赏识，对他来求字画也都有求必应。但陈运彰后来多次代人向吴求字画，吴就要润金了，而陈运彰竟然说"找你写字，这是看得起你啊"。吴湖帆大怒，从此两人绝交。这说明陈运彰确实有些骄慢，处事不当，但还不是狂。狂是看不起一切人。又有一说，是吴湖帆向陈运彰借汽车遭到拒绝，导致两人绝交。

实际上，当时一些人之所以看不惯陈运彰，实是有点"羡慕嫉妒恨"。这些人翻陈运彰的老底，说他是"土膏店小主人，一身土头土脑"，这是讽刺他家豪富是起于贩卖鸦片。

陈运彰与赵叔雍（1898—1965，即赵尊岳，编有《明词汇刊》，饶宗颐先生作序）二人，彼此看不顺眼，经常互相奚落。但陈巨来也不得不承认："平心论

---

① 睡禅：《画家的奇癖》，载 1948 年 7 月 21 日《申报》。

之，（陈运彰）文字似不在叔雍之下也，否则，圣约翰亦不致聘之为文学教师也。"[1]

据说陈运彰在临终前，嘱咐家人将其日记销毁，就是因为日记中有不少对同时代人的评论，其中一些他不想流传出去，所以决定烧了。

京剧票友

陈运彰从未在北京长住，却喜欢讲北京话即"京片子"，而且像当时很多名士一样也喜欢京剧。1948 年 10 月 16 日《申报》的《文化界小新闻》有一行消息，称"陈蒙庵教授近日忽发周郎雅兴，向小生名票何时希医师研习《白门楼》、《玉门关》诸剧"。而陈运彰与梅兰芳至迟在 1926 年就已开始交往。梅兰芳跟从著名画家陈师曾学画佛像，陈云彰曾为梅兰芳所画的佛像题了一首词[2]：

婆罗门引

庄严色相，茜窗初写到黄庭。香南慧业常惺。歌阑舞余染翰，绀髻恁光明。道天花散后，悟彻瑶情，腕画禅上乘。

粟留影，笔通灵。道子僧繇可作，乐与传灯。众生演化声闻被，何况更丹青。般若谛，却付嘉荣。

1926 年，梅兰芳在上海出了一本画册专集。根据当时《申报》的广告，这本书非常考究，封面用美国进口的布纹厚纸，内页用铜版纸，印刷精美，而内容除了照片之外，还有梅氏书画等图片，共计百余幅，当然也少不了有人来捧场，画册有"诗词凡数十首，如况夔笙（即况周颐）、李拔可、陈蒙庵、无盦居士等，均属海内名流得意之作"[3]。

算起来当时陈运彰只有 21 岁，居然就列于"名流"，正应了张爱玲那句话："出名要趁早啊！"

---

① 陈巨来：《安持人物琐忆·记十大狂人狂事·陈蒙庵》，上海：上海书画出版社，2011 年，第 180 页。

② 载 1926 年 11 月 20 日《申报》。

③ 见 1926 年 12 月 9 日《申报》。

女诗人张荃

张荃（1911—1959），字苏簃，揭阳籍，出生于北京。其外祖父为揭阳著名学者姚梓芳先生（1871—1952，号秋园）。张荃自幼得到外祖父的钟爱，她在一首诗中回忆说"忆昔趋庭时，视我如诸子。挈我走南北，课我攻文史"[1]。长大后，张荃入揭阳一中读书，再考入杭州的之江大学文理学院（浙江大学的前身），师从著名的词学家夏承焘先生（1900—1986），专攻诗词。大学毕业后，张荃先后在浙江的甬江女子中学和广州的培道女子学校任教。1941 年应聘重回母校之江大学任教，1945 年转为厦门大学讲师。1946 年前后，张荃去了台湾，先在一家糖厂任管理员，后任教于台湾师范学院和台湾大学。1951 年，张荃与同为揭阳籍的著名地质学家陈恺（1902—?，民国时期任中央研究院地质研究所研究员，曾应饶宗颐先生的邀请主修《潮州志·地质志》）结婚，随陈恺到马来西亚，在马来亚大学中文系任教。1959 年张荃在吉隆坡病逝。

张荃大学时跟随词学大家夏承焘先生研习词学，并在夏先生的指导下专门研究南宋词人刘克庄（1187—1269，号后村），这个课题伴随张荃的一生。其最早的研究成果，是 1933 年 6 月在之江大学《中国文学会集刊》发表的《后村长短句考证》，这篇文章被认为是"20 世纪刘克庄研究的发轫之作"[2]。而她最有名、被提及最多的著作，则是《刘后村先生年谱》。《潮州艺文志》著录的张荃著作，就只提到这一部。其实，这是一篇文章，发表在《之江学报》第 1 卷第 3 期（1934 年 5 月出版），共 26 页，后来不知道有没有印过单行本。《刘后村先生年谱》可以说是张荃词学研究的成名作和代表作。此后张荃一直坚持对刘克庄的研究，到了台湾之后，还发表过《刘后村满江红词七首笺》[3]。

夏承焘先生不但是词学研究专家，而且也从事创作。张荃跟随老师学习诗词创作，加入夏承焘先生主持的之江诗社。1932 年，之江诗社的学生在夏承焘的组织下，到杭州著名的景点西溪秋游，张荃留下了两首《游西溪三绝句》，其中一首如下：

---

① 张荃：《忆昔诗为外王父七十大寿作》，载台北《建国月刊》，1948 年第 2 卷第 3 期。
② 陈友冰主编：《新时期中国古典文学研究述论》（第三卷），北京：商务印书馆，2008 年，第 78 页。
③ 载于台湾《大陆杂志》1950 年第 1 卷第 8 期。

断桥残柳拂轻船，影落清波媚前川。江雁一声秋欲尽，牵衣人去梦如烟。①

这首诗写得轻淡婉约，情真而蕴藉含蓄。而张荃更多的是写词，师生、同学之间经常互相唱和。她有一阕《踏莎行·和瞿师》写道：

羁旅情怀，江湖况味，消磨壮志今余几？人间恩怨总难平，离情未诉心先碎。

险韵吟诗，深杯问字。旧游依约还能记。钱塘乱后少花枝，丹枫合染斑斑泪。②

夏承焘先生字瞿禅，"瞿师"即夏先生。这是张荃和老师的唱和之作，应该是张荃抗战时期辗转福建山区避寇时写的，所以有"钱塘乱后少花枝"之语，词作有点黯淡，却是时代的真实写照。

张荃的诗文后来辑为《张荃诗文集》，在台湾出版③。这已是在张荃去世多年之后的事了。

笔者现在直接掌握的张荃的资料不多，倒是从她的师友的传记、文章中有时能读到对张荃的回忆和怀念。

首先是朱生豪。朱生豪后来以翻译莎士比亚的作品著名，是国内第一个以一人之力翻译完《莎士比亚全集》的翻译家。但他早年在之江大学读书的时候，也喜欢诗词，是夏承焘先生的得意门生之一，因此与张荃熟识。朱生豪的词作，后来辑为《芳草词撷》，其中就有《桂枝香·次韵张荃》《夜飞鹊·芙蓉次韵张荃》等，是和张荃唱和的。朱生豪的婚事，也是张荃一手张罗的，朱生豪的夫人宋清如后来回忆说："要不是同学的鼓励资助，我们不可能结婚的。既没有能力，也没有决心，最主要是我们的女诗人张荃出了大力。"④

而对张荃最念念不忘的，是施蛰存先生。

施蛰存先生（1905—2003）是著名作家，著有小说《石秀之恋》等，是国内最早采用"意识流"的手法创作的作家之一。他早年主编的《现代》杂志，是著名的文学刊物。1949年以后，施先生不能创作，转而研究唐诗，有《唐诗百话》等著作，也深得学界推崇。施蛰存也毕业于之江大学。但两人交往似乎要到1944年。据施蛰存先生回忆，1944年暑假，张荃到了长汀，欲沿汀江到韩江，回揭阳省亲。当时厦门大学内迁到长汀，张荃与施蛰存见面，施蛰存觉得张荃孤

---

① 王国平主编：《西溪历化诗文选》，杭州：杭州出版社，2007年，第172页。
② 录自刘梦芙：《二十世纪中华词选》（中册），合肥：黄山书社，2008年，第1765页。
③ 台北明文书局1990年3月版。
④ 参阅吴洁敏、朱宏达著：《朱生豪传》，上海：上海外语教育出版社，1990年，第189页。

身一女子，水路险恶，劝她暂留下来。同时向厦门大学校长萨本栋推荐，于是张荃就留在厦大任教。不久抗战胜利，施蛰存回上海，张荃则回家探亲，接着去了台湾，两人从此永别。但施蛰存一直怀念张荃。1980 年，两岸开始有沟通，施蛰存特地托人打探张荃的消息，才得知张荃已经去世。施先生感慨地说："张荃年少于我，我以弱妹视之；她来书，也称我为兄。岂意其盛年不寿，先我下世，我竟得抚其遗稿，亦可哀矣。"① 在施先生的诗集《北山楼诗》中，还可以读到《赠张荪簃即题其诗稿》《登南平明翠阁赋寄荪簃》《治装北归赋寄荪簃》《赠张荪簃荃大家》《迟荪簃不至赋寄》等诗，眷念之情，溢于字行之间。在大陆，主要是因为施蛰存先生的提及，才让张荃这位女诗人为世人注意。

与张荃有文字之交的还有饶宗颐先生。《岭海诗词选》第二辑有饶先生的一首《哀荪簃女史》，注明是 1959 年作于吉隆坡，诗前有小序说："张荃字荪簃，诗格近苏髯，文思澹美。旧任之江大学教授多年。晚归陈恺，随陈来马。一九五九年卒于吉隆坡。余幼受知于荪簃外王父秋园先生，方快旧雨相逢，忽作人天永诀。逝景芳尘，曷胜唏嘘。"

张荃在广州教书和避难香港时，得识黄际遇先生，两人非常投契。1945 年，黄际遇先生落水去世，已经在台湾的张荃闻讯非常悲痛，写了一篇《从游录》②，记述她和黄际遇先生的交往，其中有《哭畴庵夫子》诗二首，悲郁沉痛，可知女诗人非止擅于词，而亦工于诗。

哭畴庵夫子（二首）

（其一）

空山木叶落，萧条作商音。
秋声满林莽，如闻猿啸吟。
夫子去不返，移情孰与任。
极目沧冥间，凄凉游于心。
一棺土未封，异域风霜侵。
存者仍羁旅，咨嗟恋境沉。
茫茫视来兹，焉往非崎嵚。
魂兮应念我，踏月倘相寻。

（其二）

死生今异途，去去今愈远。
孤魂无拘束，不惮路往返。

---

① 参阅沈建中：《遗留韵事：施蛰存游踪》，上海：文汇出版社，2007 年，第 211 页。
② 此文刊于《台湾训练》1948 年第 5 卷第 8 期和第 12 期，尚未完，但笔者仅见此二期。

昨夜果梦公，握手意缱绻。
执经春风中，期我意何恳。
绝学真如缕，肩负惧仆偃。
不信声颏亲，转瞬幽冥限。
一饭报无由，空余泪盈眼！

從遊錄

（疇庵夫子逝世二週年作）

張　荃

余性褊狷，不諧於俗。幽憂之疾，久而彌深。每噴火自煎，孤情絕照，與世相遺浹久矣。先生或誘掖多方，從容啟迪，或正襟實敬，不稍假借。先生匪週遇先生於羊城，繪後土木，每一投席，輒憬然於職守之重，不復可若在者之瀊時翛。甘自暴棄矣。時於昏愁移化於不自知者，與先生一夕話，神志頹損。其潛移默化於不自知者，與先生戡於茲。自剔問門，輒人匪懈，哲人匪惓，吾復誰錫岐，四伏綢繆，獸察前途，不見坦道。嗚呼，大道彌云：「遇來久不效驪吟，此去惟有背耀帚」。前修已歲月，一事無成。飄泊所遘，益以衣食之故廢其所學，遠，來輆方遊，匪傷遊者，行復自念。曾讀遊文，愈覺其言可懿，不復自知淨之何從也。

余以李公培恩之招，將離港赴滬之江大學執教。先生力促之行。且謂之曰「此乃一生至望」。旋「港中流亡」，惟若子能相慰也⋯侍謁於坪石者又一年。其後余圍母校內遷邵武，倚瀊如臨。雖布衣蔬食，而形容數余亦如腹如臨，不敢稍瀊。雖布衣蔬食，而形容數映，幽塞之疾，不覺蕭瑟。乃知人生至樂，原別有在。俄而寇臨坪石，遂合奠別去。旋圍廈門大學圍文系之鳴。先生亦避地臨武，蓾楹謗學，戎馬倥傯，慈誦不輟；而關山修阻，郵書不通者又一年。先

张荃《从游录》

哭疇庵夫子

張　荃

空山木葉落，蕭條作商音，秋聲滿林莽，如聞猿嘯吟。夫子去不返，移情孰與任，極目滄冥間，凄凉遊子心。一棺土未封，異域風霜侵。存者仍羈旅，容嗟戀境沉，茫茫視來茲，焉往非崎嶔，魂兮應念我，踏月儻相尋。

死生今異途，去去今愈遠。孤魂無拘束，不憚路往返。昨夜果夢公，握手意繾綣。執經春風中，期我意何懇。絕學眞如縷，肩負擢仆偃。不信聲頦親，轉瞬幽冥限，一飯報無由，室餘淚盈眼！

张荃《哭畴庵夫子》（二首）

翁一鹤与《庑下集》

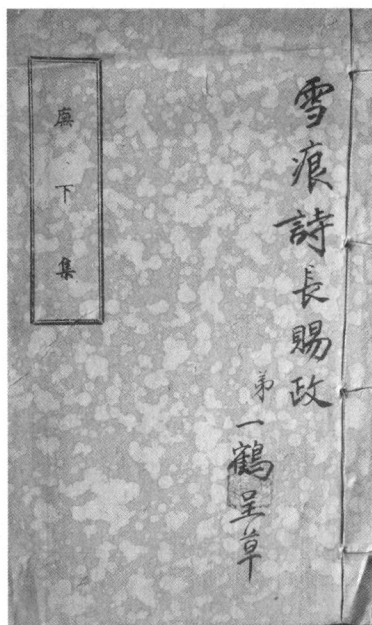

线装《庑下集》封面

　　笔者曾从网上拍得旧书一册，名"庑下集"，翁一鹤著，线装排印本，无出版日期，也无出版机构和版权页，应该是作者自印本。版心标注"潮安舖巷伟兴承印"，这个"舖"字很生僻，相当于"店铺"的"铺"字。"铺巷"在潮州市区的大巷即太平街，民国时期的商务印书馆在潮州开设分店，地址就在"铺巷"；当时潮安的《南华日报》和《正谊报》的社址也在铺巷，可见这里是"文化一条街"。

　　这部《庑下集》，饶宗颐先生的《潮州艺文志》有著录，但简略之极，只有"潮安翁一鹤撰。印本"寥寥几个字。现在得见此书，才确知为旧体诗集。书极薄，仅14页28面，前11页收录之诗，以编年编排，起于己卯（1939），迄于乙酉（1945），共187首。后3页则收集作者在己卯以前残存的诗作36首。之所以把1939年以前的诗作附录在后，是因为日本侵占潮州之后作者"诗草尽失"

（其实是被家人拿去糊窗，《庑下集》中有《家人误以诗稿糊窗戏题一绝》为证），作者是根据记忆重新写下来的，所以只作为附录。

翁一鹤其人，少见提及。只知道他生于 1911 年（一作 1912 年），卒于 1993 年，潮安人。早年从名宿郭心尧学诗。郭心尧字餐雪，揭阳棉湖（今属揭西）人，号半生和尚，曾编集其与丘逢甲、曾习经、丁惠康三位近代名诗人唱酬，成《感旧诗存》一卷。郭餐雪是汕头孔教总会的主要人物之一。多种资料称翁一鹤"毕业于国粹学院"，这个"国粹学院"，应该就是这个汕头孔教总会的国粹专门学校。

翁一鹤曾任潮安《商报》社长。这家《商报》创办于民国二十年（1931）。该报有一个副刊，为《小市场》，多采写短小趣事笑话，很受市民欢迎。民国二十七年（1938），《商报》与当地的《潮安报》合并，称为"潮安商报"。民国二十八年（1939），潮州沦陷，该报停刊。民国三十五年（1946）复刊，1949 年 10 月终刊，翁一鹤去了香港。

翁一鹤去香港后曾任香港中文大学教授，出版有诗集《赤马谣》《长春咏》和《秣陵吟》，合称"纪事诗"。这三部诗集在海外颇有影响。此外又印有另外两种诗集：《畅然堂诗词钞》和《香海三百咏》。其中《畅然堂诗词钞》据说就是《庑下集》和《楼香集》（到香港之后的诗作）的合印本，笔者未见。《香海三百咏》则是描写香港风物的诗集。

《庑下集》首有《自叙》，作于 1945 年，文中说："己卯五月，倭窃潮城，城陷，余亡命山泽。……其间荣枯冰炭车马风尘之感，一发之以诗。"也就是说，这本《庑下集》是作者在潮州城沦陷而避寇到乡下山间时的作品，创作的时间为 1939 年到 1945 年之间。

翁一鹤主张："夫诗乃性情中事，而寂者之所为也。故必有感而发，有为而作，且不依草附木，嚣声钓世，然后风雅之道得张，而诗家之能事毕矣。"[①] 这本《庑下集》因为是在沦陷时期避寇山居之作，所以多有家国之恨，"盖羡慕古人之高风，抑亦伤心之极致也"，其中《闻鹃》《九日登高东望凤城宝塔湘桥隐约可辨凄然成咏》《山中闻日军投降》等诗，都是这一类的作品。另外一类，则是怀念友人之作，出现在诗人笔下的，多有当时潮汕的文化名人，如詹安泰、饶宗颐、石铭吾、丘玉麟、杨光祖等人。其中，涉及饶宗颐先生的有三首：《不得伯子消息》（饶宗颐先生字伯子）、《宗颐将之云南迁山寓数宿而别赋此送行并简祝老》《酬宗颐》。《酬宗颐》一诗写出了对当时尚年轻的饶宗颐先生的赞许和期望：

---

① 翁一鹤：《楼香集·自序》，引自《孔道专刊》，香港：香港孔圣堂，1983 年，第 106 页。

饶生称健儒林者，年少风华是古灵。
社事频年归寂寞，旧游剩子作星辰。
掉头当世将焉适，袖手浊流已厌听。
读易工夫期到圣，下帷终日独长醒。

　　在网上拍此书的时候，没想到这么冷门的书也有人在抢（也可能是抬价），以至这本薄薄的小书成交价不菲。我之所以铁心要拍下，一方面是因为此书罕见，另一方面，则是因为书的封面有"雪痕诗长赐政　弟一鹤呈草"两行字。"政者，正也"（《论语·颜渊》），"赐政"就是"赐正"。这个题款显然是作者手笔，也就是说，此书为作者本人的签名赠本。更重要的是，他所赠的对象"雪痕诗长"，即名诗家郑雪耘。郑雪耘（1901—1969），名翼，号雪耘，也写作"雪痕"，也是潮安人，与翁一鹤同乡。《庑下集》中有《人日寄雪耘海上》，是两人交往的佐证。郑雪耘长期旅居上海，著有《宋史翼补证》等，不但学识渊博，而且诗词书画均擅长。他是南社会员，郑逸梅先生《南社丛谈》收录有郑雪耘的诗作。丘玉卿、丘金峰编著的《潮汕历代书画录·潮州市卷》也收录有郑雪耘的行书立轴书法。郑雪耘在旅沪潮人文化圈中名气很大，现在得到此书，也算是有缘。

翁一鹤与《庑下集》

197

《龙溪精舍丛书》

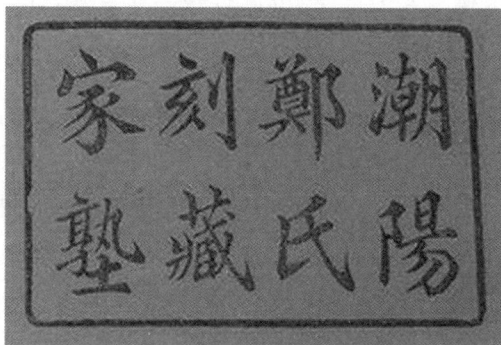

《龙溪精舍丛书》牌记　　　　　　　　《龙溪精舍丛书》题签

以前到扬州时，总是禁不住要慨叹扬州盐商"贾而好儒"的传统。这些富商在经商致富之后不忘文化，乐于资助学术研究，使一批学者得以专心从事研究。同时，学者有较好的经济实力，才能聘请刻书名手，选用好墨好纸，不计工本，才能刻出好书。这有点像意大利的文艺复兴，很大程度上有赖于银行家的赞助。其实在潮汕人物中，"富而好文"者也不乏其人，潮阳的郑国勋（尧臣）和郭子彬、郭辅庭父子是其中的代表。

郑国勋刊刻的《龙溪精舍丛书》，向来为藏书家所珍爱，在学术史上也有一定的价值。

郑国勋原名良初，潮阳沙陇（今潮南区陇田镇）人。沙陇郑氏家族是民国初年上海潮州商帮的重要代表，郑瑞庭先生在《清末民国时期沙陇的"上海客"》[1] 一文中说到郑国勋其人：

> 其父郑宝（号韫山，原仙家人）。郑宝昔年为翰林郑邦任掌管厨

---

[1] 《潮阳文史》第十八辑，2001 年。

膳。郑宝生二子，长良初（尧臣），次良庆。郑尧臣生于光绪初叶，幼年聪慧过人。后赴上海求学，通英文。清末年间，在英租界"哈同洋行"当过翻译，并逐渐成为洋行买办。后又自营宁波商人转让的永康商行致富。永康商行主要经营房地产、钱庄。1910 年至 1922 年，是永康家族最旺盛的时期，拥有上海、苏州、九江、镇江等地房地产 500 余处，家族总资产达到 100 万银元，为沙陇"上海客"首富。

《清稗类钞》的编者徐珂在其笔记中则着重提及刊刻《龙溪精舍丛书》之事①：

> 《龙溪精舍丛书》，郑尧臣校刻。尧臣名国勋，潮阳人。甫成童，至沪，佣于土栈。土栈者，购储鸦片以待转鬻之肆也。月奉薄而性至俭，久之设栈贩土，逾冠遂致富。宣统二年，有诏禁烟，即辍业。辛亥"国变"后，震在廷同年钧（震钧即唐晏，详后）罢官来沪。尧臣延之致家授业焉，日必读书数小时。尧臣粗解英吉利语言文字。既师在廷，能命笔作国文。丛书之刻，从在廷之言也。年未四十而遽卒，惜哉！

郑国勋是如何起家的，这里姑且不论。重要的是他在发家后，不忘支持文化，聘请当时的名士唐晏主持，刊刻了一部《龙溪精舍丛书》。这套丛书按照传统的四部分类法，收集古籍 58 种，加上唐晏自己的著作《两汉三国学案》，共59 种，汇集了先秦至唐代以前的很多重要著作（文集除外），书前有原江苏省省长齐耀琳序，近代词人冯煦序，以及郑尧臣的自序，书后有唐晏跋。每种书前，大都有郑氏署名的序或《四库全书总目提要》，以说明其梗概。

《龙溪精舍丛书》都选用善本作底本，如《世说新语》就用明袁氏嘉趣堂刻本为底本，后来《四部丛刊》影印古籍善本，也是采用此版本。丛书也采用一些清代学者校勘过的本子，如《山海经》就采用清郝懿行"《栖霞郝氏遗书》本"。这种精审的版本鉴别历代备受赞誉。胡适在研究中国哲学史的时期，读过《龙溪精舍丛书》中的《新语》（汉朝陆贾的著作），并写了一篇跋语说："陆贾《新语》很少善本。此本是唐晏先生用明人刻"子汇"和明范氏天一阁刻本参校重刻的，可算是《新语》的最好本子。"② 对这个版本评价甚高。《龙溪精舍丛书》的每部书，都像《新语》一样，选择善本为底本，再综合各家参校，择善而从，因而在古籍整理上具有很高的参考价值。

---

① 徐珂：《康居笔记汇函》"郑尧臣刻书"条，太原：山西古籍出版社，1997 年，第 169～172 页。

② 胡适：《陆贾〈新语〉考——跋潮阳郑氏〈龙溪精舍丛书〉本〈新语〉》，载郑大华整理：《胡适全集》（第三卷），合肥：安徽教育出版社，2003 年，第 627 页。

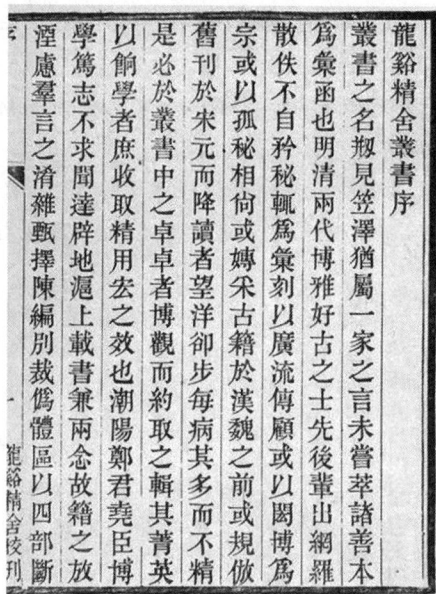

《龙溪精舍丛书序》书影

此书之所以得到学术界的认可，主持校刊的唐晏功不可没。唐晏（1857—1920）为晚清著名学者，本是满族人，姓瓜尔佳氏，字在廷；他还有另外一个汉名叫震钧。他出身满族官宦世家，辛亥革命后长住南方。博学多闻，善画墨梅及兰竹。著有记述北京历史掌故的《天咫偶闻》十卷，是具有较高史料价值的历史文献。其中的一篇《茶说》，很多研究茶史的学者都时有引用。

郑国勋在《龙溪精舍丛书序》说：“潮州为韩文公过化之乡。……吾家世居潮阳沙陇市之吉六里，龙溪环焉。”此书“经始于乙卯（1915 年）之秋抄，断手于丁巳（1917 年）之冬初，为书凡五十余种，以家塾读书之所名之曰‘龙溪精舍丛书’”。可见，“龙溪精舍”是其家乡的私塾名字，郑孝胥的题匾至今犹存，可算是潮汕书法文物的精品。

值得一提的是，这部《龙溪精舍丛书》是在扬州刻印的。《龙溪精舍丛书》很多书书尾，有“广陵邱绍周义卿监刻”字样，广陵即扬州，邱绍周是扬州有名的文富堂的主人，是刻书名家。扬州从清代以来一直是刻书的中心之一，清代的《全唐诗》等都是在扬州刻印的。因为这里在盐商资助下文化非常发达，刻书需求大，也培养了一批手艺高超的刻书好手。

《龙溪精舍丛书》每部书都有当时名家的题签。由于郑氏财力雄厚，所以刻印甚精，颇有清代盛世时期刻书的风采，而不像普通晚清刻本的重浊，看起来清爽悦目。其书的雕版似乎至今犹存，1983 年北京中国书店曾经用原版重新刷印，以线装书发行，同时也发行精装影印本。

潮阳郭氏"双百鹿斋"所刻书

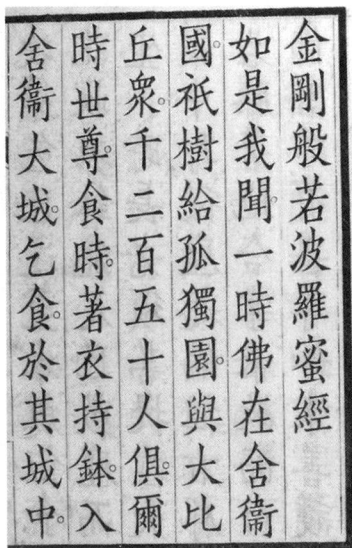

郭氏双百鹿斋刊印的《金刚般若波罗蜜经》

郭氏双百鹿斋刊本《东涯集》

    著名的心理学家郭任远在回国之后，得到其族叔郭子彬的襄助，在复旦大学建立了国内第一个心理实验室和大楼。这位郭子彬先生，及其儿子郭辅庭，不但是巨商，而且热心于文化，郭氏的"双百鹿斋"刻印了几部重要的潮汕文献，还有一批儒释道的"善书"。由于资金充裕，这些书都非常精美，在古籍收藏界一直声价很高。

    郭子彬（1860—1932），潮阳铜盂人，少年时到上海谋生，先在洋行做学徒，后来自己经营，赚的"第一桶金"来自"烟土"，即鸦片烟的买卖。郭子彬在发家之后，及时转型投资钱庄，成为上海4家钱庄的大股东，同时办了4家面粉厂和1家织布厂。1914年第一次世界大战爆发，欧洲列强忙于战争，无力再向中国输出棉纱、棉布，国内的棉纺织业得到发展的机会。郭子彬抓住时机，与其表弟郑培之（潮阳金浦人）合作，先后在上海创办大型的鸿裕纱厂和鸿章纺织染厂，其规模超过了著名的荣氏家族。郭子彬晚年回到家乡颐养天年，庞大的产业由其儿子郭辅庭等继承，郭氏父子成为上海滩名声煊赫的巨商。

在发家之后，郭氏父子做了很多慈善事业，包括在上海创办孤儿院。他们特别热心于赞助文化。除了上面提到的捐款建立复旦大学心理实验室之外，还经常捐书给学校，在家乡捐资扩建潮阳铜盂公学。1919 年，郭子彬和郑培之捐资在汕头创办潮州八邑职业学校，后改为汕头大中学校（即汕头市第四中学前身）。1925 年，郭辅庭捐书 1 000 多册给韩山师范学校，韩师专门开辟了一个"郭辅庭先生图书陈列处"，长期展示在图书馆一角。金山中学和潮阳东山中学、六都中学、潮光学校等，都曾得到郭氏父子的捐助。

作为"富二代"的郭辅庭，受到的教育比较充分，文化程度颇高，喜欢自己刊印书籍。他刊印的书籍以"潮阳郭氏双百鹿斋"为标志，主要有两大类，一类是家乡的文献，包括翁万达的《东涯集》、林大春（明代潮阳著名文人）的《井丹林先生文集》，以及珍贵的明隆庆版《潮阳县志》等；另一类是儒释道的"善书"，包括《金刚般若波罗蜜经》《净土五经》等一批佛经，以及《正信录》《格言联璧》《二十四孝图说》等传统劝人向善的典籍。其中佛经最多，有四十多种。这些"潮阳郭氏双百鹿斋"刊印的典籍，以版本精审和刻印精美闻名于世，不仅学术价值颇高，而且具有很高的收藏价值。

从学术上讲，一本书的好坏，首先在于底本。通俗说，就是错字要少。郭辅庭很注意这一点。他刊印的《格言联璧》有这样的话，"惜坊本刊印草率，讹夺滋多，附刻喧宾夺主，传本各异"，他才"就正通人，复加雠勘，端楷精刊"。意思是说，通行的各种印本，都印得很草率，错讹甚至缺字的很多；而且往往和其他的通俗书籍合在一起刻印，原本附录的反而喧宾夺主；各个版本之间存在差异，更是让人无所适从，所以郭氏聘请专家通人，进行仔细的校勘。如翁万达的文集《东涯集》，就是借用了著名的吴兴嘉业堂所藏的明代嘉靖刻本，还请了著名的明清史专家、北大教授孟森先生写了序言；《净土五经》是由高僧印光法师亲自校订的。在中国佛教史上，净土宗本以《佛说无量寿经》《佛说观无量寿经》《佛说阿弥陀经》为经典，合称"净土三经"。到清朝的时候，有人加入了《普贤菩萨行愿品》，合为"净土四经"，但同时对《佛说无量寿经》作了删改。而郭氏请印光法师校订的版本，恢复了《佛说无量寿经》的原本，再加上《楞严经大势至菩萨念佛圆通章》，一共五部，合称"净土五经"，作为净土宗的入门经典。这些书至今在学术界都被当作善本引用。

郭氏还舍弃机器排印，而采用传统的雕版印刷。这样当然是耗时耗资，但郭氏财大，不在乎这些。刻印佛经本来是为了积德，一定要非常虔诚。比如"净土五经"就是一个例子。这本来是郭辅庭为纪念其亡妻而刻印的，所以不惜重金，版本非常开阔，书页尺寸达到 22×33 厘米，是特大开本，看起来非常清爽，再用上等的白宣纸印刷，非常豪华气派。这部书只印 200 册，是"限量本"，所以更加珍稀。在 2012 年泰和嘉成春季拍卖会曾拍到 23 000 元，这在民国时期的古籍中算是很高的价格了。

　　应该说，郭辅庭毕竟不是一个严谨的学者，他主持雕印的古书，有时也以自己的意思随意改动。如林大春的《井丹林先生文集》，向来很罕见。郭氏借到刘氏嘉业堂所藏的万历刻本，这个版本还有残缺，郭又设法从林大春的后裔那里借到另一个版本，才成完璧，然后重新整理影印出版。但郭认为原书次序编排得不好，就擅自改动，仿照唐朝人诗文集的做法，把"赋"这一文类提到最前面，其他的一些卷次也作了删并，所以，尽管现在大多数学者都在利用这个版本，但著名版本学家赵万里认为，这样一改动，"明本面目尽失"① 了。

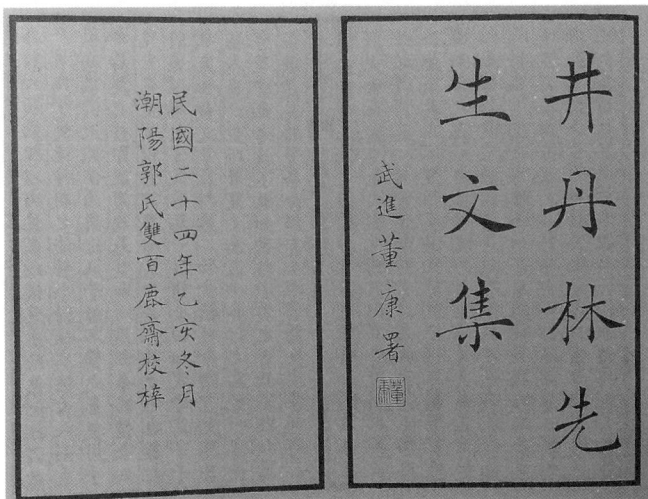

双百鹿斋刻印的《井丹林先生文集》（影印本）

---

　　① 赵万里：《续修四库全书总目提要》，收《赵万里文集》（第三卷），北京：国家图书馆出版社，2012 年，第 264 页。

后　记

这本《潮人旧书》，本是我在已经休刊的《汕头广播电视报》上的专栏文章合辑。该专栏从 2014 年 2 月开始连载，到当年年底止，共写了 40 多篇近 10 万字。这次成书，对原来已发表的文章，基本上都作了修订。因为原先为了适应报纸的风格，行文尽量简略，这次整理成书，增加了不少脚注，另外还增加了几篇文章。

前辈史家曾示以治史"四把钥匙"的门径。所谓"四把钥匙"，是职官制度、历史地理、年代学和文献目录学。这几年，我一直就在文献目录学中转。文献目录学的作用在于"摸清家底"，知道有哪些资料可供研究之用。这些文章，其实是文献研究的副产品。原先计划是写成"书话"。但后来，"写人"的成分越来越多，因为其中许多人已经长期被遗忘了，资料很少，我不得不花费很多笔墨重新勾勒他们的生平。

这是我第一次有规划地写文章。

"板凳宁坐十年冷，文章不写一生空。"读大学时，不止一位师长用范文澜先生的这个对子来勉励我们。我很推崇前一句话，深信做学问需要耐得住寂寞；而后一句，我一直不愿完全认同。顾亭林说："诗不必人人皆作。"我总认为，文章也不必人人皆写。人生之空与不空，不在文章之写与不写。

书和文章一样，也不必人人皆写。我是一个经常走图书馆的人。有机会到北京、上海，也要偷得半日空闲，到图书馆去坐坐。而每次走进图书馆，看到那一排排的大书架，我总是心生感慨：世上已经有了这么多书，我还有必要再去写一两本吗？假如我也写书，会不会根本就进不了图书馆，只是自家束之高阁施惠鱼蠹，而浪费纸张戕害树木，即古人所谓的"梨枣之灾"呢？

直到有一回，我读冯友兰先生的《中国哲学简史》，书中的最后一句话说：人往往需要先说很多话，然后才能归入潜默。那一刻，我似乎有所触动。

于是我开始写，之后有了这本小书。

感谢林伦伦教授！承他青眼，鼓励我申报"潮汕文库·研究系列"，并因而得以在暨南大学出版社出版。

在本书写作和最后整理的过程中，承不少朋友的帮助，得以从国家图书馆、上海图书馆、中国社科院图书馆、北大图书馆等复制珍贵的资料。特别要感谢黄超峰同学和麻治金、陈宜芳朋友，他们热情的帮助，让这本小书生色不少。还要特别感谢暨南大学出版社徐义雄社长、黄圣英副社长和冯琳编辑等，他们对本书的出版给予支持，进行认真而细致的审核，使得本书少了很多差错，更为完善。

黄树雄

2016 年 4 月

后
记